新旧比較と留意点でわかる　表解

改正民法
（債権関係）
実務ハンドブック

シティユーワ法律事務所　弁護士
古川和典 ［著］

ぎょうせい

はじめに

　民法改正法案及び整備法案は平成29年5月26日に参議院本会議で可決成立し、同年6月2日に公布されました。また、施行日も平成32（2020）年4月1日に決まりました。

　民法改正はその影響が広汎であり、きちんと理解をする必要がある一方で、民法改正の理解にかけられる時間を確保することが難しい方も多数いらっしゃると思います。
　そこで、なるべく正確に、かつ、労力をかけずに理解できる本を提供するというのが本書のコンセプトです。

　まず、正確に理解するためには、条文からスタートすべきだと考えました。
　特に現行民法について一定の知識がある方には、現行民法との条文上の改正点を把握することが、新法理解の近道と言えます。そこで、旧法と新法を横に並べて、改正箇所に下線を引くことで、改正箇所をわかるように致しました。
　しかし、新法は、複数の旧法条文を一つの条文にしたもの（例えば、26頁の166条など）、逆に旧法の条文を複数の条文に分けたもの（例えば16・17頁の121条、121条の2）や、本文で定めていた内容を号に落としたような改正もあります（例えば10頁の98条の2など）。このように形式的には改正がされていても、実質的には表現や記載箇所を変更しただけの条文も多数ありますが、このような改正は、単に新旧条文を並べただけではわかりません。そこで、本書は、なるべく直感的に実質的な改正点を把握して頂けるように、配列や下線箇所に工夫を致しました。例えば本文が号に落ちているような場合も下線を引かないことで実質的には改正ではないことが直感的にわかるように致しました。

　次に、改正趣旨や、改正の影響をなるべく簡潔に、条文の横に記載を致しました。新旧条文の改正箇所を確認しつつ、改正趣旨等を確認することが、最も理解が早いと考えたためです。また改正趣旨等の記載が条文のどこの部分に関連するのかわかりやすくするため、条文上にも留意点欄記載と同じ番号で〇をつけています。

　次に、労力をかけずに理解するための工夫として、まず、個別の条文の説明とは別に、なるべく表を使った説明を入れるように致しました。例えば、時効制度の改正は、個別の条文を確認するだけでは、理解が難しいと考えられます。そこで、時効概念全体の説明を表を使ってしております（24・25頁）。すべてではありませんが、このように一覧表を参照して頂くことで、比較的労力をかけずに理解を深めることができると考えています。
　また、新法施行後、当面の間、新法と旧法が混在することになると考えられ、経過措置が重要な意味を有します。そこで、経過措置をなるべく労力をかけずに確認ができるように、各章に経過措置につき、簡単な表を使って記載を致しました（例えば10頁など）。

　さらに、本書の読者の方を対象として、無料で動画による説明を配信することと致しました。本書はポイントを絞ってご説明していることから、少々ご説明が足りないと思われる部分をフォローするものです。動画では、図を使ったご説明なども予定しております。また、必要な章だけ

を見て頂くことが可能なように、章ごとに閲覧できるように設定をする予定にしています。
URL などは、奥付（巻末の発行日記載頁）をご参照下さい。

　なお、本書において意見に及ぶ部分は、あくまでも個人的見解です。

　これから、各所で民法改正の本格的な準備が始まると思いますが、本書が多くの読者にとって
民法改正の理解に少しでも寄与すれば、著者にとって望外の喜びです。

　平成 30 年 5 月

シティユーワ法律事務所
弁護士　古川　和典

利用の前に（必ずお読み下さい）

1　本書の構成

　第1編から第3編は、新法の条文と旧法の条文を、横に並べ改正箇所をわかりやすく表示するとともに、その横に、改正趣旨や影響などについて記載をした。しかしながら、改正の中には、一つ一つの条文を比較するだけでは、改正の内容をつかみにくい部分がある。特に以下の制度については、条文毎の比較を行うとともに、制度全体の比較を把握することが有益だと考えられる。そこで、条文の説明に加えて、可能な限り制度全体の比較表を作成し掲載している。

　・消滅時効（第1編第2章8）

　・法定利率（第2編第1章2）

　・保証（第2編第2章4〜6）

　・債権譲渡（第2編第3章）

　・定型約款（第3編第1章7）

　また、実務的には、経過措置が極めて重要な意味を有する。判例を明文化したような条文については、経過措置はそれほど大きな影響はないと考えられるが、上記のように概念自体が大きく改正されたものについては、経過措置を確認し新法、旧法のいずれが適用されるかを確認する必要がある。そこで本書では、項目毎に、経過措置を記載することとしている。なお、本文では、個別に経過措置を定めた附則の条文を引用することはせず、結論だけ、簡潔に示すこととした。必要に応じて次頁の4に掲載した経過措置を定めた附則の条文をご参照頂きたい。

　第4編は、新法が実務にどのような影響を与えるのか、具体的に整理をしておきたいというニーズに対応し、第1編から第3編を参照しつつ、契約実務や、具体的な場面における民法改正が実務に与える影響をまとめた。

2　記載上の留意点

・改正前の民法を旧法又は現行法と、改正後の民法を新法又は改正法と呼ぶ。

・単なる条文番号の変更や、見出し部分の変更などは、記載を省略しているものがある。また、改正されていない条文は省略している。

・本文で条文を引用する場合、旧法については旧法○条と記載し、新法は単に○条と記載する。つまり、「旧法」と条文の前に付いてなければ新法の条文番号を示している。

・「留意点」の○番号は、条文上に付してある○番号と対応をしている。条文番号の部分に○が付いているのは、条文全体に関する留意点という意味である。なお、留意点欄に記載があっても、条文には○番号がない場合がある（例えば5頁の3条の2で、留意点は④まであるが、④は条文には付けていない）。

・変更箇所は下線により表示している。なお、改正によっては、内容に（ほぼ）変更ないが、異なる条文に移動しているケースもある。そのような場合も、できるだけ実質的な改正箇所がわかるように記載をしたため、旧法は条文番号の順番になっていない箇所がある。なお、新法は条文番号の順番で記載している。

・改正がなかった項や号は、旧法、新法の欄の間の線を取り払って、記載している（例えば、5頁の13条1項の柱書、1号から9号は改正がないため、そのような記載をしている）。

iii

・改正がなかった項や号は明朝で、改正された条文はゴシックで表示した（例えば、5・6頁の13条の柱書、1号から9号は改正がないため明朝で、10号は改正（新設）されているためゴシックで記載をしている）。

・重要だと思われる改正条文は**太文字**にした（例えば8・9頁の95条など）。

・裁判例のHは平成、Sは昭和、Tは大正、Mは明治を指す。

3　本書の内容に関する動画配信について

　本書をご購入頂いた方向けに、改正のポイントや本書に記載している表の見方などについてご説明をさせて頂く動画を配信しているので、適宜ご参照頂きたい（URLなどは奥付（巻末の発行日記載頁）に表示）。なお、詳細は本書をお読み頂く前提での簡潔な内容とし、本書執筆時点では各章毎に10分程度の簡単なものとすることで考えている。

4　経過措置に関する改正民法附則

　上記1で述べたとおり、本文では、個別に経過措置を定めた附則の条文を引用していない。そこで、下記に附則を掲載するので、必要に応じてご参照頂きたい。

　（意思能力に関する経過措置）

第2条　この法律による改正後の民法（以下「新法」という。）第3条の2の規定は、この法律の施行の日（以下「施行日」という。）前にされた意思表示については、適用しない。

　（行為能力に関する経過措置）

第3条　施行日前に制限行為能力者（新法第13条第1項第10号に規定する制限行為能力者をいう。以下この条において同じ。）が他の制限行為能力者の法定代理人としてした行為については、同項及び新法第102条の規定にかかわらず、なお従前の例による。

　（無記名債権に関する経過措置）

第4条　施行日前に生じたこの法律による改正前の民法（以下「旧法」という。）第86条第3項に規定する無記名債権（その原因である法律行為が施行日前にされたものを含む。）については、なお従前の例による。

　（公序良俗に関する経過措置）

第5条　施行日前にされた法律行為については、新法第90条の規定にかかわらず、なお従前の例による。

　（意思表示に関する経過措置）

第6条　施行日前にされた意思表示については、新法第93条、第95条、第96条第2項及び第3項並びに第98条の2の規定にかかわらず、なお従前の例による。

2　施行日前に通知が発せられた意思表示については、新法第97条の規定にかかわらず、なお従前の例による。

　（代理に関する経過措置）

第7条　施行日前に代理権の発生原因が生じた場合（代理権授与の表示がされた場合を含む。）におけるその代理については、附則第3条に規定するもののほか、なお従前の例による。

2　施行日前に無権代理人が代理人として行為をした場合におけるその無権代理人の責任については、新法第117条（新法第118条において準用する場合を含む。）の規定にかかわらず、なお従前の例による。

　（無効及び取消しに関する経過措置）

第8条　施行日前に無効な行為に基づく債務の履行として給付がされた場合におけるその給付を受けた者の原状回復の義務については、新法第121条の2（新法第872条第2項において準用する場合を含む。）の規定にかかわらず、なお従前の例による。

2　施行日前に取り消すことができる行為がされた場合におけるその行為の追認（法定追認を含む。）については、新法第122条、第124条及び第125条（これらの規定を新法第872条第2項において準用する場合を含む。）の規定にかかわらず、なお従前の例による。

（条件に関する経過措置）

第9条　新法第130条第2項の規定は、施行日前にされた法律行為については、適用しない。

（時効に関する経過措置）

第10条　施行日前に債権が生じた場合（施行日以後に債権が生じた場合であって、その原因である法律行為が施行日前にされたときを含む。以下同じ。）におけるその債権の消滅時効の援用については、新法第145条の規定にかかわらず、なお従前の例による。

2　施行日前に旧法第147条に規定する時効の中断の事由又は旧法第158条から第161条までに規定する時効の停止の事由が生じた場合におけるこれらの事由の効力については、なお従前の例による。

3　新法第151条の規定は、施行日前に権利についての協議を行う旨の合意が書面でされた場合（その合意の内容を記録した電磁的記録（新法第151条第4項に規定する電磁的記録をいう。附則第33条第2項において同じ。）によってされた場合を含む。）におけるその合意については、適用しない。

4　施行日前に債権が生じた場合におけるその債権の消滅時効の期間については、なお従前の例による。

（債権を目的とする質権の対抗要件に関する経過措置）

第11条　施行日前に設定契約が締結された債権を目的とする質権の対抗要件については、新法第364条の規定にかかわらず、なお従前の例による。

（指図債権に関する経過措置）

第12条　施行日前に生じた旧法第365条に規定する指図債権（その原因である法律行為が施行日前にされたものを含む。）については、なお従前の例による。

（根抵当権に関する経過措置）

第13条　施行日前に設定契約が締結された根抵当権の被担保債権の範囲については、新法第398条の2第3項及び第398条の3第2項の規定にかかわらず、なお従前の例による。

2　新法第398条の7第3項の規定は、施行日前に締結された債務の引受けに関する契約については、適用しない。

3　施行日前に締結された更改の契約に係る根抵当権の移転については、新法第398条の7第4項の規定にかかわらず、なお従前の例による。

（債権の目的に関する経過措置）

第14条　施行日前に債権が生じた場合におけるその債務者の注意義務については、新法第400条の規定にかかわらず、なお従前の例による。

第15条　施行日前に利息が生じた場合におけるその利息を生ずべき債権に係る法定利率については、新法第404条の規定にかかわらず、なお従前の例による。

2　新法第404条第4項の規定により法定利率に初めて変動があるまでの各期における同項の規定の適用については、同項中「この項の規定により法定利率に変動があった期のうち直近のもの（以下この項において「直近変動期」という。）」とあるのは「民法の一部を改正する法律（平成29年法律第44号）の施行後最初の期」と、「直近変動期における法定利率」とあるのは「年3

パーセント」とする。

第16条　施行日前に債権が生じた場合における選択債権の不能による特定については、新法第410条の規定にかかわらず、なお従前の例による。

（債務不履行の責任等に関する経過措置）

第17条　施行日前に債務が生じた場合（施行日以後に債務が生じた場合であって、その原因である法律行為が施行日前にされたときを含む。附則第25条第1項において同じ。）におけるその債務不履行の責任等については、新法第412条第2項、第412条の2から第413条の2まで、第415条、第416条第2項、第418条及び第422条の2の規定にかかわらず、なお従前の例による。

2　新法第417条の2（新法第722条第1項において準用する場合を含む。）の規定は、施行日前に生じた将来において取得すべき利益又は負担すべき費用についての損害賠償請求権については、適用しない。

3　施行日前に債務者が遅滞の責任を負った場合における遅延損害金を生ずべき債権に係る法定利率については、新法第419条第1項の規定にかかわらず、なお従前の例による。

4　施行日前にされた旧法第420条第1項に規定する損害賠償の額の予定に係る合意及び旧法第421条に規定する金銭でないものを損害の賠償に充てるべき旨の予定に係る合意については、なお従前の例による。

（債権者代位権に関する経過措置）

第18条　施行日前に旧法第423条第1項に規定する債務者に属する権利が生じた場合におけるその権利に係る債権者代位権については、なお従前の例による。

2　新法第423条の7の規定は、施行日前に生じた同条に規定する譲渡人が第三者に対して有する権利については、適用しない。

（詐害行為取消権に関する経過措置）

第19条　施行日前に旧法第424条第1項に規定する債務者が債権者を害することを知ってした法律行為がされた場合におけるその行為に係る詐害行為取消権については、なお従前の例による。

（不可分債権、不可分債務、連帯債権及び連帯債務に関する経過措置）

第20条　施行日前に生じた旧法第428条に規定する不可分債権（その原因である法律行為が施行日前にされたものを含む。）については、なお従前の例による。

2　施行日前に生じた旧法第430条に規定する不可分債務及び旧法第432条に規定する連帯債務（これらの原因である法律行為が施行日前にされたものを含む。）については、なお従前の例による。

3　新法第432条から第435条の2までの規定は、施行日前に生じた新法第432条に規定する債権（その原因である法律行為が施行日前にされたものを含む。）については、適用しない。

（保証債務に関する経過措置）

第21条　施行日前に締結された保証契約に係る保証債務については、なお従前の例による。

2　保証人になろうとする者は、施行日前においても、新法第465条の6第1項（新法第465条の8第1項において準用する場合を含む。）の公正証書の作成を嘱託することができる。

3　公証人は、前項の規定による公正証書の作成の嘱託があった場合には、施行日前においても、新法第465条の6第2項及び第465条の7（これらの規定を新法第465条の8第1項において準用する場合を含む。）の規定の例により、その作成をすることができる。

（債権の譲渡に関する経過措置）

第22条　施行日前に債権の譲渡の原因である法律行為がされた場合におけるその債権の譲渡については、新法第466条から第469条までの規定にかかわらず、なお従前の例による。

（債務の引受けに関する経過措置）

第23条　新法第470条から第472条の4までの規定は、施行日前に締結された債務の引受けに関する契約については、適用しない。

（記名式所持人払債権に関する経過措置）

第24条　施行日前に生じた旧法第471条に規定する記名式所持人払債権（その原因である法律行為が施行日前にされたものを含む。）については、なお従前の例による。

（弁済に関する経過措置）

第25条　施行日前に債務が生じた場合におけるその債務の弁済については、次項に規定するもののほか、なお従前の例による。

2　施行日前に弁済がされた場合におけるその弁済の充当については、新法第488条から第491条までの規定にかかわらず、なお従前の例による。

（相殺に関する経過措置）

第26条　施行日前にされた旧法第505条第2項に規定する意思表示については、なお従前の例による。

2　施行日前に債権が生じた場合におけるその債権を受働債権とする相殺については、新法第509条の規定にかかわらず、なお従前の例による。

3　施行日前の原因に基づいて債権が生じた場合におけるその債権を自働債権とする相殺（差押えを受けた債権を受働債権とするものに限る。）については、新法第511条の規定にかかわらず、なお従前の例による。

4　施行日前に相殺の意思表示がされた場合におけるその相殺の充当については、新法第512条及び第512条の2の規定にかかわらず、なお従前の例による。

（更改に関する経過措置）

第27条　施行日前に旧法第513条に規定する更改の契約が締結された更改については、なお従前の例による。

（有価証券に関する経過措置）

第28条　新法第520条の2から第520条の20までの規定は、施行日前に発行された証券については、適用しない。

（契約の成立に関する経過措置）

第29条　施行日前に契約の申込みがされた場合におけるその申込み及びこれに対する承諾については、なお従前の例による。

2　施行日前に通知が発せられた契約の申込みについては、新法第526条の規定にかかわらず、なお従前の例による。

3　施行日前にされた懸賞広告については、新法第529条から第530条までの規定にかかわらず、なお従前の例による。

（契約の効力に関する経過措置）

第30条　施行日前に締結された契約に係る同時履行の抗弁及び危険負担については、なお従前の例による。

2　新法第537条第2項及び第538条第2項の規定は、施行日前に締結された第三者のためにする契約については、適用しない。

（契約上の地位の移転に関する経過措置）

第31条　新法第539条の2の規定は、施行日前にされた契約上の地位を譲渡する旨の合意については、適用しない。

（契約の解除に関する経過措置）

第32条　施行日前に契約が締結された場合におけるその契約の解除については、新法第541条から第543条まで、第545条第3項及び第548条の規定にかかわらず、なお従前の例による。

（定型約款に関する経過措置）

第33条　新法第548条の2から第548条の4までの規定は、施行日前に締結された定型取引（新法第548条の2第1項に規定する定型取引をいう。）に係る契約についても、適用する。ただし、旧法の規定によって生じた効力を妨げない。

2　前項の規定は、同項に規定する契約の当事者の一方（契約又は法律の規定により解除権を現に行使することができる者を除く。）により反対の意思の表示が書面でされた場合（その内容を記録した電磁的記録によってされた場合を含む。）には、適用しない。

3　前項に規定する反対の意思の表示は、施行日前にしなければならない。

（贈与等に関する経過措置）

第34条　施行日前に贈与、売買、消費貸借（旧法第589条に規定する消費貸借の予約を含む。）、使用貸借、賃貸借、雇用、請負、委任、寄託又は組合の各契約が締結された場合におけるこれらの契約及びこれらの契約に付随する買戻しその他の特約については、なお従前の例による。

2　前項の規定にかかわらず、新法第604条第2項の規定は、施行日前に賃貸借契約が締結された場合において施行日以後にその契約の更新に係る合意がされるときにも適用する。

3　第1項の規定にかかわらず、新法第605条の4の規定は、施行日前に不動産の賃貸借契約が締結された場合において施行日以後にその不動産の占有を第三者が妨害し、又はその不動産を第三者が占有しているときにも適用する。

（不法行為等に関する経過措置）

第35条　旧法第724条後段（旧法第934条第3項（旧法第936条第3項、第947条第3項、第950条第2項及び第957条第2項において準用する場合を含む。）において準用する場合を含む。）に規定する期間がこの法律の施行の際既に経過していた場合におけるその期間の制限については、なお従前の例による。

2　新法第724条の2の規定は、不法行為による損害賠償請求権の旧法第724条前段に規定する時効がこの法律の施行の際既に完成していた場合については、適用しない。

（遺言執行者の復任権及び報酬に関する経過措置）

第36条　施行日前に遺言執行者となった者の旧法第1016条第2項において準用する旧法第105条に規定する責任については、なお従前の例による。

2　施行日前に遺言執行者となった者の報酬については、新法第1018条第2項において準用する新法第648条第3項及び第648条の2の規定にかかわらず、なお従前の例による。

凡　例

1　法令名略語
新法　　民法の一部を改正する法律（平成 29 年法律 44 号）による改正後の民法
旧法　　民法の一部を改正する法律（平成 29 年法律 44 号）による改正前の民法
附則　　改正法附則

2　裁判例
大判　　大審院判決
最判　　最高裁判決

（M：明治　T：大正　S：昭和　H：平成）

3　文　献
部会資料　　　法制審議会民法（債権関係）部会資料
改正法の概要　潮見佳男著『民法（債権関係）改正法の概要』（金融財政事情研究会、2017 年）
改正債権法　　日本弁護士連合会編『実務解説改正債権法』（弘文堂、2017 年）
改正のポイント　大村敦志・道垣内弘人編『解説　民法（債権法）改正のポイント』（有斐閣、
　　　　　　　　2017 年）
BA 民法改正　　潮見佳男・北居功・高須順一・赫高規・中込一洋・松岡久和編『Before/
　　　　　　　　After 民法改正』（弘文堂、2017 年）
講義　　　　　中田裕康・大村敦志・道垣内弘人・沖野眞已著『講義　債権法改正』（商事法
　　　　　　　　務、2017 年）
一問一答　　　筒井建夫・村松秀樹編『一問一答　民法（債権関係）改正』（商事法務、2018 年）

※以下は、引用はないが参考にした文献である。
・東京弁護士会法制委員会民事部会編『債権法改正事例にみる契約ルールの改正ポイント』
　（新日本法規出版、2017 年）
・虎ノ門南法律事務所編『民法改正で変わる！　契約実務チェックポイント』（日本加除出版、
　2017 年）
・松尾博憲編『Q & A 民法改正の要点　企業契約の新法対応 50 のツボ』（日本経済新聞出版社、
　2017 年）
・岩田合同法律事務所編『民法改正と金融実務 Q&A』（銀行研修社、2017 年）
・渡辺晋著『民法改正の解説』（住宅新報社、2017 年）
・中島成著『これならわかる改正民法と不動賃貸業』（日本実業出版社、2017 年）

目　次

第1編　逐条解説（目次、民法総則及び物権関係）

第1章　目次の改正 ·· *1*
1　「第1編　総則」（1条〜174条）の目次の改正 ····························· *1*
2　「第2編　物権」（175条〜398条の22）の目次の改正 ················· *1*
3　「第3編　債権」（399条〜724条の2）の目次の改正 ··················· *1*
4　「第4編　親族」「第5編　相続」の目次の改正 ·························· *4*

第2章　民法総則（1条〜174条） ·· *5*
1　意思能力、行為能力（3条の2〜21条） ···································· *5*
2　物（85条〜89条） ··· *7*
3　法律行為・総則（90条〜92条） ·· *7*
4　意思表示（93条〜98条の2） ·· *7*
5　代理（99条〜118条） ··· *11*
6　無効及び取消し（119条〜126条） ··· *16*
7　条件及び期限（127条〜137条） ·· *19*
8　時効（144条〜174条） ··· *19*

第3章　物権関係（175条〜398条の22） ·· *32*
1　時効制度の改正に伴う改正（284条、291条、292条） ················ *32*
2　敷金の改正に伴う改正（316条） ·· *32*
3　有価証券の改正（新設）に伴う改正（363条、365条） ··············· *33*
4　債権譲渡の改正に伴う改正（364条） ······································ *33*
5　詐害行為取消権の改正に伴う改正（370条） ···························· *34*
6　その他：根抵当権に関する改正（398条の2、398条の3、398条の7） ···· *34*

第2編　逐条解説（債権総則　399条〜520条の20）

第1章　債権の目的・効力（399条〜426条） ···································· *37*
1　特定物の引渡しの場合の注意義務（400条） ···························· *37*
2　法定利率（404条） ·· *37*
3　不能による選択債権の特定（410条） ······································ *39*
4　履行期・受領遅滞・履行の強制など（412条〜414条） ·············· *40*
5　債務不履行による損害賠償（415条〜422条の2） ····················· *44*
6　債権者代位権（423条〜423条の7） ·· *48*
7　詐害行為取消権（424条〜426条） ·· *51*

第2章　多数当事者の債権及び債務（427条〜465条の10） ················· *62*
1　不可分債権及び不可分債務（428条〜431条） ·························· *62*
2　連帯債権（432条〜435条の2） ·· *64*
3　連帯債務（436条〜445条） ·· *65*

目 次

$\quad$ 4 保証債務(1)・総則（446 条〜 465 条）……………………………………………… 70

$\quad$ 5 保証債務(2)・個人根保証契約（465 条の 2 〜 465 条の 5 ）…………………… 76

$\quad$ 6 保証債務(3)・事業にかかる債務についての保証契約の特則

$\qquad\qquad\qquad\qquad\qquad\qquad\qquad$（465 条の 6 〜 465 条の 10）……… 80

第3章 債権譲渡（466 条〜 469 条）……………………………………………………… **85**

$\quad$ 1 債権の譲渡性・譲渡制限の意思表示の効力（466 条〜 466 条の 6 ）……… 85

$\quad$ 2 債権譲渡の対抗要件（467 条）…………………………………………………… 89

$\quad$ 3 債務者の抗弁（468 条）…………………………………………………………… 90

$\quad$ 4 債権の譲渡における相殺権（469 条）…………………………………………… 92

第4章 債務引受（470 条〜 472 条の 4 ）…………………………………………………… **94**

$\quad$ 1 併存的債務引受（470 条〜 471 条）…………………………………………… 94

$\quad$ 2 免責的債務引受（472 条〜 472 条の 4 ）……………………………………… 95

第5章 債権の消滅・弁済（473 条〜 504 条）…………………………………………… **97**

$\quad$ 1 弁済の意義・第三者弁済等（473 条〜 475 条）……………………………… 97

$\quad$ 2 弁済の効力（476 条〜 482 条）………………………………………………… 98

$\quad$ 3 弁済の方法（483 条〜 487 条）………………………………………………… 100

$\quad$ 4 充当（488 条〜 491 条）………………………………………………………… 101

$\quad$ 5 弁済の提供の効果（492 条）…………………………………………………… 103

$\quad$ 6 供託（494 条〜 498 条）………………………………………………………… 104

$\quad$ 7 弁済による代位（499 条〜 504 条）…………………………………………… 105

第6章 債権の消滅・弁済以外（505 条〜 520 条）……………………………………… **110**

$\quad$ 1 相殺（505 条〜 512 条の 2 ）…………………………………………………… 110

$\quad$ 2 更改（513 条〜 518 条）………………………………………………………… 113

第7章 有価証券（520 条の 2 〜 520 条の 20）………………………………………… **116**

$\quad$ 1 第1款 指図証券（520 条の 2 〜 520 条の 12）……………………………… 116

$\quad$ 2 第2款 記名式所持人払証券（520 条の 13 〜 520 条の 18）……………… 118

$\quad$ 3 第3款 その他の記名証券（520 条の 19）…………………………………… 119

$\quad$ 4 第4款 無記名証券（520 条の 20）…………………………………………… 120

$\quad$ 5 経過措置（附則 28 条）………………………………………………………… 120

第3編 逐条解説（債権各論 契約、不法行為 521 条〜 724 条の 2 ）

第1章 債権・契約・総則（521 条〜 548 条の 4 ）……………………………………… 121

$\quad$ 1 契約の成立（521 条〜 532 条）………………………………………………… 121

$\quad$ 2 契約の効力／同時履行の抗弁権（533 条）…………………………………… 126

$\quad$ 3 契約の効力／危険負担（536 条）……………………………………………… 126

$\quad$ 4 契約の効力／第三者のためにする契約（537 条〜 539 条）……………… 128

$\quad$ 5 契約上の地位の移転（539 条の 2 ）…………………………………………… 129

$\quad$ 6 契約の解除（540 条〜 548 条）………………………………………………… 129

$\quad$ 7 定型約款（548 条の 2 〜 548 条の 4 ）………………………………………… 133

第2章 贈与契約（549 条〜 554 条）……………………………………………………… 138

$\quad$ 1 改正条文…………………………………………………………………………… 138

xi

2　経過措置（附則 34 条 1 項）……………………………………………… 138

第 3 章　売買契約（555 条～585 条）…………………………………………… 139

　　1　総則（555 条～559 条）……………………………………………………… 139

　　2　売買の効力（560 条～578 条）…………………………………………… 140

　　3　買戻し（579 条～585 条）………………………………………………… 150

　　4　経過措置（附則 34 条 1 項）……………………………………………… 151

第 4 章　消費貸借契約／使用貸借契約（587 条～600 条）……………… 152

　　1　消費貸借（587 条～592 条）……………………………………………… 152

　　2　使用貸借（593 条～600 条）……………………………………………… 154

第 5 章　賃貸借契約（601 条～622 条の 2）………………………………… 157

　　1　総則（601 条～604 条）…………………………………………………… 157

　　2　賃貸借の効力・対抗力、賃貸人たる地位の移転（605 条～605 条の 3）…… 158

　　3　賃貸借の効力・賃借人による妨害排除請求（605 条の 4）…………… 160

　　4　賃貸借の効力・賃貸人賃借人間の権利義務（606 条～616 条）……… 161

　　5　賃貸借の効力・賃貸借の終了（616 条の 2 ～622 条）……………… 164

　　6　賃貸借の効力・敷金（622 条の 2）……………………………………… 166

　　7　経過措置（附則 34 条）…………………………………………………… 167

第 6 章　雇用契約（623 条～631 条）………………………………………… 168

　　1　改正条文…………………………………………………………………… 168

　　2　経過措置（附則 34 条 1 項）……………………………………………… 169

第 7 章　請負契約（632 条～642 条）………………………………………… 170

　　1　報酬（634 条）……………………………………………………………… 170

　　2　瑕疵担保責任（636 条～637 条）………………………………………… 170

　　3　解除（641 条～642 条）…………………………………………………… 174

　　4　経過措置（附則 34 条 1 項）……………………………………………… 174

第 8 章　委任契約（643 条～656 条）………………………………………… 175

　　1　改正条文…………………………………………………………………… 175

　　2　経過措置（附則 34 条 1 項）……………………………………………… 176

第 9 章　寄託契約（657 条～666 条）………………………………………… 177

　　1　改正条文…………………………………………………………………… 177

　　2　経過措置（附則 34 条 1 項）……………………………………………… 180

　　3　消費寄託の返還時期の概要……………………………………………… 180

第 10 章　組合契約（667 条～688 条）……………………………………… 181

　　1　改正条文…………………………………………………………………… 181

　　2　経過措置（附則 34 条 1 項）……………………………………………… 185

第 11 章　不法行為（709 条～724 条の 2）………………………………… 186

　　1　改正条文…………………………………………………………………… 186

　　2　経過措置（附則 17 条 2 項、35 条）…………………………………… 187

第 12 章　その他（親族・相続）……………………………………………… 188

　　1　改正条文…………………………………………………………………… 188

　　2　経過措置（附則 8 条、35 条 1 項、36 条）…………………………… 188

目　次

第4編　契約類型別／場面別の実務に与える影響

第1章　契約類型別の実務対応 ……………………………………………………… *189*
　1　賃貸借契約 ……………………………………………………………………… *189*
　2　売買契約 ………………………………………………………………………… *193*
　3　金銭消費貸借契約締結時の留意点 ………………………………………… *196*
　4　請負契約の留意点 …………………………………………………………… *197*
第2章　場面別の実務的対応 ………………………………………………………… *199*
　1　定型約款対応 …………………………………………………………………… *199*
　2　倒産処理に与える影響 ……………………………………………………… *200*
　3　不動産賃貸の運営等に与える影響 ………………………………………… *202*

　事項別索引 ……………………………………………………………………………… *205*

xiii

第1編 逐条解説（目次、民法総則及び物権関係）

第1章 目次の改正

目次の改正を確認することも、改正の全体像を把握するためには一定の意味があると考えられるため、以下に改正箇所を掲載する。

1 「第1編 総則」（1条〜174条）の目次の改正

第1編総則の主な目次の改正は以下の部分。

旧法（現行法）	新法（改正法）	改正内容
第1編 総則		
第2章 人		
第1節 権利能力（第3条）		
	第2節 意思能力（第3条の2）	「意思能力」の節の追加
第2節 行為能力（第4条—第21条）	第3節 行為能力（第4条—第21条）	
第3節 住所（第22条—第24条）	第4節 住所（第22条—第24条）	
第4節 不在者の財産の管理及び失踪の宣告（第25条—第32条）	第5節 不在者の財産の管理及び失踪の宣告（第25条—第32条）	
第5節 同時死亡の推定（第32条の2）	第6節 同時死亡の推定（第32条の2）	

2 「第2編 物権」（175条〜398条の22）の目次の改正

第2編物権の目次の改正はない。

3 「第3編 債権」（399条〜724条の2）の目次の改正

第3編債権は、目次もかなり改正があった。以下、改正がなかった部分も含めて、目次部分を掲載する。

旧法（現行法）	新法（改正法）	改正内容
第3編 債権		
第1章 総則		
第1節 債権の目的（第399条—第411条）		
第2節 債権の効力		
第1款 債務不履行の責任等（第412条—第422条）	第1款 債務不履行の責任等（第412条—第422条の2）	条文の追加に伴う改正

第1章　目次の改正

第2款　債権者代位権及び詐害行為取消権（第423条―第426条）	第2款　債権者代位権（第423条―第423条の7）	条文の追加に伴う改正。第2款を債権者代位権のみとし、また、条文を大幅に追加。第3款を新たに設けて、債権者取消権の条文を大幅に追加
	第3款　詐害行為取消権 第1目　詐害行為取消権の要件（第424条―第424条の5） 第2目　詐害行為取消権の行使の方法等（第424条の6―第424条の9） 第3目　詐害行為取消権の行使の効果（第425条―第425条の4） 第4目　詐害行為取消権の期間の制限（第426条）	
第3節　多数当事者の債権及び債務 　第1款　総則（第427条） 　第2款　不可分債権及び不可分債務（第428条―第431条）		
	第3款　連帯債権（第432条―第435条の2）	第3款として、「連帯債権」を新たに追加
第3款　連帯債務（第432条―第445条）	第4款　連帯債務（第436条―第445条）	条文番号の整理
第4款　保証債務 　　第1目　総則（第446条―第465条）	第5款　保証債務 　　第1目　総則（第446条―第465条）	
第2目　貸金等根保証契約（第465条の2―第465条の5）	第2目　個人根保証契約（第465条の2―第465条の5）	個人根保証契約を新たに追加[1]
	第3目　事業に係る債務についての保証契約の特則（第465条の6―第465条の10）	事業債務にかかる保証契約の特則を新たに追加
第4節　債権の譲渡（第466条―第473条）	第4節　債権の譲渡（第466条―第469条）	条文番号の整理に伴う改正
	第5節　債務の引受け 　第1款　併存的債務引受（第470条・第471条） 　第2款　免責的債務引受（第472条―第472条の4）	第5節として、「債務の引受け」を追加
第5節　債権の消滅 　第1款　弁済	第6節　債権の消滅	節番号の改正
第1目　総則（第474条―第493条）	第1目　総則（第473条―第493条）	条文番号の整理に伴う改正
第2目　弁済の目的物の供託（第494条―第498条） 　　第3目　弁済による代位（第499条―第504条）		

1　旧法の「貸金等根保証契約」は、新法では「個人貸金等根保証契約」として、個人保証契約の中に残っている。

第1編　逐条解説（目次、民法総則及び物権関係）

第2款　相殺（第505条―第512条）	第2款　相殺（第505条―第512条の2）	条文の追加に伴う改正
第3款　更改（第513条―第518条）		
第4款　免除（第519条）		
第5款　混同（第520条）		
	第7節　有価証券 第1款　指図証券（第520条の2―第520条の12） 第2款　記名式所持人払証券（第520条の13―第520条の18） 第3款　その他の記名証券（第520条の19） 第4款　無記名証券（第520条の20）	第7節として「有価証券」を追加
第2章　契約		
第1節　総則		
第1款　契約の成立（第521条―第532条）		
第2款　契約の効力（第533条―第539条）		
	第3款　契約上の地位の移転（第539条の2）	第3款として、「契約上の地位の移転」に関する条文を追加
第3款　契約の解除（第540条―第548条）	第4款　契約の解除（第540条―第548条）	
	第5款　定型約款（第548条の2―第548条の4）	第5款として「定型約款」に関する条文を追加
第2節　贈与（第549条―第554条）		
第3節　売買		
第1款　総則（第555条―第559条）		
第2款　売買の効力（第560条―第578条）		
第3款　買戻し（第579条―第585条）		
第4節　交換（第586条）		
第5節　消費貸借（第587条―第592条）		
第6節　使用貸借（第593条―第600条）		
第7節　賃貸借		
第1款　総則（第601条―第604条）		
第2款　賃貸借の効力（第605条―第616条）		
第3款　賃貸借の終了（第617条―第622条）	第3款　賃貸借の終了（第616条の2―第622条）	条文の追加に伴う改正
	第4款　敷金（第622条の2）	第4款として敷金を定める条文を追加
第8節　雇用（第623条―第631条）		
第9節　請負（第632条―第642条）		
第10節　委任（第643条―第656条）		
第11節　寄託（第657条―第666条）		
第12節　組合（第667条―第688条）		
第13節　終身定期金（第689条―第694条）		

第1章　目次の改正

第14節　和解（第695条・第696条）		
第3章　事務管理（第697条—第702条）		
第4章　不当利得（第703条—第708条）		
第5章　不法行為（第709条—第724条）	第5章　不法行為（第709条—第724条の2）	条文の追加に伴う改正

4　「第4編　親族」「第5編　相続」の目次の改正

　目次の改正はない。

第1編　逐条解説（目次、民法総則及び物権関係）

第2章 民法総則（1条～174条）

1　意思能力、行為能力（3条の2～21条）

　判例、学説上異論なく認められていた意思能力に欠ける場合の効果が定められた（3条の2）。また、102条の改正に平仄をあわせた改正が行われた（13条）。

(1)　改正条文

旧法（現行法）	新法（改正法）	留意点／経過措置は(2)
第1編　総則		
	第2節　意思能力	
（新設）[1]	第3条の2[1]　法律行為の当事者が意思表示をした時に意思能力を有しなかったときは[2]、その法律行為は、無効とする[3]。	①判例（**大判 M38.5.11**）・学説上異論なく認められていた意思能力に欠ける場合の効果について規定した。なお、121条の2第3項もあわせて追加されている。 ②「意思能力」がどのような場合に「有しなかったとき」とされるかは、解釈に委ねられている[2]。 ③無効の主張権者の範囲は明文化されていないが、旧法同様に、意思無能力者のみから主張できると解される[3]。 ④本条の新設にあわせて、意思表示の効力発生時期（97条3項）や受領能力に関する規定（98条の2）も改正されている[4]。
<u>第2節　行為能力</u>	<u>第3節　行為能力</u>	
（保佐人の同意を要する行為等） 第13条　被保佐人が次に掲げる行為をするには、その保佐人の同意を得なければならない。ただし、第9条ただし書に規定する行為については、この限りでない。 　一　～　九　略（改正なし）		①102条ただし書は、制限行為能力者（未成年者、成年被後見人、被保佐人、被補助人）が他の制限行為能力者の法定代理人としてした行為につき、行為能力の制限によって取り消すことができるとした。

2　部会資料73A
3　改正債権法5頁
4　表意者、受領者の意思能力喪失の効果（下線は改正箇所）

項目	条文	内容
効力発生時期 （97条3項）	意思表示は、表意者が通知を発した後に死亡し、<u>意思能力を喪失し、又は行為能力の制限を受けたとき</u>であっても、そのためにその効力を妨げられない。	意思表示の通知を発した後、意思能力を喪失しても、意思表示の効力は維持される。
受領能力 （98条の2本文）	意思表示の相手方がその意思表示を受けた時に<u>意思能力を有しなかったとき又は未成年者若しくは成年被後見人</u>であったときは、その意思表示をもってその相手方に対抗することができない。	相手方が意思表示を受領した時点で意思能力がなければ、当該意思表示の効力を相手方に対抗できない。

5

第2章　民法総則（1条〜174条）

十　前各号に掲げる行為を制限行為能力者（未成年者、成年被後見人、被保佐人及び第17条第1項の審判を受けた被補助人をいう。以下同じ。）の法定代理人としてすること①。

上記改正にあわせて、本条1項10号に、被保佐人が、本条1号から9号に掲げる行為を制限行為能力者の法定代理人としてする場合を同意が必要な事項に加えることで、被保佐人が同意を得ないで制限行為能力者の法定代理人として行った行為につき、取り消すことができるものとした（本条4項）[5]。

2　略（改正なし）

3　略（改正なし）

4　保佐人の同意を得なければならない行為であって、その同意又はこれに代わる許可を得ないでしたものは、取り消すことができる。

（制限行為能力者の相手方の催告権）

第20条　制限行為能力者（未成年者、成年被後見人、被保佐人及び第17条第1項の審判を受けた被補助人をいう。以下同じ。）①の相手方は、その制限行為能力者が行為能力者（行為能力の制限を受けない者をいう。以下同じ。）となった後、その者に対し、1箇月以上の期間を定めて、その期間内にその取り消すことができる行為を追認するかどうかを確答すべき旨の催告をすることができる。この場合において、その者がその期間内に確答を発しないときは、その行為を追認したものとみなす。

2　以下略（改正なし）

第20条　制限行為能力者の相手方は、その制限行為能力者が行為能力者（行為能力の制限を受けない者をいう。以下同じ。）となった後、その者に対し、1箇月以上の期間を定めて、その期間内にその取り消すことができる行為を追認するかどうかを確答すべき旨の催告をすることができる。この場合において、その者がその期間内に確答を発しないときは、その行為を追認したものとみなす。

①制限行為能力者の定義が13条10号でされたため、本条の定義規定は削除された（実質改正なし）。

(2)　経過措置（附則2条、3条）

区分			適用
意思無能力の効果（3条の2）	意思表示のされた日	施行日前	新法適用なし
		施行日以降	新法
制限行為能力者が他の制限行為能力者の法定代理人として行為した場合の取消し等	制限行為能力者が他の制限行為能力者の法定代理人として行為をした日	施行日前	旧法
		施行日以降	新法

5　なお、120条1項は、他の制限行為能力者の法定代理人としてした行為は、当該他の制限行為能力者（つまり本人）も取消権者に含むと定めている。

第1編　逐条解説（目次、民法総則及び物権関係）

2　物（85条〜89条）

　債権総則に有価証券の節が新設にされたことに伴い、旧法86条3項が削除された。

(1)　改正条文

旧法（現行法）	新法（改正法）	留意点
（不動産及び動産） 第86条　土地及びその定着物は、不動産とする。 2　不動産以外の物は、すべて動産とする。 3　無記名債権[①]は、動産とみなす。	（削除）[①]	①520条の20で無記名証券の規定を設けたことから、削除された[6]。

(2)　経過措置（附則4条）

区分			適用
86条3項の適用	無記名債権の発生日（施行日前に原因である法律行為がされた場合を含む）	施行日前	旧法
		施行日以降	新法

3　法律行為・総則（90条〜92条）

　90条について、若干改正がなされた。

(1)　改正条文

旧法（現行法）	新法（改正法）	留意点
（公序良俗） 第90条　公の秩序又は善良の風俗に反する事項を目的とする[①]法律行為は、無効とする。	第90条　公の秩序又は善良の風俗に反する法律行為は、無効とする。	①公序良俗違反は、法律行為の内容にのみ着目するのではなく、法律行為が行われた過程その他の諸事情を考慮することを明確にするため、改正された[7]。条文上は対象範囲が広がっているが、従来の判例、通説を明文化したものであり、実務的に大きな影響はないと解される[8]。

(2)　経過措置（附則5条）

区分			適用
公序良俗違反による法律行為の無効（90条）	法律行為のされた日	施行日前	旧法
		施行日以降	新法

4　意思表示（93条〜98条の2）

　主に判例を明文化する趣旨で、改正がされた。95条（錯誤）の改正が特に重要。意思表示全体の改正の概要は(3)参照。

6　改正法の概要4頁
7　部会資料73A
8　改正債権法2頁

第2章　民法総則（1条〜174条）

（1）　改正条文

（i）　民法

旧法（現行法）	新法（改正法）	留意点／経過措置
（心裡留保） 第93条　意思表示は、表意者がその真意ではないことを知ってしたときであっても、そのためにその効力を妨げられない。ただし、相手方が<u>表意者の真意</u>を知り、又は知ることができたときは、その意思表示は、無効とする。	第93条　意思表示は、表意者がその真意ではないことを知ってしたときであっても、そのためにその効力を妨げられない。ただし、相手方が<u>その意思表示が表意者の真意ではないこと</u>を知り[①]、又は知ることができたときは、その意思表示は、無効とする。 2　前項ただし書の規定による意思表示の無効は、善意の第三者に対抗することができない[②]。	①1項は、故意、過失の対象を「表意者の真意」から「表意者の真意でないこと」にして、表意者の真意を知らないとしても、真意でないことを知っていれば足りるとして成立範囲を広げた。 ②2項は、第三者保護規定の新設。判例法理（**最判 S44.11.14** 他）を明文化したもの[9]。 ③経過措置：意思表示のされた日で区分
（錯誤） 第95条　意思表示は、<u>法律行為の要素[①]に錯誤があったときは、無効[②]とする</u>。ただし、表意者に重大な過失があったときは、表意者は、自らその無効を主張することができない。	**第95条　意思表示は、次に掲げる錯誤に基づくものであって、その錯誤が法律行為の目的及び取引上の社会通念に照らして重要なものであるとき[①]は、取り消す[②]ことができる。** **一　意思表示に対応する意思を欠く錯誤** **二　表意者が法律行為の基礎とした事情についてのその認識が真実に反する錯誤[③]** **2　前項第2号の規定による意思表示の取消しは、その事情が法律行為の基礎とされていることが表示されていたときに限り、することができる[③]。**	①1項柱書で、旧法の「要素」という表現が、判例（**大判 T3.12.15** など）を踏まえて「法律行為の目的及び取引上の社会通念に照らして重要なものであるとき」に改正された。表現の改正により、実務に一定の影響はあるものと考えられる。 ②1項柱書で、錯誤の効果が、旧法の「無効」から「取消し」に改正された。表意者以外は無効を主張できないとした判例（**最判 S40.9.10**）を反映したもの。取消しが可能なのは、無効と異なり、表意者又はその承継人に限られ（120条2項）、期間制限も受ける（126条）[10]ので注意が必要。 ③1項2号及び2項は、動機の錯誤につき、判例（**最判 S29.11.26**、**最判 H元.9.14**、**最判 H28.1.12** 等）の考え方を明文化した。なお、動機の錯誤を「法律行為の基礎とした事情についてのその認識が真実に反する錯誤」と定義したが、この範囲については、さらに解釈に委ねられる[11]。動機の錯誤が明文化されたことにより、錯誤が認められやすくなる可能性がある。

9　判例は旧法94条2項（改正なし）を類推適用するとしていた（**最判 S44.11.14**）。なお、同項の善意は、無過失であることを要しないとされていた（**大判 S12.8.10**）。

10　126条（改正なし）　取消権は、追認をすることができる時から5年間行使しないときは、時効によって消滅する。行為の時から20年を経過したときも、同様とする。

11　この点、旧法下で相手方の不実の表示により動機の錯誤が惹起された場合（相手が惹起した錯誤）、動機の表示の有無等を問わず錯誤無効を認めた裁判例がある（参考裁判例：**東京高判 H17.8.10**、**東京高判 H24.5.24**）。新法でもかかる裁判例は引き続き参考になると思われる（BA民法改正14頁〜15頁）。

第1編　逐条解説（目次、民法総則及び物権関係）

	3　錯誤が表意者の重大な過失によるものであった場合には、次に掲げる場合を除き、第1項の規定による意思表示の取消しをすることができない④。 　一　相手方が表意者に錯誤があることを知り、又は重大な過失によって知らなかったとき。 　二　相手方が表意者と同一の錯誤に陥っていたとき。 4　第1項の規定による意思表示の取消しは、善意でかつ過失がない第三者に対抗することができない⑤。	④3項は、表意者重過失の場合につき、旧法95条ただし書の原則を維持しつつ、例外につきほぼ異論のない学説を明文化した[12]。つまり、以下の場合には表意者に重過失があっても、錯誤による取消しができるとした。 ・相手方悪意又は重過失の場合（1号） ・共通錯誤の場合（2号） ⑤4項は、旧法には規定がなかった、善意無過失の第三者保護規定を新設した。多数説の明文化[13]。 ⑥経過措置：意思表示のされた日で区分 ⑦錯誤についての旧法との比較は(3)ⅱ参照。
（詐欺又は強迫） 第96条　詐欺又は強迫による意思表示は、取り消すことができる。		
2　相手方に対する意思表示について第三者が詐欺を行った場合においては、相手方がその事実を知っていた①ときに限り、その意思表示を取り消すことができる。 3　前2項の規定による詐欺による意思表示の取消しは、善意の②第三者に対抗することができない。	2　相手方に対する意思表示について第三者が詐欺を行った場合においては、相手方がその事実を知り、又は知ることができた①ときに限り、その意思表示を取り消すことができる。 3　前2項の規定による詐欺による意思表示の取消しは、善意でかつ過失がない②第三者に対抗することができない。	①2項は、本条で取り消せる場合を、相手方悪意の場合に加え、過失がある場合に拡張した[14]。第三者詐欺による表意者は、心裡留保（93条）の意思表示をした表意者より保護されるべきとの考え方による。 ②3項は、第三者保護要件につき、通説を明文化し、旧法の善意から善意無過失とした[15]。 ③経過措置：意思表示のされた日で区分
（隔地者に対する意思表示） 第97条　隔地者に対する①意思表示は、その通知が相手方に到達した時からその効力を生ずる。	**（意思表示の効力発生時期等）** 第97条　意思表示は、その通知が相手方に到達した時からその効力を生ずる。 2　相手方が正当な理由なく意思表示の通知が到達することを妨げたときは、その通知は、通常到達すべきであった時に到達したものとみなす②。	①旧法1項、2項の「隔地者に対する」は削除され、到達主義を隔地者以外の場面に適用範囲を広げた（525条、旧法526条1項の削除参照）。なお、到達時期がいつかについては、旧法同様に解釈に委ねられる（参考判例：**最判S36.4.20**など）。 ②2項は、判例（**最判H10.6.11**）などを踏まえて新設された。「正当な理由なく」は、個別事情によって判断される[16]。
2　隔地者に対する①意思表示は、表意者が通知を発した後に死亡し、又は行為能力を喪失したとき③であっても、そのためにその効力を妨げられない。	3　意思表示は、表意者が通知を発した後に死亡し、意思能力を喪失し、又は行為能力の制限を受けたとき③であっても、そのためにその効力を妨げられない。	③3項は、旧法2項の「行為能力を喪失したとき」を「意思能力を喪失し、又は行為能力の制限を受けたとき」に拡張した。 ④経過措置：意思表示の通知が発せられた日で区分

12　部会資料76A

13　部会資料76A。旧法下においては、善意の第三者に対しても対抗できるとする判例（**大判T11.3.22**）もあったが、善意の第三者を保護する裁判例（**福岡高判H11.6.29**）もあり、学説も分かれていた。

14　部会資料66A。旧法下における有力説を明文化したもの（BA民法改正20頁）。

15　部会資料66A。なお、旧法下の判例（**最判S49.9.26**）は条文通り善意のみを要求しているように解される。

16　改正のポイント30頁。住所における郵便物の受領拒絶、不在配達通知書の受取をしながら受領しなかった場合などが典型例とされる。

第2章　民法総則（1条～174条）

（意思表示の受領能力） 第98条の2　意思表示の相手方がその意思表示を受けた時に未成年者又は成年被後見人であったときは、その意思表示をもってその相手方に対抗することができない。ただし、その法定代理人がその意思表示を知った後は、この限りでない。	第98条の2　意思表示の相手方がその意思表示を受けた時に<u>意思能力を有しなかったとき</u>①<u>又は未成年者若しくは成年被後見人</u>であったときは、その意思表示をもってその相手方に対抗することができない。ただし、<u>次に掲げる者が</u>その意思表示を知った後は、この限りでない。 　<u>一　相手方の法定代理人</u> 　<u>二　意思能力を回復し、又は行為能力者となった相手方</u>②	①柱書は、意思無能力者の条文（3条の2）の新設を受けて、意思表示を対抗できない相手方として、未成年者、成年被後見人に、意思無能力者を追加した。 ②2号は、意思無能力者を追加したことに対応して例外規定を追加したもの。 ③経過措置：意思表示のされた日で区分

(ⅱ)　主な関連改正

　いくつかの法律において、96条と同様の改正が行われている。代表的な例として、消費者契約法4条の改正がある。

・消費者契約法4条

旧法	新法
（消費者契約の申込み又はその承諾の意思表示の取消し） 第4条　1項～5項（略）　改正なし	
6　第1項から第4項までの規定による消費者契約の申込み又はその承諾の意思表示の取消しは、これをもって<u>善意の</u>第三者に対抗することができない。	6　第1項から第4項までの規定による消費者契約の申込み又はその承諾の意思表示の取消しは、これをもって<u>善意でかつ過失がない</u>第三者に対抗することができない。

(2)　経過措置（附則6条）

区分			適用
意思表示関係（第93条、第95条、第96条第2項、第3、98条の2）	意思表示のされた日	施行日前	旧法
		施行日以降	新法
意思表示の効力発生時期等（97条）	意思表示の通知が発せられた日	施行日前	旧法
		施行日以降	新法

(3)　意思表示に問題がある場合の改正の概要

(ⅰ)　主な改正部分のまとめ

分類		旧法	新法
心裡留保（93条）	第三者保護規定	なし（**最判 S44.11.14** で94条2項を類推適用するとしていた）	「善意の第三者に対抗することができない」とした（2項）。
通謀虚偽表示（94条）	改正なし		
錯誤（95条） (ⅱ)参照	成立要件	「要素の錯誤」とのみ規定	動機の錯誤など要件を丁寧に明文化（1項、2項）
	表意者重過失の場合	無効主張は不可（ただし書）。例外規定なし	相手方が悪意の場合などにつき例外を明文化（3項）

第1編　逐条解説（目次、民法総則及び物権関係）

			善意無過失の第三者に対抗できないとした（4項）。
	第三者保護要件	なし	
	効果	無効	取消し（1項）
詐欺（96条）	第三者保護要件	善意の第三者に対抗できない	善意無過失の第三者に対抗できないとした（3項）。
強迫（96条）	改正なし		

(ii) 錯誤（95条）についてより詳細に比較すると以下のとおり。

項目		旧法	新法	改正趣旨
要件	主観的因果性	「法律行為の要素に錯誤があったとき」とのみ規定	意思表示に対応する意思を欠く錯誤（1項1号）	明確化
	客観的重要性		錯誤が法律行為の目的及び取引上の社会通念に照らして重要なものであること（1項柱書）	
	動機の錯誤	規定なし	表意者が法律行為の基礎とした事情についてのその認識が真実に反する錯誤で、その事情が法律行為の基礎とされていることが表示されていること（1項2号、2項）	判例法理の条文化
表意者重過失の場合		無効主張不可（例外の規定なし）	取消主張不可に以下の例外を規定（3項）・相手方が表意者に錯誤があることを知り、又は重大な過失によって知らなかったとき・相手方が表意者と同一の錯誤に陥っていたとき	ほぼ異論のない学説の考え方を明文化
効果		無効→相手方も主張可能となるが、判例は第三者は主張不可としていた（**最判 S40.9.10**）。	取り消せる（1項柱書）→相手方から取り消すことはできない。なお、期間制限を受ける（126条）	判例（**最判 S40.9.10**）や学説などを反映
第三者保護		規定なし	善意無過失の第三者に対抗することができない（4項）	

5　代理（99条〜118条）

　判例を明文化した改正が多いが、一部それ以外の改正もある。

(1)　改正条文

旧法（現行法）	新法（改正法）	留意点／経過措置は(2)
（代理行為の瑕疵）		①1項及び2項は、代理行為の瑕疵が意思表示の効力に影響を及ぼす場合につき、旧法1項が「意思表示」としていたものを、新法は、「代理人が相手方に対してした意思表示」（1項）と、「相手方が代理人に対してした意思表示」（2項）に分けて規定した。代理人を基準とする点については、改正されていない。内容的には従前の一般的な理解を明文化したものと解される[17]。
第101条　意思表示①の効力が意思の不存在、詐欺、強迫又はある事情を知っていたこと若しくは知らなかったことにつき過失があったことによって影響を受けるべき場合には、その事実の有無は、代理人について決するものとする。	第101条　代理人が相手方に対してした意思表示①の効力が意思の不存在、錯誤、詐欺、強迫又はある事情を知っていたこと若しくは知らなかったことにつき過失があったことによって影響を受けるべき場合には、その事実の有無は、代理人について決するものとする。	

17　改正債権法 27 頁

第2章　民法総則（1条〜174条）

	2　相手方が代理人に対してした意思表示①の効力が意思表示を受けた者がある事情を知っていたこと又は知らなかったことにつき過失があったことによって影響を受けるべき場合には、その事実の有無は、代理人について決するものとする。	なお、代理人が相手方に詐欺・強迫をした場合の効果について、101条を適用して代理人について詐欺・強迫の事情の有無を判断するとしていた判例（**大判M39.3.31**）の適用を否定したこと[18]を除けば、新法は旧法下の取扱いに変更を加えるものではないと解される。
2　特定の法律行為をすることを委託された場合において、代理人が**本人の指図に従って**②その行為をしたときは、本人は、自ら知っていた事情について代理人が知らなかったことを主張することができない。本人が過失によって知らなかった事情についても、同様とする。	**3**　特定の法律行為をすることを委託された代理人がその行為をしたときは、本人は、自ら知っていた事情について代理人が知らなかったことを主張することができない。本人が過失によって知らなかった事情についても、同様とする。	②3項は、特定の法律行為の委託があれば本人の指図は要件とならないとする判例（**大判M41.6.10**）を踏まえて、旧法2項の「本人の指図に従って」は削除された[19]。実質的な内容に変更はないと解される。
（代理人の行為能力） 第102条　代理人は、行為能力者であることを要しない。	第102条　制限行為能力者が代理人としてした行為は、行為能力の制限によっては取り消すことができない①。ただし、制限行為能力者が他の制限行為能力者の法定代理人としてした行為については、この限りでない②。	①本文は、任意代理につき旧法102条を実質的に維持するものと解される（内容を明確にした）。 ②ただし書は、制限行為能力者が法定代理人としてした行為は、旧法と異なり取消しが可能であるとした[20]。 ③経過措置：代理権の発生原因が生じた日で区分。ただし書は制限行為能力者が他の制限行為能力者の法定代理人として行為を行った日で区分。
（復代理人を選任した代理人の責任） 第105条　代理人は、前条の規定により復代理人を選任したときは、その選任及び監督について、本人に対してその責任を負う。 **2**　代理人は、本人の指名に従って復代理人を選任したときは、前項の責任を負わない。ただし、その代理人が、復代理人が不適任又は不誠実であることを知りながら、	**（削除）**①②③	①任意代理で復代理人を選任した代理人の責任を軽減することは合理性がないとして削除された。 ②削除により、復代理人を選任した場合の代理人の責任も、債務不履行の一般規定によって規律されることになる[21]。

18　旧法下における学説の多数説を明文化したもの（BA民法改正30頁）。代理人が相手方に詐欺・強迫をした場合は96条の問題として処理される。

19　部会資料66A

20　例えば、未成年者Aの親権者（法定代理人）Bが被保佐人である場合、BがAの法定代理人として13条1項1号から9号に列挙されている行為を保佐人の同意を得ずに行った場合、取り消すことができることとなった。なお、あわせて、13条1項10号が改正により新設された。また、120条1項が改正され、制限行為能力者が他の制限行為能力者の法定代理人としてした行為は、他の制限行為能力者（本人）も取り消せることが定められた。つまり、法定代理人、その保佐人、さらに本人の3名が取消権を有することになる。

21　部会資料66A

第1編　逐条解説（目次、民法総則及び物権関係）

その旨を本人に通知し又は復代理人を解任することを怠ったときは、この限りでない。		③旧法105条の削除にあわせて、旧法1016条2項[22]も削除されている。
（法定代理人による復代理人の選任） 第106条　法定代理人は、自己の責任で復代理人を選任することができる。この場合において、やむを得ない事由があるときは、前条第1項[①]の責任のみを負う。	第105条　法定代理人は、自己の責任で復代理人を選任することができる。この場合において、やむを得ない事由があるときは、本人に対してその選任及び監督についての[①]責任のみを負う。	①旧法105条が削除されたことに伴う形式的な改正であり、実質的には変更はない。
（復代理人の権限等） 第107条　復代理人は、その権限内の行為について、本人を代表する。 2　復代理人は、本人及び第三者に対して、代理人と同一の権利を有し、義務を負う。	第106条　復代理人は、その権限内の行為について、本人を代表する。 2　復代理人は、本人及び第三者に対して、その権限の範囲内において[①]、代理人と同一の権利を有し、義務を負う。	①2項は、復代理の権利義務について、その範囲が必ずしも代理人と同一でないことを文言上明らかにした。[23]
（新設）	（代理権の濫用） **第107条　代理人が自己又は第三者の利益を図る目的で代理権の範囲内の行為をした場合において、相手方がその目的を知り、又は知ることができたときは、その行為は、代理権を有しない者がした行為とみなす[①②]。**	①代理権濫用にかかる新設条文。相手方悪意又は有過失の場合、無権代理とみなすと定めた[24]。 ②悪意又は有過失の相手方からの転得者の保護については、規定がなく旧法同様に解釈に委ねられる[25]。
（自己契約及び双方代理） 第108条　同一の法律行為については、相手方の代理人となり、又は当事者双方の代理人となることはできない。ただし、債務の履行及び本人があらかじめ許諾した行為については、この限りでない。	（自己契約及び双方代理等） **第108条　同一の法律行為について、相手方の代理人として、又は当事者双方の代理人としてした行為は、代理権を有しない者がした行為とみなす[①]。ただし、債務の履行及び本人があらかじめ許諾した行為については、この限りでない。**	①本条は、自己契約、双方代理（1項）、利益相反行為（2項）につき、無権代理とみなすと定めた。判例法理（**大判S7.6.6、最判S47.4.4、最判H16.7.13**など）を採用したものであるが、113条～117条が適用されることとなるため（117条以外改正なし）、一定程度解釈に影響を与えるものと考えられる[26]。

22　旧法1016条2項　遺言執行者が前項ただし書の規定により第三者にその任務を行わせる場合には、相続人に対して、第105条に規定する責任を負う。

23　一問一答28頁

24　旧法下の判例（**最判42.4.20**）は、相手方が代理人の目的を知り又は知ることができたときは、93条ただし書を類推適用して代理行為の効果を否定していたが、新法は無権代理とみなした。新法は、基本的には旧法下の判例法理を変更するものではないと考えられるが、無権代理とみなした結果、113条～117条が適用されることとなり（117条以外改正なし）、一定程度解釈に影響を与えるものと考えられる（部会資料66A参照）。

25　旧法下と同様に、94条2項（改正なし）の類推適用や192条（改正なし）による保護が考えられる（BA民法改正42頁～43頁）。

26　部会資料66A参照

第2章　民法総則（1条〜174条）

	2　前項本文に規定するもののほか、代理人と本人との利益が相反する行為②については、代理権を有しない者がした行為とみなす①。ただし、本人があらかじめ許諾した行為については、この限りでない。	②2項の利益相反の判断基準は解釈に委ねられるが、外形的に判断されるとする従来の判例（**最判S37.10.2**、**最判S43.10.8**）が維持されるものと解される[27]。
（代理権授与の表示による表見代理）	（代理権授与の表示による表見代理等）	
第109条　第三者に対して他人に代理権を与えた旨を表示した者は、その代理権の範囲内においてその他人が第三者との間でした行為について、その責任を負う。ただし、第三者が、その他人が代理権を与えられていないことを知り、又は過失によって知らなかったときは、この限りでない。		
	2　第三者に対して他人に代理権を与えた旨を表示した者は、その代理権の範囲内においてその他人が第三者との間で行為をしたとすれば前項の規定によりその責任を負うべき場合において、その他人が第三者との間でその代理権の範囲外の行為をしたときは①、第三者がその行為についてその他人の代理権があると信ずべき正当な理由があるときに限り、その行為についての責任を負う。	①2項は、代理権授与の表示による表現代理において、代理人が権限踰越の行為をした場合につき、旧法109条と110条の重畳適用を認めた判例法理（**最判S45.7.28**）を明文化した。なお、本条1項の成立要件は相手方の善意無過失であるが、2項は「代理権があると信ずべき正当な理由」とされている[28]。
（権限外の行為の表見代理）		
第110条　前条本文の規定は、代理人がその権限外の行為をした場合において、第三者が代理人の権限があると信ずべき正当な理由があるときについて準用する。	第110条　前条第1項①本文の規定は、代理人がその権限外の行為をした場合において、第三者が代理人の権限があると信ずべき正当な理由があるときについて準用する。	①形式的な改正である。
（代理権消滅後の表見代理）	（代理権消滅後の表見代理等）	
第112条　代理権の消滅は、善意①の第三者に対抗することができない。ただし、第三者が過失によってその事実を知らなかったときは、この限りでない。	第112条　他人に代理権を与えた者は、代理権の消滅後にその代理権の範囲内においてその他人が第三者との間でした行為について、代理権の消滅の事実を知らなかった①第三者に対してその責任を負う。ただし、第三者が過失によってその事実を知らなかったときは、この限りでない。	①1項は、旧法の「善意」の対象が明確でなかったことから、判例（**最判S32.11.29**）も踏まえて、過去に存在した代理権が代理行為の前に消滅したことであることを明確にした[29]。

27　改正法の概要23頁
28　部会資料79-3参照
29　部会資料66A。学説としては、代理行為の時に代理権が存在しなかったことを知らなかったことと解する説があった。

第1編　逐条解説（目次、民法総則及び物権関係）

	2　他人に代理権を与えた者は、代理権の消滅後に、その代理権の範囲内においてその他人が第三者との間で行為をしたとすれば前項の規定によりその責任を負うべき場合において、その他人が第三者との間でその代理権の範囲外の行為をしたときは、第三者がその行為についてその他人の代理権があると信ずべき正当な理由があるときに限り、その行為についての責任を負う②。	②2項は、代理権を授与した場合で、代理権消滅後に代理人が権限踰越の行為をした場合につき、旧法112条1項と110条の重畳適用を認めた判例法理（**最判S44.7.25**）を明文化した。なお、本条1項の成立要件は相手方の善意無過失であるが、2項は「代理権があると信ずべき正当な理由」とされている[30]。
（無権代理人の責任） 第117条　他人の代理人として契約をした者は、自己の代理権を<u>証明することができず、かつ、本人の追認を得ることができなかったときは①</u>、相手方の選択に従い、相手方に対して履行又は損害賠償の責任を負う。	第117条　他人の代理人として契約をした者は、自己の代理権を<u>証明したとき、又は本人の追認を得たときを除き①</u>、相手方の選択に従い、相手方に対して履行又は損害賠償の責任を負う。	①1項は、代理権の存在又は本人の追認を得たことの立証責任が無権代理人側にあることを明瞭にするべく表現を改めたうえで、旧法117条1項の内容を維持するものであるとされている[31]。
2　前項の規定は、他人の代理人として契約をした者が代理権を有しないことを相手方が知っていたとき、<u>若しくは過失によって知らなかったとき、又は他人の代理人として契約をした者が行為能力を有しなかったときは、適用しない。</u>	2　前項の規定は、<u>次に掲げる場合には②</u>、適用しない。 一　他人の代理人として契約をした者が代理権を有しないことを相手方が知っていたとき。 **二　他人の代理人として契約をした者が代理権を有しないことを相手方が過失によって知らなかったとき。ただし、他人の代理人として契約をした者が自己に代理権がないことを知っていたときは、この限りでない。** 三　他人の代理人として契約をした者が行為能力の制限を受けていたとき。	②2項は、基本的に旧法117条2項の規定を維持したうえで、2号ただし書で通説を明文化した[32]。 　2号ただし書は、無権代理人の相手方に過失があっても、無権代理人が自己に代理権がないことを知っていた場合、相手方は責任追及できることを定めた[33]。 　3号は、表現を通説にあわせた[34]。

30　部会資料79-3参照

31　改正法の概要26頁、一問一答29頁

32　改正法の概要27頁

33　旧法では、自己が無権代理だと知っていた者に対する損害賠償請求は一般不法行為（709条）に基づいてのみ請求することが可能であったが、新法では本条での請求が可能となった（BA民法改正48頁～49頁参照）。

34　なお、行為能力の制限を受けていた場合、2項3号により本条に基づく請求はできないが、責任能力があれば、一般不法行為（709条）による請求は可能と解される（BA民法改正49頁）。

第2章　民法総則（1条〜174条）

(2)　経過措置（附則3条、7条）

区分			適用
代理一般	代理権の発生原因が生じた日（代理権授与の表示がされた場合を含む）	施行日前	旧法
		施行日以降	新法
無権代理人の責任（117条、118条）	無権代理人が代理人として行為をした日	施行日前	旧法
		施行日以降	新法
102条ただし書の適用	制限行為能力者が他の制限行為能力者の法定代理人として行為をした日	施行日前	旧法
		施行日以降	新法

6　無効及び取消し（119条〜126条）

　判例の明文化というよりは、条文の整理（わかりやすい条文とする）改正が多い。実務に大きな影響があるとは思えないが、注意が必要な条文がいくつかある。

(1)　改正条文

(i)　民法

旧法（現行法）	新法（改正法）	留意点／経過措置
（取消権者）		
第120条　行為能力の制限によって取り消すことができる行為は、制限行為能力者又はその代理人、承継人若しくは同意をすることができる者に限り、取り消すことができる。	第120条　行為能力の制限によって取り消すことができる行為は、制限行為能力者（他の制限行為能力者の法定代理人としてした行為にあっては、当該他の制限行為能力者を含む。）①②又はその代理人、承継人若しくは同意をすることができる者に限り、取り消すことができる。	①1項は括弧書を追加し、制限行為能力者が他の制限行為能力者の法定代理人としてした行為は、当該他の制限行為能力者（＝本人）又はその承継人も取り消すことができることを定めた[35]。102条の改正に平仄をあわせるもの。
2　詐欺又は強迫によって取り消すことができる行為は、瑕疵ある意思表示をした者又はその代理人若しくは承継人に限り、取り消すことができる。	2　錯誤③、詐欺又は強迫によって取り消すことができる行為は、瑕疵ある意思表示をした者又はその代理人若しくは承継人に限り、取り消すことができる。	②1項の経過措置：制限行為能力者が他の制限行為能力者の法定代理人として行為をした日 ③2項は、錯誤が無効から取消しとされたことに伴い（95条改正）、錯誤が追加された。
（取消しの効果）		
第121条　取り消された行為は、初めから無効であったものとみなす。ただし、制限行為能力者は、その行為によって現に利益を受けている限度において、返還の義務を負う。	第121条　取り消された行為は、初めから無効であったものとみなす。	
	（原状回復の義務） 第121条の2①　無効な行為に基づく債務の履行として給付を受けた者は、相手方を原状に復させる義務を負う。	①法律行為が無効や取り消された場合の法律関係につき、旧法では不当利得の条文（703条、704条。いずれも改正なし。）で対処されることが多かったよ

35　例えば、未成年者Aの親権者（法定代理人）Bが被保佐人である場合、BがAの法定代理人として13条1項1号から9号に列挙されている行為を保佐人の同意を得ずに行った場合、B又はBの保佐人が取り消すことができることとなった（102条ただし書）が、未成年者本人も取り消せることが定められた。

		うであるが、新法では121条の2で以下のとおり明記された。基本的には、旧法下の取扱いを変更するものではないと考えられる。 ・無効の効果として、給付を受けた者が原状回復義務を負うことを明記した（1項）[36]。 ・無償行為の場合に、善意の相手方の返還義務の範囲を現存利益に限定することを規定（2項）。 ・意思無能力者や、制限行為能力者の返還義務も現存利益に限定されることを規定（3項）。なお、旧法121条ただし書の内容は、3項に取り込まれた。
	2 前項の規定にかかわらず、無効な無償行為に基づく債務の履行として給付を受けた者は、給付を受けた当時その行為が無効であること（給付を受けた後に前条の規定により初めから無効であったものとみなされた行為にあっては、給付を受けた当時その行為が取り消すことができるものであること）を知らなかったときは、その行為によって現に利益を受けている限度において、返還の義務を負う②。 **3** 第1項の規定にかかわらず、行為の時に意思能力を有しなかった者は、その行為によって現に利益を受けている限度において、返還の義務を負う。行為の時に制限行為能力者であった者についても、同様とする。	②有償行為の場合の返還義務は原則として現存利益に限定されないが、詐欺、強迫の被害者等については、解釈論による救済の余地があるとされている[37]。 ③経過措置：無効な行為に基づく債務の履行として給付がされた日で区分
（取り消すことができる行為の追認） 第122条 取り消すことができる行為は、第120条に規定する者が追認したときは、以後、取り消すことができない。ただし、追認によって第三者の権利を害することはできない①。	第122条 取り消すことができる行為は、第120条に規定する者が追認したときは、以後、取り消すことができない。	①無意味な規定とされていた旧法ただし書を削除した[38]。 ②経過措置：取り消すことができる行為がされた日で区分
（追認の要件） 第124条 追認は、取消しの原因となっていた状況が消滅した後にしなければ、その効力を生じない。 2 成年被後見人は、行為能力者となった後にその行為を了知したときは、その了知をした後でなければ、追認をすることができない①。	第124条 取り消すことができる行為の追認は、取消しの原因となっていた状況が消滅し、かつ、取消権を有することを知った後①にしなければ、その効力を生じない。	①1項は、追認が取消権を有することを知った後でなければ効力がないとする判例（**大判T5.12.28**）を一般化した。これに伴い旧法2項は削除された[39]。

36　改正法の概要30頁。返還にあたって、利息を付すべきかどうか、果実を生じた場合はどうなるかについては解釈に委ねられている（部会資料79-3）。
37　改正債権法49頁
38　改正法の概要31頁
39　改正法の概要32頁

第2章　民法総則（1条〜174条）

3　前2項の規定は、法定代理人又は制限行為能力者の保佐人若しくは補助人が追認をする場合には、適用しない。	**2**　次に掲げる場合には、前項の追認は、取消しの原因となっていた状況が消滅した後にすることを要しない②。 　一　法定代理人又は制限行為能力者の保佐人若しくは補助人が追認をするとき。 　二　制限行為能力者（成年被後見人を除く。）が法定代理人、保佐人又は補助人の同意を得て追認をするとき。	②2項は、追認が取消原因の消滅した後であることを要しない場合として、旧法3項の内容を維持し（1号）、また、異論をみなかったルールを明文化した（2号）⁴⁰。 ③経過措置：取り消すことができる行為がされた日で区分
（法定追認） 第125条　前条の規定により①追認をすることができる時以後に、取り消すことができる行為について次に掲げる事実があったときは、追認をしたものとみなす。ただし、異議をとどめたときは、この限りでない。 　一　全部又は一部の履行 　二　履行の請求 　三　更改 　四　担保の供与 　五　取り消すことができる行為によって取得した権利の全部又は一部の譲渡 　六　強制執行	第125条　追認をすることができる時以後に、取り消すことができる行為について次に掲げる事実があったときは、追認をしたものとみなす。ただし、異議をとどめたときは、この限りでない。	①新法124条1項は、取消権を有することを知った後の追認でなければ、追認の効力がないと定めた。 　本条が定める法定追認について、取消権を有することを知った後であることが要件として必要か否かにつき争いがあるため、解釈に委ねる趣旨で、旧法柱書の「前条の規定により」は削除された⁴¹。 ②経過措置：取り消すことができる行為がされた日で区分

(ii)　主な関連改正（121条の2関連）

・消費者契約法6条の2　121条の2の新設にあわせて以下の条文が新設された。

新法
（取消権を行使した消費者の返還義務） 第6条の2　民法第121条の2第1項の規定にかかわらず、消費者契約に基づく債務の履行として給付を受けた消費者は、第4条第1項から第4項までの規定により当該消費者契約の申込み又はその承諾の意思表示を取り消した場合において、給付を受けた当時その意思表示が取り消すことができるものであることを知らなかったときは、当該消費者契約によって現に利益を受けている限度において、返還の義務を負う。

(2)　経過措置（附則8条）

区　　　分			適用
無効な行為の原状回復義務（121条の2）	無効な行為に基づく債務の履行として給付がされた日	施行日前	旧法
		施行日以降	新法
取り消すことができる行為の追認（122条、124条、125条）	取り消すことができる行為がされた日	施行日前	旧法
		施行日以降	新法

40　改正法の概要32頁

41　改正法の概要33頁。なお、法定追認の場面においては、取消権者は取消権の存在を知っている必要はないとする古い判例がある（**大判 T12.6.11**）。

第1編　逐条解説（目次、民法総則及び物権関係）

7　条件及び期限（127条〜137条）

(1)　改正条文

旧法（現行法）	新法（改正法）	留意点
（条件の成就の妨害）	（条件の成就の妨害等）	①2項は判例法理（**最判 H6.5.31**）を明文化するもの[42]。「不正に」の具体的な範囲は解釈に委ねられる。
第130条　条件が成就することによって不利益を受ける当事者が故意にその条件の成就を妨げたときは、相手方は、その条件が成就したものとみなすことができる。 　<u>2　条件が成就することによって利益を受ける当事者が不正にその条件を成就させたときは、相手方は、その条件が成就しなかったものとみなすことができる[①]。</u>		

(2)　経過措置（附則9条）

区分			適用
条件成就の妨害等（130条2項）	法律行為がされた日	施行日前	新法適用なし
		施行日以降	新法

8　時効（144条〜174条）

　時効制度は、今後の実務に影響がある大きな改正が行われた。個別の条文にあたりつつ、時効全体についての改正内容をまとめた(1)(ii)、(3)(ii)を確認して頂くのが有益と思われる。

(1)　時効・総則（144条〜161条）

(i)　改正条文

旧法（現行法）	新法（改正法）	留意点／経過措置は(4)
（時効の援用）		①追加された括弧書は、消滅時効の援用権者を「権利の消滅について正当な利益を有する者」と明文化した[43]。なお、取得時効の援用権者は、改正法でも「当事者」概念の解釈に委ねられている。
第145条　時効は、当事者が援用しなければ、裁判所がこれによって裁判をすることができない。	第145条　時効は、当事者<u>（消滅時効にあっては、保証人、物上保証人、第三取得者その他権利の消滅について正当な利益を有する者を含む。）[①]</u>が援用しなければ、裁判所がこれによって裁判をすることができない。	

42　改正法の概要35頁。もっとも同判例の射程は必ずしも明確でなかったことから、明文化されたことにより一定の影響がある（適用範囲が広がる）可能性がある。

43　旧法下の判例は、援用権者を「権利の消滅につき直接利益を受ける者」としたうえで（**最判 S48.12.14** など）、具体的には以下のような判断をしている。

	最判 S43.9.26	物上保証人
援用権者に含まれるとした者	**最判 S48.12.14**	抵当不動産の第三取得者
	最判 H2.6.5	売買予約の仮登記に遅れる抵当権者
	最判 H4.3.19	仮登記担保の設定された不動産の第三取得者
	最判 H10.6.22	詐害行為の受益者
援用権者に含まれないとされた者	**最判 H11.10.21**	後順位抵当権者

　新法で括弧内で例示された者はいずれも旧法下でも援用権者とされており、改正により援用権者の範囲が変更されることはないと解される（部会資料69A）。但し、文言が判例の「直接利益を受ける者」でなく「正当な利益を有する者」とされているため、一応注意が必要である。

第2章　民法総則（1条〜174条）

（時効の中断①事由） 第147条　時効は、次に掲げる事由によって中断する。 　一　請求② 　二　差押え、仮差押え又は仮処分 　三　承認	（裁判上の請求等による時効の完成猶予及び更新①） 第147条②　次に掲げる事由がある場合には、その事由が終了する（確定判決又は確定判決と同一の効力を有するものによって権利が確定することなくその事由が終了した場合にあっては、その終了の時から6箇月を経過する③）までの間は、時効は、完成しない。	①新法は時効制度全体につき、「中断」概念は「更新」に、「停止」概念は「完成猶予」に用語を改正し、かつ、それぞれの事由を整理した。(ii)参照。 ②本条は、旧法147条1号「請求[44]」のうち、裁判所を介した「請求」について以下のように整理した。
（裁判上の請求） 第149条　裁判上の請求は、訴えの却下又は取下げの場合には、時効の中断の効力を生じない。	一　裁判上の請求[④]	・1項が旧法149条、150条、151条、152条を取り込んで、各手続が「終了するまで」を完成猶予としてまとめた。 ・2項は1項の各手続が確定判決又は確定判決と同一の効力を有するものによって権利が確定したときに更新すると整理した（旧法157条2項に対応する）。
（支払督促） 第150条　支払督促は、債権者が民事訴訟法第392条に規定する期間内に仮執行の宣言の申立てをしないことによりその効力を失うときは、時効の中断の効力を生じない。	二　支払督促	③1項柱書の括弧は、1項1号〜4号が、いずれも「確定判決又は確定判決と同一の効力を有するものによって権利が確定する」ところ、裁判上の催告の判例法理[45]（**最判S45.9.10**）を踏まえ、確定判決又は確定判決と同一の効力を有するものによって権利が確定することなくその事由が終了した場合は、その終了の時から6か月を経過するまで完成が猶予されるとして、取扱いを整理した。
（和解及び調停の申立て） 第151条　和解の申立て又は民事調停法（昭和26年法律第222号）若しくは家事事件手続法（平成23年法律第52号）による調停の申立ては、相手方が出頭せず、又は和解若しくは調停が調わないときは、1箇月以内に訴えを提起しなければ、時効の中断の効力を生じない。	三　民事訴訟法第275条第1項の和解又は民事調停法（昭和26年法律第222号）若しくは家事事件手続法（平成23年法律第52号）による調停	④なお、債権の一部について訴えが提起された場合における残部についての時効完成の有無については、旧法同様、新法においても解釈に委ねられている。
（破産手続参加等） 第152条　破産手続参加、再生手続参加又は更生手続参加は、債権者がその届出を取り下げ、又はその届出が却下されたときは、時効の中断の効力を生じない。	四　破産手続参加、再生手続参加又は更生手続参加	
（中断後の時効の進行） 第157条　中断した時効は、その中断の事由が終了した時から、新たにその進行を始める。	2　前項の場合において、確定判決又は確定判決と同一の効力を有するものによって権利が確定したときは、時効は、同項各号に掲げる事由が終了した時から新たにその進行を始める。	

44　旧法147条1号の「請求」には、裁判上の請求、支払督促、和解・調停の申立て、破産手続参加等、催告が含まれる。
45　裁判手続でされた権利主張は、裁判手続中は催告の効果が継続しているものとして、裁判終結後6か月を経過するまでは時効が完成しないとする考え方。

第1編　逐条解説（目次、民法総則及び物権関係）

2　裁判上の請求によって中断した時効は、裁判が確定した時から、新たにその進行を始める。	（強制執行等による時効の完成猶予及び更新） **第148条**① 次に掲げる事由がある場合には、その事由が終了する（申立ての取下げ又は法律の規定に従わないことによる取消しによってその事由が終了した場合にあっては、その終了の時から6箇月を経過する）②までの間は、時効は、完成しない。 一　強制執行 二　担保権の実行 三　民事執行法（昭和54年法律第4号）第195条に規定する担保権の実行としての競売の例による競売 四　民事執行法第196条に規定する財産開示手続 2　前項の場合には、時効は、同項各号に掲げる事由が終了した時から新たにその進行を始める。ただし、申立ての取下げ又は法律の規定に従わないことによる取消しによってその事由が終了した場合は、この限りでない。	①本条は、旧法では「差押え」が時効中断事由であることを示すだけで（旧法147条2号）その範囲が必ずしも明確でなかったところ、1項各号で「強制執行」等と具体的に列挙したうえで、完成猶予及び更新について、以下のように整理した[46]。 ・1項で、各手続について、その事由が終了するまで（取下げ又は取消しによる終了は、終了の時から6か月経過するまで）を完成猶予としてまとめた。 ・2項は1項の各手続が終了（取下げ、取消しは除く）したときに更新すると整理した（旧法157条1項に対応する）。 ②1項柱書の括弧は、147条と同様に、判例（**最判S45.9.10**）の趣旨を反映して、申立ての取下げ又は法律の規定に従わないことによる取消しによってその事由が終了した場合であっても、その終了の時から6か月を経過するまでの間は、時効は、完成しないと定めた。
（差押え、仮差押え及び仮処分） **第154条**　差押え、仮差押え及び仮処分は、権利者の請求により又は法律の規定に従わないことにより取り消されたときは、時効の中断の効力を生じない③。	（仮差押え等による時効の完成猶予） **第149条**① 次に掲げる事由がある場合には、その事由が終了した時②③から6箇月を経過するまでの間は、時効は、完成しない。 一　仮差押え 二　仮処分	①本条は、旧法では、仮差押え、仮処分が中断事由とされていたところ（旧法147条2号）、これらが暫定的な措置であることから、完成猶予とした。 ②柱書の「事由が終了した時」の意味は解釈に委ねられる[47]。 ③旧法154条は、法律の規定に従わないことにより取り消されたときは時効中断の効力は生じないとしていたが、新法柱書の「終了」事由に限定はない。よって、取り消された場合であっても取消しから6か月経過するまでは時効は完成しないと解される。

46　正確には、新法は差押えを伴わない強制執行や財産開示手続も対象とするなど、範囲を広げている（一問一答48頁）。

47　仮差押えにかかる時効中断に関する判例（**最判H10.11.24**）が維持されるとすれば、仮差押登記が抹消されない限り事由は終了しないことになる。一方で、新法が仮差押えの暫定性を重視して「完成猶予」としたことに鑑み、当該判例は変更される可能性があるという意見も強い（ジュリスト1515号69頁「債権法改正と実務上の課題　消滅時効」鹿野菜穂子　高須順一）。

第2章　民法総則（1条〜174条）

（催告） 第153条　催告は、6箇月以内に、裁判上の請求、支払督促の申立て、和解の申立て、民事調停法若しくは家事事件手続法による調停の申立て、破産手続参加、再生手続参加、更生手続参加、差押え、仮差押え又は仮処分をしなければ、時効の中断の効力を生じない。	（催告による時効の完成猶予） 第150条　催告があったときは、その時から6箇月を経過するまでの間は、時効は、完成しない①。 2　催告によって時効の完成が猶予されている間にされた再度の催告は、前項の規定による時効の完成猶予の効力を有しない②。	①1項で、催告は、完成猶予として整理された。旧法の内容を変更するものではないと解される。 ②2項は、再度の催告につき、中断の効力を否定した判例（**大判T8.6.30**）を明文化した。なお、「催告」は裁判外の催告であり、後に行われた裁判上の催告について、時効完成猶予の効力があるかについては解釈に委ねられている[48]。
（新設）	（協議を行う旨の合意による時効の完成猶予） 第151条①　権利についての協議を行う旨の合意が書面でされたときは、次に掲げる時のいずれか早い時までの間は、時効は、完成しない。 　一　その合意があった時から1年を経過した時 　二　その合意において当事者が協議を行う期間（1年に満たないものに限る。）を定めたときは、その期間を経過した時 　三　当事者の一方から相手方に対して協議の続行を拒絶する旨の通知が書面でされたときは、その通知の時から6箇月を経過した時 2　前項の規定により時効の完成が猶予されている間にされた再度の同項の合意は、同項の規定による時効の完成猶予の効力を有する。ただし、その効力は、時効の完成が猶予されなかったとすれば時効が完成すべき時から通じて5年を超えることができない②。 3　催告によって時効の完成が猶予されている間にされた第1項の合意は、同項の規定による時効の完成猶予の効力を有しない。同項の規定により時効の完成が猶予されている間にされた催告についても、同様とする③。	①本条は、協議を行う旨の書面（1項）又は電磁的記録（4項）の合意により、時効完成を猶予する制度を新設した。時効完成を阻止するためだけに訴訟を提起することを避けることは、当事者双方にとってメリットがあるものと考えられるため、かかる制度が新設された。 本条についてのまとめは(ii)参照。 ②2項は、協議による完成猶予の期間中に再度の合意をすることができるが、その場合であっても、時効完成猶予の効力は、猶予されなかったとすれば時効が完成すべき時から5年までとした。 ③3項は、催告による完成猶予中の協議の合意、及び協議の合意による完成猶予中の催告につき、いずれも効力を否定した。 前者は催告の効力のみ、後者は協議の合意の効力のみが認められることになる。

48　改正法の概要41頁。なお、**最判H25.6.6**は、「消滅時効期間が経過した後，その経過前にした催告から6箇月以内に再び催告をしても，第1の催告から6箇月以内に民法153条所定の措置を講じなかった以上は，第1の催告から6箇月を経過することにより，消滅時効が完成するというべきである。この理は，第2の催告が明示的一部請求の訴えの提起による裁判上の催告であっても異なるものではない」と判示している。

	4 第1項の合意がその内容を記録した電磁的記録（電子的方式、磁気的方式その他人の知覚によっては認識することができない方式で作られる記録であって、電子計算機による情報処理の用に供されるものをいう。以下同じ。）によってされたときは、その合意は、書面によってされたものとみなして、前3項の規定を適用する。 5 前項の規定は、第1項第3号の通知について準用する。	
（承認） 第156条 時効の中断の効力を生ずべき承認をするには、相手方の権利についての処分につき行為能力又は権限があることを要しない。	（承認による時効の更新） 第152条① 時効は、権利の承認があったときは、その時から新たにその進行を始める。 2 前項の承認をするには、相手方の権利についての処分につき行為能力の制限を受けていないこと又は権限があることを要しない。	①1項は承認につき、旧法147条3号で中断とされていたものを、更新と整理した。 　1項と2項に分け表現を一部改めているが、旧法下の一般的な解釈を明確化するものであり、実質的な改正ではないと解される[49]。
（時効の中断の効力が及ぶ者の範囲） 第148条 前条の規定による時効の中断は、その中断の事由が生じた当事者及びその承継人の間においてのみ、その効力を有する。	（時効の完成猶予又は更新の効力が及ぶ者の範囲） 第153条① 第147条又は第148条の規定による時効の完成猶予又は更新は、完成猶予又は更新の事由が生じた当事者及びその承継人の間においてのみ、その効力を有する②。 2 第149条から第151条までの規定による時効の完成猶予は、完成猶予の事由が生じた当事者及びその承継人の間においてのみ、その効力を有する③。 3 前条の規定による時効の更新は、更新の事由が生じた当事者及びその承継人の間においてのみ、その効力を有する④。	①本条は、旧法148条の考え方を基本的に維持したうえで、更新だけでなく完成猶予も含め、147条、148条は1項に、149条〜151条を2項に、152条を3項に分けて規定した。 ②1項は、裁判上の請求等（147条）及び強制執行等（148条）について、「中断」を「完成猶予又は更新」としたうえで、旧法148条の内容を維持した。 ③2項は、仮差押え等、催告、協議合意による完成猶予について、「中断」を「完成猶予」としたうえで、旧法148条の内容を維持した。 ④3項は、承認による更新について、旧法148条の内容を維持した。
第155条 差押え①、仮差押え及び仮処分②は、時効の利益を受ける者に対してしないときは、その者に通知をした後でなければ、時効の中断③の効力を生じない。	第154条 第148条第1項各号①又は第149条各号に掲げる事由②に係る手続は、時効の利益を受ける者に対してしないときは、その者に通知をした後でなければ、第148条又は第149条の規定による時効の完成猶予又は更新③の効力を生じない。	①「差押え」を強制執行等（148条1項）としたうえで旧法155条を維持した[50]。 ②仮差押え、仮処分（149条）は旧法155条から改正されていない。 ③時効制度全体の用語の改正を受けて、「中断」は「完成猶予又は更新」とした。

---

49 改正債権法83頁に同旨。

50 旧法と同様に、物上保証人が所有する不動産に対する抵当権実行の申立てに、債務者の消滅時効中断（更新）の効果があるか否かは解釈による。旧法下の判例（**最判 H7.9.5**、**最判 H8.7.12** など）は、新法においても生きていると解される。

第2章　民法総則（1条～174条）

（天災等による時効の停止）	（天災等による時効の完成猶予）	
第161条　時効の期間の満了の時に当たり、天災その他避けることのできない事変のため時効を<u>中断</u>することができないときは、その障害が消滅した時から<u>2週間</u>[2]を経過するまでの間は、時効は、完成しない。	第161条　時効の期間の満了の時に当たり、天災その他避けることのできない事変のため第147条第1項各号又は第148条第1項各号に掲げる事由[1]に係る手続を行うことができないときは、その障害が消滅した時から<u>3箇月</u>[2]を経過するまでの間は、時効は、完成しない。	①天災による時効の完成猶予を、旧法147条の中断事由のうち、裁判上の請求等（147条1号）、強制執行等（148条1項）に限定をした[51]。 ②期間を「2週間」から「3箇月」に延長をした。

(ii)　改正内容のまとめ

　冒頭で述べたとおり、改正条文毎の比較するだけでは、理解が難しい面がある。以下に述べる制度全体の改正内容を把握しつつ、個別の条文をご確認頂くほうがスムーズに理解できるものと考えられる。

【中断・停止概念の用語の変更】

　旧法と新法では、キーとなる用語が異なるため、注意が必要。具体的には以下のとおり。

内容	旧法	新法
時効がリセットされる概念	「中断」（旧法147条等）。但し、旧法147条は確定的に時効がリセットされない場合も含めて規定されており、時効全体の理解を難しくしている面があった。	「新たにその進行を始める」（147条2項等）又は「更新」（153条等）
時効の完成が猶予される概念	「停止」（旧法161条等）	「時効は完成しない」（147条1項等）又は「完成猶予」（150条2項等）

【時効概念の改正内容の整理】

事由		旧法		新法	
		効果	時効中断の効力がなくなる場合	効果	時効の完成猶予の効力がなくなる場合
	承認	中断（旧法147条3号）		更新（152条）	
請求	催告	中断(旧法147条1号)。	6か月以内に裁判上の請求等をしない場合（旧法153条）。	催告時から6か月完成猶予（150条1項）。なお、再度の催告に完成猶予の効力はない（150条2項）。	6か月以内に裁判上の請求等をしない場合（150条）。
	支払督促	中断(旧法147条1号)。仮執行の終了時に更新（旧法157条1項）。	効力を失った場合（旧法150条）。	手続係属中は完成猶予（147条1項）。確定することなく終了した場合は終了時から6か月は完成猶予（147条1項）。確定判決と同一の効力を有するものによって権利が確定したときは、更新(147条2項)。	確定することなく終了した場合で、終了時から6か月以内に、裁判上の請求等をしない場合（147条1項）。

51　裁判外の催告などは除かれた。旧法下では、災害により裁判上の請求等、強制執行等ができないとしても、催告や承認を求めることができる可能性があった場合、旧法161条により時効完成が猶予されるかについては争いがあった（BA民法改正70頁）。災害があった場合、裁判上の請求や強制執行の可否は比較的明確であるが、催告や承認を求めることの可否は必ずしも明確とは言い難く、新法はその点の争いをなくした。

項目				
和解及び調停申立て	中断(旧法147条1号)。弁論等により終了した時点で更新（旧法157条1項）。	相手方が不出頭や調停が調わないときで、1箇月以内に訴えを提起しない場合（旧法151条）。	手続係属中は完成猶予。確定することなく終了した場合は終了時から6か月は完成猶予（147条1項）。	確定することなく終了した場合で、終了時から6か月以内に、裁判上の請求等をしない場合（147条1項）。
破産手続等参加	中断(旧法147条1号)。破産手続等終了により更新(旧法157条1項)。	債権届出の取下げ等の場合（旧法152条）。	確定判決又は確定判決と同一の効力を有するものによって権利が確定したときは、更新（147条2項）。	
裁判上の請求	中断(旧法147条1号)。裁判の確定により、更新（旧法157条2項）。	訴えの却下、取下げの場合（旧法149条）。		
確定判決等による権利の確定	更新、時効期間は10年（旧法174条の2）		更新、時効期間は10年（169条1項）	
仮差押え、仮処分	中断(旧法147条2号)。手続が終了した時点で更新。なお、仮差押えの時効中断の効力は、「仮差押えの執行保全の効力が存続する間は継続すると解するのが相当である」とする判例がある（**最判H10.11.24**）。つまり仮差押登記が残っている間は時効中断事由は終了しないとされていた[52]。	取り消された場合(旧法154条)。申立手続を取り下げた場合も同様に解されている（**最判H11.9.9**）。	事由終了後6か月経過まで完成猶予(149条)。	事由終了時から6か月以内に、裁判上の請求等をしない場合（147条1項）。
強制執行、担保権の実行等[53]			手続係属中は完成猶予(148条1項)。申立ての取下げ又は取消し以外の理由による手続の終了により更新(148条2項)。	申立ての取下げ又は法律の規定に従わないことによる取消しによってその事由が終了した時から6か月以内に、裁判上の請求等をしない場合（148条1項）。

【協議の合意による完成猶予の内容（151条）】

新法において導入された制度。

項　目	内　容
形式要件（151条1項、4項）	書面又は電磁的記録より権利について協議を行う旨が合意されること
完成猶予期間（151条1項、5項）	以下のいずれか早い時期まで ①合意から1年 ②合意により協議期間を定めた場合の当該期間（なお、1年を超える期間を定めることはできない） ③一方当事者が他方に協議続行を拒絶する旨の書面又は電磁的記録による通知をしてから6か月の経過
再度の合意（151条2項）	協議による完成猶予の期間中に再度の合意することができるが、その場合であっても、時効完成猶予の効力は、猶予されなかったとすれば時効が完成すべき時から5年まで。
催告との関係（151条3項）	催告による完成猶予中の協議の合意、協議の合意による完成猶予中の催告はいずれも効力が否定される。前者は催告の効力のみ、後者は協議の合意の効力のみが認められることになる。

52　同判例はさらに「民法147条が、仮差押えと裁判上の請求を別個の時効中断事由と規定しているところからすれば仮差押えの被保全債権につき本案の勝訴判決が確定したとしても、仮差押えによる時効中断の効力がこれに吸収されて消滅するものとは解し得ない。」としている。つまり、本案の勝訴判決が確定しても時効中断の効果は続くと判示した。

53　旧法は「差押え」を時効中断事由としていたが（旧法147条2号）、新法は差押えを伴わない強制執行や財産開示手続も対象とするなど更新事由を広げており、正確には新法と旧法の対象範囲は一致しない。

第2章　民法総則（1条〜174条）

(2)　時効・取得時効（162条〜165条）

改正条文なし。

(3)　時効・消滅時効（166条〜174条）

　時効期間を始め、実務に影響を与える改正がされている。(ii)改正内容のまとめを確認して頂くのが有益と思われる。

　(i)　改正条文

旧法（現行法）	新法（改正法）	留意点／経過措置は(4)
（債権等の消滅時効） 第167条　債権は、10年間行使しないときは、消滅する。 2　債権又は所有権以外の財産権は、20年間行使しないときは、消滅する。 （消滅時効の進行等） 第166条　消滅時効は、権利を行使することができる時から進行する。 2　前項の規定は、始期付権利又は停止条件付権利の目的物を占有する第三者のために、その占有の開始の時から取得時効が進行することを妨げない。ただし、権利者は、その時効を中断するため、いつでも占有者の承認を求めることができる。	第166条① 債権は、次に掲げる場合には、時効によって消滅する②。 一　債権者が権利を行使することができることを知った時から5年間行使しないとき③。 二　権利を行使することができる時から10年間行使しないとき。 2　債権又は所有権以外の財産権は、権利を行使することができる時から20年間行使しないときは、時効によって消滅する。 3　前2項の規定は、始期付権利又は停止条件付権利の目的物を占有する第三者のために、その占有の開始の時から取得時効が進行することを妨げない。ただし、権利者は、その時効を更新するため、いつでも占有者の承認を求めることができる。	①本条1項、2項は、旧法166条1項及び167条を集約した。3項は旧法166条2項を引き継いだ。 ②1項は債権の消滅時効期間につき、旧法167条1項の一元的構成（権利行使をすることができる時から10年）を変更し、二元的構成（「権利を行使することができることを知った時から5年」と「権利を行使することができる時から10年」のいずれか早い時期）を採用した[54]。 　契約に基づく債権は、客観的起算点と主観的起算点が異なることは少ない。よって、契約に基づく債権は、商事消滅時効の適用がなければ旧法では10年であったものが新法では5年と短くなるため、時効管理に大きな影響があると考えられる[55]。 　客観的起算点と主観的起算点が異なる可能性がある債権としては、不当利得返還請求権や安全配慮義務違反に基づく損害賠償請求権などが考えられる。 ③1項1号の5年の消滅時効の成立要件の主張、立証責任は、利益を受ける債務者にあるとされている[56]。

54　主観的起算点の場合も、権利行使ができる状態でなければ時効期間は進行しない。例えば、契約締結時に「知った」と言えるとしても、時効が進行するのは、債権の履行期限が到来してからである。なお、契約締結時に「知った」と言えれば、その後に契約者に相続が発生しても相続人は「知った」ものと扱われる（一問一答57頁〜58頁）。

55　例えば、農業協同組合や信用金庫（いずれも非商人とされている）の貸金債権は、商事消滅時効は適用されていないと解されていたため、消滅時効期間は10年であったが、新法では原則として5年になるものと考えられる。

56　BA民法改正79頁

第1編　逐条解説（目次、民法総則及び物権関係）

	（人の生命又は身体の侵害による損害賠償請求権の消滅時効）	
（新設）	**第167条①　人の生命又は身体の侵害による損害賠償請求権の消滅時効についての前条第1項第2号の規定の適用については、同号中「10年間」とあるのは、「20年間」とする。** ⇒（読み替え条文）人の生命又は身体の侵害による損害賠償請求権は、権利を行使することができる時から20年間行使しないときは、時効によって消滅する。	①本条は、生命身体侵害による損害賠償請求権につき、消滅時効の特則を設け、権利行使可能時からの時効期間を20年とした[57]。なお、権利行使可能を知った時からの時効期間は5年で通常の時効期間を変わらない[58]。 　不法行為に基づく損害賠償請求権の消滅時効ついても、同様の改正が行われている（724条2項）。
（定期金債権の消滅時効） 第168条　定期金の債権は、<u>第1回の弁済期から20年間行使しないときは、消滅する。最後の弁済期から10年間行使しないときも、同様とする</u>①。	**第168条①　定期金の債権は、次に掲げる場合には、時効によって消滅する。** **一　債権者が定期金の債権から生ずる金銭その他の物の給付を目的とする各債権を行使することができることを知った時から10年間行使しないとき②。** **二　前号に規定する各債権を行使することができる時から20年間行使しないとき③。**	①本条は、定期金債権[59]の消滅時効につき抜本的な変更を加えた[60]。 ②1項1号は、定期給付債権（支分権）を行使することができることを知った時から10年間行使しなかったときに、基本権が時効により消滅する旨を規定した。 ③1項2号は、166条にあわせて、客観的起算点からの期間を定めたもの。
2　定期金の債権者は、時効の<u>中断</u>の証拠を得るため、いつでも、その債務者に対して承認書の交付を求めることができる。	2　定期金の債権者は、時効の<u>更新</u>④の証拠を得るため、いつでも、その債務者に対して承認書の交付を求めることができる。	④2項は、「中断」を「更新」へ改正した。形式的な改正である。

57　もっとも、「生命又は身体の侵害による損害賠償請求権」の範囲は必ずしも明確ではない。例えば、死亡した者の遺族固有の慰謝料請求権が含まれるかどうか（遺族そのものは生命身体の侵害を受けていない）といった問題が指摘されている（BA民法改正323頁参照）。

58　発生後直ちに「知った」と言える場合には、5年で消滅時効にかかるため注意が必要である。

59　定期金債権とは、年金債権や扶養料債権のように、定期的に一定額の金銭等を給付させることを目的とする基本権として債権を言う（改正のポイント64頁）。なお、期日の到来によって具体的に発生した支分権たる債権は、定期給付債権と呼ばれ、別途個別に時効にかかる（旧法169条参照）。

60　改正法の概要51頁。まとめると以下のとおり。

場合分け		旧法	新法
定期金債権	全く支払がない場合	第1回弁済期から20年 最後の弁済期から10年 いずれか早いほう（旧法168条1項）	・定期給付債権の行使可能性を知った時から10年 ・定期給付債権を行使できる時(注)から20年 いずれか早いほう（168条1項）
	途中まで支払があった場合	最後の支払時から20年 最後の弁済期から10年 いずれか早いほう（旧法168条1項）	
定期給付債権（支分権）		原則として5年（旧法169条）	・行使可能性を知った時から5年 ・行使できる時から10年 いずれか早いほう（166条1項）

（注）定期給付債権を行使できる時とは、定期給付債権のいずれかを指すとされている。つまり全く支払がない場合は第1回の支払期到来時で、途中まで支払があった場合は最後の支払の翌支払期を指すと考えられる（BA民法改正82頁〜83頁参照）。

第2章　民法総則（1条～174条）

（定期給付債権の短期消滅時効） 第169条　年又はこれより短い時期によって定めた金銭その他の物の給付を目的とする債権は、5年間行使しないときは、消滅する。	（削除）①	①支分権たる定期給付債権の消滅時効は、166条1項によってカバーされるため削除された。
（判決で確定した権利の消滅時効） 第174条の2　確定判決によって確定した権利については、10年より短い時効期間の定めがあるものであっても、その時効期間は、10年とする。裁判上の和解、調停その他確定判決と同一の効力を有するものによって確定した権利についても、同様とする①。 2　前項の規定は、確定の時に弁済期の到来していない債権については、適用しない。	第169条　確定判決又は確定判決と同一の効力を有するものによって確定した権利については、10年より短い時効期間の定めがあるものであっても、その時効期間は、10年とする①。	①1項は、表現が若干変更されたが、旧法174条の2第1項の内容に変更を加えるものではない61。
（3年の短期消滅時効） 第170条　次に掲げる債権は、3年間行使しないときは、消滅する。ただし、第2号に掲げる債権の時効は、同号の工事が終了した時から起算する。 一　医師、助産師又は薬剤師の診療、助産又は調剤に関する債権 二　工事の設計、施工又は監理を業とする者の工事に関する債権	（削除）	職業別短期時効（旧法170条～174条）は廃止された。 旧法で職業別短期時効とされていたものは、新法では全て、権利を行使することができることを知った時から5年間又は権利を行使することができる時から10年間のいずれか短いほうで完成することになる（166条1項）。
第171条　弁護士又は弁護士法人は事件が終了した時から、公証人はその職務を執行した時から3年を経過したときは、その職務に関して受け取った書類について、その責任を免れる。	（削除）	
（2年の短期消滅時効） 第172条　弁護士、弁護士法人又は公証人の職務に関する債権は、その原因となった事件が終了した時から2年間行使しないときは、消滅する。 2　前項の規定にかかわらず、同項の事件中の各事項が終了した時から5年を経過したときは、同項の期間内であっても、その事項に関する債権は、消滅する。	（削除）	

61　改正法の概要52頁

第1編　逐条解説（目次、民法総則及び物権関係）

第173条　次に掲げる債権は、2年間行使しないときは、消滅する。 　一　生産者、卸売商人又は小売商人が売却した産物又は商品の代価に係る債権 　二　自己の技能を用い、注文を受けて、物を製作し又は自己の仕事場で他人のために仕事をすることを業とする者の仕事に関する債権 　三　学芸又は技能の教育を行う者が生徒の教育、衣食又は寄宿の代価について有する債権	（削除）
（1年の短期消滅時効） 第174条　次に掲げる債権は、1年間行使しないときは、消滅する。 　一　月又はこれより短い時期によって定めた使用人の給料に係る債権 　二　自己の労力の提供又は演芸を業とする者の報酬又はその供給した物の代価に係る債権 　三　運送賃に係る債権 　四　旅館、料理店、飲食店、貸席又は娯楽場の宿泊料、飲食料、席料、入場料、消費物の代価又は立替金に係る債権 　五　動産の損料に係る債権	（削除）

【民法上の関連改正】

　284条、291条、292条につき時効制度の改正にあわせて、形式的な改正が行われている。具体的な改正内容は、本編第3章1（32頁）参照。

【関連改正：商法522条の削除】

　商法522条は削除された。

削除対象条文	留意点
（商事消滅時効） 第522条　商行為によって生じた**債権は、この法律に別段の定めがある場合を除き、5年間行使しないときは、時効によって消滅する。ただし、他の法令に5年間より短い時効期間の定めがあるときは、その定めるところによる。**	改正後は商行為によって生じた債権の消滅時効についても民法が適用される。

【他の法律の関連改正】

　民法の時効制度の改正に伴い、時効制度を導入している多数の法律で同様の改正がなされている。例えば製造物責任法5条は以下の改正が行われている。

29

第2章　民法総則（1条〜174条）

・製造物責任法5条（167条関連）

旧法	新法
（期間の制限）	（消滅時効）
第5条　第3条に規定する損害賠償の請求権は、被害者又はその法定代理人が損害及び賠償義務者を知った時から3年間行わないときは、時効によって消滅する。その製造業者等が当該製造物を引き渡した時から10年を経過したときも、同様とする。	第5条　第3条に規定する損害賠償の請求権は、次に掲げる場合には、時効によって消滅する。 一　被害者又はその法定代理人が損害及び賠償義務者を知った時から3年間行使しないとき。 二　その製造業者等が当該製造物を引き渡した時から10年を経過したとき。 2　人の生命又は身体を侵害した場合における損害賠償の請求権の消滅時効についての前項第1号の規定の適用については、同号中「3年間」とあるのは、「5年間」とする。
2　前項後段の期間は、身体に蓄積した場合に人の健康を害することとなる物質による損害又は一定の潜伏期間が経過した後に症状が現れる損害については、その損害が生じた時から起算する。	3　第1項第2号の期間は、身体に蓄積した場合に人の健康を害することとなる物質による損害又は一定の潜伏期間が経過した後に症状が現れる損害については、その損害が生じた時から起算する。

（ⅱ）　改正内容のまとめ

　　改正内容をまとめると、概要以下のとおり。

【時効期間の整理（統一化）】

・旧法

	分類	期間
原則	下記以外（旧法167条1項）	権利を行使することができる時から10年
例外	職業別短期消滅時効（旧法170条〜174条）	権利を行使することができる時から1年〜3年
	商法上の消滅時効（商法522条）	権利を行使することができる時から5年

・新法

	分類	期間（いずれか短い期間）
原則	下記以外（166条1項）	権利を行使することができることを知った時から5年間[注1]
		権利を行使することができる時から10年間[注2]
例外	人の生命又は身体の侵害による損害賠償請求権（167条）	権利を行使することができることを知った時から5年間
		権利を行使することができる時から20年間

（注1）「権利を行使することができることを知った時」については、これまでの不法行為に関する議論が参考になる。

（注2）「権利を行使することができる時」は旧法同様解釈に委ねられるが、旧法における判例が生きるものと思われる[62]。

【不法行為と債務不履行の損害賠償請求権の時効期間の整理】

　　例えば、安全配慮義務に基づく損害賠償請求権などについて、債務不履行と不法行為とが併存する可能性がある。その場合、いずれの債権かにより時効期間が異なることは、混乱を招く可能性が高いこともあり、生命身体侵害による損害賠償請求権の時効期間は統一されている。

62　講義36頁

第1編　逐条解説（目次、民法総則及び物権関係）

分類	旧法	新法（いずれか短い期間）
債務不履行に基づく損害賠償請求権（新法166条、旧法167条）	権利を行使することができる時から10年	権利を行使することができることを知った時から5年間
		権利を行使することができる時から10年間
不法行為に基づく損害賠償請求権（新旧とも724条）	損害及び加害者を知った時から3年	
	不法行為の時から20年 [注1]	
債務不履行、不法行為に共通 人の生命又は身体の侵害による損害賠償請求権（167条、724条の2）		知った時から5年間 [注2]
		権利を行使することができる時から20年間

（注1）判例は不法行為の20年につき除斥期間としていたが、新法は消滅時効と明記している。
（注2）知る対象は、債務不履行の場合「権利を行使することができること」であり、不法行為は「損害及び加害者」であるから、厳密には起算点が異なる可能性がある。

(4) 経過措置（附則10条）

内容	区分		適用
消滅時効の援用（145条）	債権発生日（施行日前に債権発生の原因である法律行為がされた場合を含む[63]）	施行日前	旧法
		施行日以降	新法
消滅時効の中断、停止事由の効力（旧法147条、158条～161条）	中断事由（旧法147条）、時効停止事由（旧法158条～161条）が生じた日[64]	施行日前	旧法
		施行日以降	新法
消滅時効の期間	債権発生日（施行日前に債権発生の原因である法律行為がされた場合を含む）	施行日前	旧法
		施行日以降	新法
151条書面の効力	合意書面の作成日	施行日前	新法適用なし
		施行日以降	新法

63　原因行為である法律行為につき、契約等が含まれることは争いがないものと思われるが、それ以外については今後の議論に委ねられる。例えば、取締役の会社に対する損害賠償責任は旧法167条が適用される（**最判H20.1.28**）ところ、この場合の原因行為である法律行為が何かは必ずしも明確ではない。

64　例えば、施行日前に生じた債権であっても、施行日後に書面による協議の合意（151条）をした場合は、時効完成が猶予されることになる（一問一答385頁）。

第3章　物権関係（175条～398条の22）

第3章 物権関係（175条～398条の22）

物権関係は、債権関係の改正にあわせて、文言等を改正した条文が若干ある。

1 時効制度の改正に伴う改正（284条、291条、292条）

旧法（現行法）	新法（改正法）	留意点
（地役権の時効取得） 第284条　土地の共有者の1人が時効によって地役権を取得したときは、他の共有者も、これを取得する。		①時効制度の用語の変更（中断から更新、停止から完成猶予への変更）に伴い、2項、3項の用語を改正した。
2　共有者に対する時効の<u>中断</u>①は、地役権を行使する各共有者に対してしなければ、その効力を生じない。	2　共有者に対する時効の<u>更新</u>①は、地役権を行使する各共有者に対してしなければ、その効力を生じない。	
3　地役権を行使する共有者が数人ある場合には、その1人について時効の<u>停止</u>①の原因があっても、時効は、各共有者のために進行する。	3　地役権を行使する共有者が数人ある場合には、その1人について時効の<u>完成猶予</u>①の事由があっても、時効は、各共有者のために進行する。	
（地役権の消滅時効） 第291条　<u>第167条第2項</u>①に規定する消滅時効の期間は、継続的でなく行使される地役権については最後の行使の時から起算し、継続的に行使される地役権についてはその行使を妨げる事実が生じた時から起算する。	第291条　<u>第166条第2項</u>①に規定する消滅時効の期間は、継続的でなく行使される地役権については最後の行使の時から起算し、継続的に行使される地役権についてはその行使を妨げる事実が生じた時から起算する。	①消滅時効を定める条文番号の変更（167条から166条へ改正）に伴う形式的な改正。
第292条　要役地が数人の共有に属する場合において、その1人のために時効の<u>中断又は停止</u>①があるときは、その<u>中断又は停止</u>①は、他の共有者のためにも、その効力を生ずる。	第292条　要役地が数人の共有に属する場合において、その1人のために時効の<u>完成猶予又は更新</u>①があるときは、その<u>完成猶予又は更新</u>①は、他の共有者のためにも、その効力を生ずる。	①時効制度の用語の変更（中断から更新、停止から完成猶予への変更）に伴い、用語を改正した。

2 敷金の改正に伴う改正（316条）

旧法（現行法）	新法（改正法）	留意点
第316条　賃貸人は、敷金を受け取っている場合には、その敷金で弁済を受けない債権の部分についてのみ先取特権を有する。	第316条　賃貸人は、<u>第622条の2第1項に規定する敷金</u>①を受け取っている場合には、その敷金で弁済を受けない債権の部分についてのみ先取特権を有する。	622条の2第1項に敷金の定義が新設されたことに伴う形式的な改正。

第1編　逐条解説（目次、民法総則及び物権関係）

3　有価証券の改正（新設）に伴う改正（363条、365条）

(1)　改正条文

旧法（現行法）	新法（改正法）	留意点
（債権質の設定） 第363条　債権であってこれを譲り渡すにはその証書を交付することを要するものを質権の目的とするときは、質権の設定は、その証書を交付することによって、その効力を生ずる。	（削除)①	①520条の7（指図証券の質入れ）が新設されたことに伴い、削除された。
（指図債権を目的とする質権の対抗要件） 第365条　指図債権を質権の目的としたときは、その証書に質権の設定の裏書をしなければ、これをもって第三者に対抗することができない。	（削除)①	

(2)　経過措置（附則12条）

内容	区分		適用
指図債権（365条）に関する事項	債権発生日（施行日前に原因である法律行為がされた場合を含む）	施行日前	旧法
		施行日以降	新法

4　債権譲渡の改正に伴う改正（364条）

(1)　改正条文

旧法（現行法）	新法（改正法）	留意点／経過措置は(ii)
（指名債権を目的とする質権の対抗要件） 第364条　指名債権を質権の目的としたとき①は、第467条の規定に従い、第三債務者に質権の設定を通知し、又は第三債務者がこれを承諾しなければ、これをもって第三債務者その他の第三者に対抗することができない。	（債権を目的とする質権の対抗要件） 第364条　債権を目的とする質権の設定（現に発生していない債権を目的とするものを含む。)①は、第467条の規定に従い、第三債務者にその質権の設定を通知し、又は第三債務者がこれを承諾しなければ、これをもって第三債務者その他の第三者に対抗することができない。	①「指名債権」を「債権」としたうえで、将来債権が債権質の対象となることを明文化した。

(2)　経過措置（附則11条）

内容	区分		適用
債権を目的とする質権の対抗要件	質権設定契約日	施行日前	旧法
		施行日以降	新法

第3章　物権関係（175条～398条の22）

5　詐害行為取消権の改正に伴う改正（370条）

旧法（現行法）	新法（改正法）	留意点
（抵当権の効力の及ぶ範囲） 第370条　抵当権は、抵当地の上に存する建物を除き、その目的である不動産（以下「抵当不動産」という。）に付加して一体となっている物に及ぶ。ただし、設定行為に別段の定めがある場合及び<u>第424条の規定により債権者が債務者の行為を取り消す</u>ことができる場合は、この限りでない。	第370条　抵当権は、抵当地の上に存する建物を除き、その目的である不動産（以下「抵当不動産」という。）に付加して一体となっている物に及ぶ。ただし、設定行為に別段の定めがある場合及び<u>債務者の行為について第424条第3項に規定する詐害行為取消請求をする</u>①ことができる場合は、この限りでない。	①424条3項において詐害行為取消請求という概念を定義したことに伴い形式的な修正を行ったもの。

6　その他：根抵当権に関する改正（398条の2、398条の3、398条の7）

(1)　改正条文

旧法（現行法）	新法（改正法）	留意点／経過措置
（根抵当権） 第398条の2　抵当権は、設定行為で定めるところにより、一定の範囲に属する不特定の債権を極度額の限度において担保するためにも設定することができる。 2　前項の規定による抵当権（以下「根抵当権」という。）の担保すべき不特定の債権の範囲は、債務者との特定の継続的取引契約によって生ずるものその他債務者との一定の種類の取引によって生ずるものに限定して、定めなければならない。		
3　特定の原因に基づいて債務者との間に継続して生ずる債権又は手形上若しくは小切手上の請求権は、前項の規定にかかわらず、根抵当権の担保すべき債権とすることができる。	3　特定の原因に基づいて債務者との間に継続して生ずる債権、<u>手形上若しくは小切手上の請求権又は電子記録債権（電子記録債権法（平成19年法律第102号）第2条第1項に規定する電子記録債権をいう。次条第2項において同じ。）</u>①は、前項の規定にかかわらず、根抵当権の担保すべき債権とすることができる。	①手形と同様の機能を有する電子記録債権を追加した。 ②経過措置：設定契約締結日で区分
（根抵当権の被担保債権の範囲） 第398条の3　根抵当権者は、確定した元本並びに利息その他の定期金及び債務の不履行によって生じた損害の賠償の全部について、極度額を限度として、その根抵当権を行使することができる。		
2　債務者との取引によらないで取得する<u>手形上又は</u>小切手上の請求権を根抵当権の担保すべき債権とした場合において、次に掲げる事由があったときは、その前に取得したものについてのみ、その根抵当権を行使することができる。ただし、その後に	2　債務者との取引によらないで取得する<u>手形上若しくは</u>小切手上の請求権<u>又は電子記録債権</u>①を根抵当権の担保すべき債権とした場合において、次に掲げる事由があったときは、その前に取得したものについてのみ、その根抵当権を行使することができ	①手形と同様の機能を有する電子記録債権を追加した。 ②経過措置：設定契約締結日で区分

34

第1編　逐条解説（目次、民法総則及び物権関係）

取得したものであっても、その事由を知らないで取得したものについては、これを行使することを妨げない。	る。ただし、その後に取得したものであっても、その事由を知らないで取得したものについては、これを行使することを妨げない。	

一　債務者の支払の停止

二　債務者についての破産手続開始、再生手続開始、更生手続開始又は特別清算開始の申立て

三　抵当不動産に対する競売の申立て又は滞納処分による差押え

（根抵当権の被担保債権の譲渡等）

第398条の7　元本の確定前に根抵当権者から債権を取得した者は、その債権について根抵当権を行使することができない。元本の確定前に債務者のために又は債務者に代わって弁済をした者も、同様とする。

2　元本の確定前に債務の引受けがあったときは、根抵当権者は、引受人の債務について、その根抵当権を行使することができない。

	3　元本の確定前に**免責的債務引受**があった場合における**債権者は、第472条の4第1項の規定にかかわらず、根抵当権を引受人が負担する債務に移すことができない**①②。	①3項は、免責的債務引受の条項が新設されたことにあわせて、新設された。
3　元本の確定前に**債権者又は債務者の交替による更改があったときは、その当事者は、第518条の規定にかかわらず、根抵当権を更改後の債務に移すことができない。**	4　元本の確定前に**債権者の交替による更改があった場合における更改前の債権者は、第518条第1項の規定にかかわらず、根抵当権を更改後の債務に移すことができない。元本の確定前に債務者の交替による更改があった場合における債権者も、同様とする**③④。	②3項の経過措置：債務引受契約締結日で区分 ③4項は、更改に関する規定の改正を反映して、文言を改正した。 ④4項の経過措置：更改契約締結日で区分

(2)　経過措置（附則13条）

内容	区分		適用
根抵当権の被担保債権の範囲（398条の2第3項、398条の3第2項）	根抵当権設定契約締結日	施行日前	旧法
		施行日以降	新法
元本確定前の免責的債務引受契約の効力（398条の7第3項）	免責的債務引受契約締結日	施行日前	新法適用なし
		施行日以降	新法
更改契約に係る根抵当権の移転（398条の7第4項）	更改契約の締結日	施行日前	旧法
		施行日以降	新法

第2編　逐条解説（債権総則　399条～520条の20）

第2編　逐条解説（債権総則　399条～520条の20）

第1章　債権の目的・効力（399条～426条）

1　特定物の引渡しの場合の注意義務（400条）

(1)　改正条文

旧法（現行法）	新法（改正法）	留意点
（特定物の引渡しの場合の注意義務）		
第400条　債権の目的が特定物の引渡しであるときは、債務者は、その引渡しをするまで、善良な管理者の注意をもって、その物を保存しなければならない。	第400条　債権の目的が特定物の引渡しであるときは、債務者は、その引渡しをするまで、<u>契約その他の債権の発生原因及び取引上の社会通念に照らして定まる善良な管理者の注意</u>①をもって、その物を保存しなければならない。	①特定物の引渡しを目的とする場合の保存義務の判断基準を明確にした。「契約その他の債権の発生原因及び取引上の社会通念」は契約内容を導く際に当事者の主観的事情とともに客観的事情も考慮され得ることを示すものである[65]。

(2)　経過措置（附則14条）

区分		適用
特定物引渡しの場合の注意義務（400条）	債権発生日（施行日前に債権発生の原因である法律行為がされた場合を含む）	
	施行日前	旧法
	施行日以降	新法

2　法定利率（404条）

　法定利率を固定利率から変動利率に改正した。また、商事法定利率も民事法定利率に集約された。改正内容の要旨は(3)参照。

(1)　改正条文

(i)　民法

旧法（現行法）	新法（改正法）	留意点／経過措置
（法定利率）		
第404条　利息を生ずべき債権について別段の意思表示がないときは、その利率は、<u>年5分とする</u>①。	**第404条**①　**利息を生ずべき債権について別段の意思表示がないときは、その利率は、<u>その利息が生じた最初の時点における法定利率による</u>②。**	①本条は、法定利率につき、従来の固定利率（5％）から変動利率を採用した。市中金利が長期間にわたり低位で推移していることが勘案された。

65　部会資料68A、部会資料79-3参照。この点、善管注意義務の内容及び程度は契約における合意内容が判断基準として重要との指摘がされている（BA民法改正93頁）。

第1章　債権の目的・効力（399条〜426条）

2　法定利率は、年3パーセントとする[3]。 **3**　前項の規定にかかわらず、法定利率は、法務省令で定めるところにより、3年を1期とし、1期ごとに、次項の規定により変動するものとする[3]。 **4**　各期における法定利率は、この項の規定により法定利率に変動があった期のうち直近のもの（以下この項において「直近変動期」という。）における基準割合と当期における基準割合との差に相当する割合（その割合に1パーセント未満の端数があるときは、これを切り捨てる。）を直近変動期における法定利率に加算し、又は減算した割合とする[3]。 **5**　前項に規定する「基準割合」とは、法務省令で定めるところにより、各期の初日の属する年の6年前の年の1月から前々年の12月までの各月における短期貸付けの平均利率（当該各月において銀行が新たに行った貸付け（貸付期間が1年未満のものに限る。）に係る利率の平均をいう。）の合計を60で除して計算した割合（その割合に0.1パーセント未満の端数があるときは、これを切り捨てる。）として法務大臣が告示するものをいう。	②1項は個々の債権に適用される法定利率は、1つに固定されることを定める。「利息が生じた最初の時点」とは利息が生じた義務の発生時という意味であり、例えば、利息を支払う特約のある金銭の交付がされた場合は、交付時に利息が生じることから（589条2項）、金銭の交付時を指すとされている[66]。 ③2項、3項、4項は3％からスタートして[67]、3年毎に1％刻みで変動することを定める。 ④経過措置：施行日に既に利息が発生している債権か否かで区分

(ii)　関連改正

　商法514条は削除された。

旧法	新法	留意点
（商事法定利率） 第514条　商行為によって生じた債務に関しては、法定利率は、年6分とする。	（削除）①	①商取引についての法定利率も、民法が適用されることになる。

(2)　経過措置（附則15条1項）

区分		適用
法定利率（404条）	施行日前に既に利息が発生している債権	旧法
	施行日以降に利息が発生する債権	新法

66　改正のポイント89頁。法定で利息支払義務が発生する場合（442条2項、647条、650条1項など）は、それぞれの基準日で法定利率が定まるものと考えられる。なお、遅延損害金は債務者が遅滞の責任を負った最初の時点における法定利率となる（419条）。

67　附則15条2項

第2編　逐条解説（債権総則　399条〜520条の20）

(3)　改正内容の要旨

旧法（固定）		民法上は年5％（旧法404条）
		商行為によって生じた債務は年6％（商法514条）
新法（変動）	変動時期	3年に1度の見直し
	利率決定方法	・直近変動期 [注1] における基準割合 [注2] と当期における基準割合との差に相当する割合を、直近変動期における法定利率（スタートは3％）に加算、又は減算する。 ・変動幅のうち1％以下は切り捨てる（1％刻みでしか変動しない）。
	個別債権の適用利率	・適用利率は、利息が生じた最初の時点 [注3] における法定利率による（1つの債権に適用される法定利率は1つ）。 ・商事法定利率は廃止

(注1)　直近変動期との比較になるので、例えば3年前に変動がない場合は6年前との比較になる。

(注2)　「基準割合」とは、法務省令で定めるところにより、各期の初日の属する年の6年前の年の1月から前々年の12月までの5年間の各月における短期貸付けの平均利率（当該各月において銀行が新たに行った貸付け（貸付期間が1年未満のものに限る。）に係る利率の平均をいう。）の合計を60で除して計算した割合（0.1パーセント未満の端数があるときは、切り捨てる。）として法務大臣が告示するものをいう。

(注3)　「その利息が生じた最初の時点」とは、利息を支払う義務が生じた最初の時点を指すと解されている。利息支払義務の履行期ではない[68]。

3　不能による選択債権の特定（410条）

(1)　改正条文

旧法（現行法）	新法（改正法）	留意点
（不能による選択債権の特定） 第410条　債権の目的である給付の中に、**初めから不能であるもの又は後に至って不能となったものがあるときは、債権は、その残存するものについて存在する。** **2　選択権を有しない当事者の過失によって給付が不能となったときは、前項の規定は、適用しない。**	**第410条**① **債権の目的である給付の中に不能のものがある場合において、その不能が選択権を有する者の過失によるものであるときは、債権は、その残存するものについて存在する。**	①規定の内容を根本的に改めた。具体的な内容は(3)参照

(2)　経過措置（附則16条）

区分			適用
選択債権の不能による特定（410条）	債権発生日（施行日前に債権発生の原因である法律行為がされた場合を含む）	施行日前	旧法
		施行日以降	新法

(3)　規定内容の整理

場合分け		旧法	新法
原始的不能（初めから不能）		選択債権は集中 [注1]	選択債権は集中しない [注2][注3]
後発的不能	選択権を有する者、有しない者双方に過失がない場合		
	選択権を有しない当事者の過失による不能	選択債権は集中しない [注2]	
	選択権を有する者の過失による不能	選択債権は集中 [注1]	選択債権は集中 [注1]

68　部会資料81B

第1章　債権の目的・効力（399条〜426条）

- （注１）「選択債権は集中」とは履行可能な債権に特定されるという意味
- （注２）「選択債権は集中しない」場合、選択権者はあえて不能な給付を選択して、損害賠償請求や解除により反対債務を免れることが可能となる[69]。
- （注３）正確には、原始的不能につき選択権を有する者の過失があれば、選択権は集中する。

4　履行期・受領遅滞・履行の強制など（412条〜414条）

判例通説に沿って、旧法ではやや不明確であった条文内容をわかりやすくする改正が行われている。

(1)　改正条文

（ⅰ）　民法

旧法（現行法）	新法（改正法）	留意点／経過措置
（履行期と履行遅滞） 第412条　債務の履行について確定期限があるときは、債務者は、その期限の到来した時から遅滞の責任を負う。		
２　債務の履行について不確定期限があるときは、債務者は、その期限の到来したことを知った時から遅滞の責任を負う。	２　債務の履行について不確定期限があるときは、債務者は、その期限の到来した後に履行の請求を受けた時又はその期限の到来したことを知った時のいずれか早い時から[①]遅滞の責任を負う。	①２項は、学説上異論のない点を明文化した[70]。 ②経過措置：債務発生日（施行日前に債務発生の原因である法律行為がされた場合を含む）で区分
３　債務の履行について期限を定めなかったときは、債務者は、履行の請求を受けた時から遅滞の責任を負う。		
（新設）	（履行不能） **第412条の２　債務の履行が契約その他の債務の発生原因及び取引上の社会通念に照らして[②]不能であるときは、債権者は、その債務の履行を請求することができない[①]。** **２　契約に基づく債務の履行がその契約の成立の時に不能であったことは、第415条の規定によりその履行の不能によって生じた損害の賠償を請求することを妨げない[③]。**	①１項は、異論なく認められていた、履行不能により債務者が履行を免れる点を明文化した。 ②履行不能の判断基準を「契約その他の債務の発生原因及び取引上の社会通念」とした。 ③２項は、契約成立時に履行不能であっても、契約は有効であることを前提に、損害賠償請求（履行利益の請求が可能）できることを明文化した。なお、契約解除、代償請求権を否定するものではない[71]。 ④経過措置：債務発生日（施行日前に債務発生の原因である法律行為がされた場合を含む）で区分 ⑤履行不能の場合の法律関係は(3)参照

69　厳密には、損害賠償請求の可否や解除の可否は、相手方の帰責事由の有無などによってかわってくる。
70　改正法の概要60頁
71　改正法の概要62頁

40

第2編　逐条解説（債権総則　399条〜520条の20）

（受領遅滞）		
第413条　債権者が債務の履行を受けることを拒み、又は受けることができないときは、その債権者は、履行の提供があった時から遅滞の責任を負う。	第413条①②　債権者が債務の履行を受けることを拒み、又は受けることができない場合において、その債務の目的が特定物の引渡しであるときは、債務者は、履行の提供をした時からその引渡しをするまで、自己の財産に対するのと同一の注意をもって、その物を保存すれば足りる。 　2　債権者が債務の履行を受けることを拒み、又は受けることができないことによって、その履行の費用が増加したときは、その増加額は、債権者の負担とする。	①本条は、解釈上認められていた受領遅滞の効果を明文化した（1項：保存義務の軽減、2項：増加費用の債権者負担）。受領遅滞の場合の法律関係は(4)参照。 ②新法は旧法と同様に、債権者に受領義務があると定めてはいない。受領義務の有無は、契約その他債権発生原因又は信義則による。そして受領義務が認められた場合の効果は債務不履行一般準則によって処理される[72]。 ③経過措置：債務発生日（施行日前に債務発生の原因である法律行為がされた場合を含む）で区分
（新設）	（履行遅滞中又は受領遅滞中の履行不能と帰責事由） 第413条の2　債務者がその債務について遅滞の責任を負っている間に当事者双方の責めに帰することができない事由によってその債務の履行が不能となったときは、その履行の不能は、債務者の責めに帰すべき事由によるものとみなす①。 　2　債権者が債務の履行を受けることを拒み、又は受けることができない場合において、履行の提供があった時以後に当事者双方の責めに帰することができない事由によってその債務の履行が不能となったときは、その履行の不能は、債権者の責めに帰すべき事由によるものとみなす②。	①1項は、履行遅滞中の履行不能につき判例通説を明文化した[73]。この場合、債務者有責とされるため、債権者は損害賠償請求が可能となる（415条）。なお、仮に履行遅滞がなくても同様の結果になった場合には因果関係が否定される[74]。 ②2項は、受領遅滞中の履行不能につき定めた。この場合、債権者有責とされるため、債権者の解除は不可となる（543条）。また、反対債務の履行拒絶はできない（536条2項）。さらに、債務者は損害賠償義務を負わない（415条1項）。 ③経過措置：債務発生日（施行日前に債務発生の原因である法律行為がされた場合を含む）で区分
（履行の強制）		
第414条　債務者が任意に債務の履行をしないときは、債権者は、その強制履行を裁判所に請求することができる。ただし、債務の性質がこれを許さないときは、この限りでない。	第414条　債務者が任意に債務の履行をしないときは、債権者は、民事執行法その他強制執行の手続に関する法令の規定に従い、直接強制、代替執行、間接強制その他の方法による履行の強制①を裁判所に請求することができる。ただし、債務の性質がこれを許さないときは、この限りでない。	①1項は、旧法の「強制履行」を「民事執行法その他強制執行の手続に関する法令の規定に従い、直接強制、代替執行、間接強制その他の方法による履行の強制」と、内容を詳細に規定した。

72　具体的には、契約で受領義務が認められる場合は、受領遅滞により債務者は債権者に対して債務不履行責任の追及（参考判例：**最判 S46.12.16**）や、契約の解除が可能になると解される（但し、**最判 S40.12.3** に注意が必要）。

73　BA 民法改正 123 頁

74　例えば、絵画の売買が大震災で売主の自宅が焼失し履行できなくなった場合、仮に期限に履行されて買主の自宅に移転しても買主の自宅も当該大震災で焼失したような場合を指す（改正法の概要 64 頁）。

第1章　債権の目的・効力（399条～426条）

２　債務の性質が強制履行を許さない場合において、その債務が作為を目的とするときは、債権者は、債務者の費用で第三者にこれをさせることを裁判所に請求することができる。ただし、法律行為を目的とする債務については、裁判をもって債務者の意思表示に代えることができる[②]。 ３　不作為を目的とする債務については、債務者の費用で、債務者がした行為の結果を除去し、又は将来のため適当な処分をすることを裁判所に請求することができる[②]。 ４　前３項の規定は、損害賠償の請求を妨げない。	２　前項の規定は、損害賠償の請求を妨げない。	[②]旧法２項、３項の手続に関するルールは削除された。手続に関する部分は、民事執行法171条１項に移動した。

(ⅱ)　関連改正（414条の関連：民事執行法）

　旧法414条２項、３項が削除されたことに関連して、民事執行法171条が以下のように改正された。

旧法（現行法）	新法（改正法）
（代替執行） 第171条　民法第414条第２項本文又は第３項に規定する請求に係る強制執行は、執行裁判所が民法の規定に従い決定をする方法により行う。 ２～６　略（形式的な改正のみ）	第171条　次の各号に掲げる強制執行は、執行裁判所がそれぞれ当該各号に定める旨を命ずる方法により行う。 一　作為を目的とする債務についての強制執行　債務者の費用で第三者に当該作為をさせること。 二　不作為を目的とする債務についての強制執行　債務者の費用で、債務者がした行為の結果を除去し、又は将来のため適当な処分をすべきこと。

(2)　経過措置（附則17条１項）

区分			適用
債務不履行の責任等（第412条第２項、第412条の２～第413条の２）	債務発生日（施行日前に債務発生の原因である法律行為がされた場合を含む）	施行日前	旧法
		施行日以降	新法

(3)　履行不能の場合の法律関係

(ⅰ)　旧法

履行不能の原因	債権者	債務者
原則（債務者に帰責事由がある場合）	解除が可能（旧法543条） 損害賠償請求が可能（旧法415条後段）	債務の履行は免れる（解釈）
債務者の責めに帰することができない事由によるものであるとき	解除不可（旧法543条ただし書） 危険負担の問題となる（旧法534条、536条）	

42

第2編　逐条解説（債権総則　399条〜520条の20）

（ii）　新法

履行不能の原因	債権者	債務者
原則（債務者に帰責事由がある場合）	解除可能（542条1項1号、3号） 債務の履行に代わる損害賠償請求が可能 （412条の2第2項、415条1項本文）	債務の履行は免れる （412条の2第1項）
契約その他の債務の発生原因及び取引上の社会通念に照らして債務者の責めに帰することができない事由によるものであるとき	解除可能（542条1項1号、3号） 解除せずとも反対給付の履行を拒むことは可能（536条1項）	

（注）賃貸借契約は、賃借物の全部滅失（＝履行不能）により契約は終了する（616条の2）。

（4）　受領遅滞の場合の法律関係

旧法は、受領遅滞につき、「履行の提供があった時から遅滞の責任を負う」（旧法413条）としか規定しておらず、その内容は条文からは不明確であった（解釈上、保存義務の軽減、増加費用の負担、債権者への危険の移転などが認められてはいた[75]）。新法は以下のように整理をした。

項目	旧法	新法
受領遅滞の効果	条文上は具体的な内容が不明確な部分が多かった。解釈上、概ね新法と同様の効果が認められてはいた。 もっとも、受領遅滞の効果か弁済提供の効果かは争いがあった。また、学説の中には、債権者の帰責事由を必要とするものもあった[76]。	債務者の保存義務を善管注意義務（400条）から、自己の財産に対するのと同一の注意義務（413条1項）に軽減 増加費用は債権者の負担とする（413条2項）。
弁済提供の効果		債務者は履行遅滞による債務不履行責任を負わない（492条改正なし）。
受領遅滞中の履行不能		受領遅滞後の当事者双方の責めに帰することができない事由による履行不能は、債権者の責めに帰すべき事由によるものとみなされる（413条の2第2項）。その結果、債権者の解除は不可となる（543条）。また、債権者は反対債務の履行拒絶ができない（536条2項）。
売買契約における買主の履行拒否	売買契約において買主が履行を拒んだ場合、履行の提供があった時以後に当事者双方の責めに帰することができない事由によってその目的物が滅失し、又は損傷したときは、危険負担の法理により、買主は損害賠償の請求及び契約の解除をすることができず、代金の支払を拒むことができない。	売買契約において買主が履行を拒んだ場合、履行の提供があった時以後に当事者双方の責めに帰することができない事由によってその目的物が滅失し、又は損傷したとき、買主は、その滅失又は損傷を理由として、履行の追完の請求、代金の減額の請求、損害賠償の請求及び契約の解除をすることができず、代金の支払を拒むことができない（567条2項）。 受領遅滞中の履行不能の場合は413条の2第2項により売主は保護されるが、受領遅滞中の目的物の滅失、損傷など履行の追完が可能な場合についても売主を保護する趣旨の売買における規律が設けられた[77]。

75　BA民法改正106頁
76　BA民法改正106頁
77　部会資料75A参照

43

第1章　債権の目的・効力（399条〜426条）

5　債務不履行による損害賠償（415条〜422条の2）

　法定利率の変動制の採用に伴う改正が多いが、それ以外にも解釈に影響を与える可能性のある改正がなされている。

(1)　改正条文

(i)　民法

旧法（現行法）	新法（改正法）	留意点／経過措置
（債務不履行による損害賠償）		①1項で履行不能の場合であっても損害賠償請求できることを明確にした。
第415条　債務者がその債務の本旨に従った履行をしないときは、債権者は、これによって生じた損害の賠償を請求することができる。債務者の責めに帰すべき事由によって履行をすることができなくなったときも、同様とする。	第415条　債務者がその債務の本旨に従った履行をしないとき又は債務の履行が不能であるとき①は、債権者は、これによって生じた損害の賠償を請求することができる。ただし、その債務の不履行が契約その他の債務の発生原因及び取引上の社会通念に照らして債務者の責めに帰することができない事由によるものであるときは、この限りでない②。 2　前項の規定により損害賠償の請求をすることができる場合において、債権者は、次に掲げるときは、債務の履行に代わる損害賠償の請求をすることができる③。 一　債務の履行が不能であるとき。 二　債務者がその債務の履行を拒絶する意思を明確に表示したとき。 三　債務が契約によって生じたものである場合において、その契約が解除され、又は債務の不履行による契約の解除権が発生したとき。	②1項ただし書で、債務者に帰責事由がない場合に免責されることが債務不履行一般のルールであることを明確化した（判例、通説の明文化）。なお、ただし書にすることで債務者に免責事由の立証責任があることも明確化した。 また、帰責事由の判断要素を「契約その他の債務の発生原因及び取引上の社会通念に照らして」と明文化した。過失＝帰責事由を意味するものではないことを明らかにしている[78]。その結果、旧法下の履行補助者の故意・過失という議論は、債務不履行の有無を契約内容に即して確定する際に、履行補助者の行為をどのように組み込むかという考え方になる[79]。 ③2項は、債務の履行に代わり（履行期前に解除や相当期間の催告をすることなく）損害賠償請求ができる場合を新設[80]。履行請求権が不能又は解除によって損害賠償請求に転形するのでなく、（解除がされなければ）両者が併存するという考え方をとっていると解される[81]。 ④経過措置：債務発生日（施行日前に債務発生の原因である法律行為がされた場合を含む）で区分

[78]　部会資料69A。なお、改正法で他にも「責めに帰すべき事由」「責めに帰することができない事由」という概念が出てくるが、いずれも同様の基準で解釈されるとされている（改正法の概要68頁）。

[79]　改正法の概要69頁。より具体的には、①債務不履行の有無を契約内容に即して確定する際に履行補助者の行為をどのように組み込むか、②債務不履行が認められるとして債務者の責めに帰することができない事由の存否の判断にあたって履行補助者の行為をどのように組み込むかが問題となる（BA民法改正115頁）。

[80]　旧法下の判例としては、債権者が債務者に相当期間の行の催告をし、履行がなかった場合（**大判 S8.6.13**）につき、解除することなく履行に代わる損害賠償を認めたものがある。

[81]　改正法の概要69頁。債権者が履行に代わる損害賠償を請求した後に、本来の債務の履行請求ができるか否か、債務者は本来の債務を履行できるか否かについては解釈に委ねられる（BA民法改正119頁）。

第2編 逐条解説（債権総則 399条〜520条の20）

（損害賠償の範囲） 第416条 債務の不履行に対する損害賠償の請求は、これによって通常生ずべき損害の賠償をさせることをその目的とする。		①2項は、旧法が予見可能性があれば足りるとしていたものを、新法は予見義務が認められる場合に限定した。学説の一般的な理解に沿って改正されたもの。なお、予見の主体などについては、旧法下における解釈論、判例法理が改正後も引き継がれるとされている[82]。
2 特別の事情によって生じた損害であっても、当事者がその事情を予見し、又は予見することができた①**ときは、債権者は、その賠償を請求することができる。**	**2 特別の事情によって生じた損害であっても、当事者がその事情を予見すべきであった**①**ときは、債権者は、その賠償を請求することができる。**	②経過措置：債務発生日（施行日前に債務発生の原因である法律行為がされた場合を含む）で区分
（新設）	（中間利息の控除） **第417条の2**① **将来において取得すべき利益についての損害賠償の額を定める場合において、その利益を取得すべき時までの利息相当額を控除するときは**②**、その損害賠償の請求権が生じた時点における法定利率**③**により、これをする。** **2 将来において負担すべき費用についての損害賠償の額を定める場合において、その費用を負担すべき時までの利息相当額を控除するときも、前項と同様とする。**	①1項、2項とも、中間利息控除における利率として法定利率を用いるべきとする判例を明文化した（**最判H17.6.14**）[83]。 ②「控除するときは」となっており、中間利息の控除を強制しているわけではない[84]。また、中間利息の控除方法は定めていない。ライプニッツ方式、ホフマン方式いずれを用いても構わないと解される（**最判H22.1.26**）[85]。 ③法定利率の変動制の導入を受けて、損害賠償請求権発生時の法定利率を適用することを明文化。本条は722条1項で不法行為についても準用されている（損害賠償請求権発生時とは、債務不履行は不履行時、不法行為の場合は不法行為時[86]）。 ④経過措置：将来において取得すべき利益又は負担すべき費用の損害賠償請求権の発生日で区分[87]

82 改正法の概要71頁。具体的には、判例は、予見の主体を債務者（**最判S30.12.1**）とし、予見の時期を不履行時（**大判T7.8.27**）としている。また、本条は不法行為にも類推適用されるとしている（**最判S48.6.7**）。もっとも、予見の主体を契約両当事者とし、予見の時期を契約締結時とする説も有力であり、予見の主体、予見の時期、不法行為にも適用があるかなどについては、なお解釈に委ねられていると言える（改正のポイント123頁）。

83 もっとも、任意規定と解する余地もあるとする指摘もある（講義104頁）。

84 講義103頁

85 将来額を現在価値に割り戻す際に単利で計算する方法をホフマン方式、複利で計算する方法をライプニッツ方式と呼ぶ。

86 改正法の概要72頁

87 例えば、雇用契約が施行日前に締結された場合であっても、施行日後に発生した安全配慮義務違反に基づく損害賠償請求権についての中間利息の控除は新法による（一問一答380頁）。

第1章　債権の目的・効力（399条〜426条）

（過失相殺） 第418条　債務の不履行に関して債権者に過失があったときは、裁判所は、これを考慮して、損害賠償の責任及びその額を定める。	第418条　債務の不履行又はこれによる損害の発生若しくは拡大①に関して債権者に過失があったときは、裁判所は、これを考慮して、損害賠償の責任及びその額を定める。	①過失相殺の対象につき、裁判例（**東京地判H25.7.16、東京地判H21.9.15、東京地判H20.3.3**など）を踏まえて、範囲を拡大した。旧法下における異論のない考え方を明文化したとされている[88]。 ②経過措置：債務発生日（施行日前に債務発生の原因である法律行為がされた場合を含む）で区分
（金銭債務の特則） 第419条　金銭の給付を目的とする債務の不履行については、その損害賠償の額は、法定利率によって定める。ただし、約定利率が法定利率を超えるときは、約定利率による。 2　前項の損害賠償については、債権者は、損害の証明をすることを要しない。 3　第1項の損害賠償については、債務者は、不可抗力をもって抗弁とすることができない。	**第419条　金銭の給付を目的とする債務の不履行については、その損害賠償の額は、債務者が遅滞の責任を負った最初の時点における法定利率①によって定める。ただし、約定利率が法定利率を超えるときは、約定利率による。**	①1項は、法定利率の変動制の導入を受けて、債務不履行を原因とする損害賠償債務の法定利率算定時を、履行遅滞に陥った時点と定めた[89]。 ②経過措置：遅滞の責任を負った日で区分[90]
（賠償額の予定） 第420条　当事者は、債務の不履行について損害賠償の額を予定することができる。<u>この場合において、裁判所は、その額を増減することができない①。</u> 2　賠償額の予定は、履行の請求又は解除権の行使を妨げない。 3　違約金は、賠償額の予定と推定する。	第420条　当事者は、債務の不履行について損害賠償の額を予定することができる。	①旧法1項後段の定めにかかわらず、損害賠償額の予定額の調整を行う裁判例が多く現れていたことから（**東京地判H2.10.26、東京地判H13.2.27**など）、かかる実務を反映して1項後段を削除した[91]。 ②経過措置：損害賠償予定額の合意日で区分

88　改正法の概要73頁
89　具体的に履行遅滞に陥る時点は、以下のとおり。

期限の定めのない債務	請求時（412条3項）
期限の定めがある債務	期限到来時（412条1項）
不確定期限の債務	期限到来後に履行の請求を受けた時又は期限到来を知った時のいずれか早い時（412条2項）
不法行為	不法行為時（**最判S37.9.4**）

　　なお、利息を支払う特約のある金銭の交付がされた場合で利率の定めがない場合は、交付時（589条2項）の法定利率（404条1項）が適用される。この場合、遅延損害金と通常の利息で法定利率が異なることがあり得る。
90　施行日前に契約をした場合であっても、遅滞したのが施行日後であれば新法が適用される。
91　裁判所において、過失相殺による約定額の減額、公序良俗違反などを理由とする約定額の増減がしやすくなったものと考えられる。

第2編　逐条解説（債権総則　399条〜520条の20）

（新設）	（代償請求権） **第422条の2**①② **債務者が、その債務の履行が不能となったのと同一の原因により債務の目的物の代償である権利又は利益**③**を取得したときは、債権者は、その受けた損害の額の限度において、債務者に対し、その権利の移転又はその利益の償還を請求することができる。**	①本条は、代償請求を認めた判例法理（**最判 S41.12.23**）を明文化 ②債務者に帰責事由がないことが必要（＝債務者が損害賠償債務を負わない場合に限定されるか）か否かは明記されていない。債務者の帰責事由の要否は解釈に委ねられている[92]。 ③「債務の目的物の代償である権利又は利益」は解釈に委ねられる[93]。 ④経過措置：債務発生日（施行日前に債務発生の原因である法律行為がされた場合を含む）で区分

(ii)　関連改正（419条の関連：破産法）

　劣後的破産債権を定める破産法99条につき、419条と同様の改正がされている（民事再生法87条1項、会社更生法36条1項も同様の改正がされている。）。

旧法	新法
（劣後的破産債権等） 第99条　次に掲げる債権（以下「劣後的破産債権」という。）は、他の破産債権（次項に規定する約定劣後破産債権を除く。）に後れる。	
一　略（改正なし）	
二　破産手続開始後に期限が到来すべき確定期限付債権で無利息のもののうち、破産手続開始の時から期限に至るまでの期間の年数（その期間に1年に満たない端数があるときは、これを切り捨てるものとする。）に応じた債権に対する法定利息の額に相当する部分	二　破産手続開始後に期限が到来すべき確定期限付債権で無利息のもののうち、破産手続開始の時から期限に至るまでの期間の年数（その期間に1年に満たない端数があるときは、これを切り捨てるものとする。）に応じた債権に対する<u>破産手続開始の時における</u>法定<u>利率による</u>利息の額に相当する部分
三　略（改正なし）	
四　金額及び存続期間が確定している定期金債権のうち、各定期金につき第2号の規定に準じて算定される額の合計額（その額を各定期金の合計額から控除した額が法定利率によりその定期金に相当する利息を生ずべき元本額を超えるときは、その超過額を加算した額）に相当する部分	四　金額及び存続期間が確定している定期金債権のうち、各定期金につき第2号の規定に準じて算定される額の合計額（その額を各定期金の合計額から控除した額が<u>破産手続開始の時における</u>法定利率によりその定期金に相当する利息を生ずべき元本額を超えるときは、その超過額を加算した額）に相当する部分
2　略（改正なし）	

(2)　経過措置（附則17条）

内容	区分		適用
債務不履行の責任等（415条、416条2項、418条、422条の2）	債務発生日（施行日前に債務発生の原因である法律行為がされた場合を含む）	施行日前	旧法
		施行日以降	新法
中間利息の控除（417条の2）	将来において取得すべき利益又は負担すべき費用の損害賠償請求権発生日	施行日前	新法適用なし
		施行日以降	新法

92　改正法の概要75頁

93　判例（**最判 S41.12.23**）を参考にすると、保険金として受領した金銭や、保険金請求権などが典型的なものと考えられるが、条文からは明らかでなく、今後の裁判例を注視する必要がある。

47

第1章　債権の目的・効力（399条〜426条）

遅延損害金を生ずべき債権に係る法定利率（419条1項）	債務者が遅滞の責任を負った日	施行日前	旧法
		施行日以降	新法
損害賠償額の予定に係る合意（420条1項、421条[94]）	合意日	施行日前	旧法
		施行日以降	新法

6　債権者代位権（423条〜423条の7）

　判例の明文化が主なものであるが、債務者への弁済を可能にするなど、一部旧法下の運用や判例と異なる改正もなされており注意が必要。新法で条文化された内容は(3)参照。

(1)　改正条文

旧法（現行法）	新法（改正法）	留意点／経過措置
（債権者代位権） 第423条　債権者は、自己の債権を保全するため、債務者に属する権利を行使することができる。ただし、債務者の一身に専属する権利は、この限りでない。	（債権者代位権の要件） 第423条　債権者は、自己の債権を保全するため必要があるときは<u>①</u>、債務者に属する権利（以下「<u>被代位権利</u>」という。）を行使することができる。ただし、債務者の一身に専属する権利<u>及び差押えを禁じられた権利</u>②は、この限りでない。	①1項は、債権者代位権の行使は、債務者の責任財産が不十分となって債権を保全する必要が生じている場合に限られると解されていた旧法の一般的な解釈を明文化した[95]。 ②1項は、差押禁止債権が被代位債権から除かれる点を追加したが、これは、旧法下の一般的な理解を明文化したもの。
2　債権者は、その債権の期限が到来しない間は、<u>裁判上の代位によらなければ</u>③、前項の権利を行使することができない。ただし、保存行為は、この限りでない。	2　債権者は、その債権の期限が到来しない間は、<u>被代位権利を行使することができない</u>。ただし、保存行為は、この限りでない。 3　債権者は、その債権が強制執行により実現することのできないものであるときは、被代位権利を行使することができない④。	③旧法2項の「裁判上の代位によらなければ」は、裁判上の代位は実例が存在せず、また、保全処分の制度で対応できると考えられたため、削除された[96]。 ④3項は、旧法下での解釈や裁判例（東京高判H20.4.30）を明文化した。 ⑤経過措置：被代位債権の発生日で区分
（新設）	（代位行使の範囲） 第423条の2<u>①</u>　債権者は、被代位権利を行使する場合において、被代位権利の目的が可分であるときは、自己の債権の額の限度においてのみ、被代位権利を行使することができる。	①本条は、旧法下における判例法理（最判S44.6.24）を明文化したもの。なお、金銭債権以外にも本条の適用があるか否かは解釈による[97]。 ②経過措置：被代位債権の発生日で区分

94　421条（改正なし）　前条の規定は、当事者が金銭でないものを損害の賠償に充てるべき旨を予定した場合について準用する。

95　一問一答91頁

96　改正法の概要77頁参照。なお、裁判上の代位制度の廃止に伴い、同制度の手続を定めていた非訟事件手続法85条から91条については削除される。

97　例えば、複数の不動産の移転登記抹消登記請求権の代位行使をする場合、被保全債権の金額の範囲内の価値の不動産についてのみ可能なのか、そうでないのかが問題となる。

第2編　逐条解説（債権総則　399条〜520条の20）

（新設）	（債権者への支払又は引渡し） 第423条の3① 債権者は、被代位権利を行使する場合において、被代位権利が金銭の支払又は動産の引渡しを目的とするものであるときは、相手方に対し、その支払又は引渡しを自己に対してすることを求めることができる。この場合において、相手方が債権者に対してその支払又は引渡しをしたときは、被代位権利は、これによって消滅する。	①本条は、旧法における判例法理（**大判S10.3.12**）を明文化したもの。直接取立・受領をした代位債権者は相殺を通じて事実上の優先弁済を受けることが可能となる。もっとも、第三債務者は債務者へ弁済することも可能であり（423条の5）、また、相殺権の濫用と評価される余地もあるとされている[98]。 ②経過措置：被代位債権の発生日で区分
（新設）	（相手方の抗弁） 第423条の4① 債権者が被代位権利を行使したときは、相手方は、債務者に対して主張することができる抗弁をもって、債権者に対抗することができる。	①本条は、旧法下における判例法理（**最判S33.6.14**）を明文化したもの。 ②経過措置：被代位債権の発生日で区分
（新設）	（債務者の取立てその他の処分の権限等） **第423条の5① 債権者が被代位権利を行使した場合であっても、債務者は、被代位権利について、自ら取立てその他の処分をすることを妨げられない。この場合においては、相手方も、被代位権利について、債務者に対して履行をすることを妨げられない。**	①本条は、旧法下における判例法理（**大判S14.5.16**）[99]を転換（変更）するもの。結果として債権者が債務者への弁済を禁止したいのであれば、仮差押えが必要になる[100]。また、債権者が債務者の権利を代位行使した場合でも他の債権者は被代位権利を差し押さえたり代位行使が可能[101]。 ②経過措置：被代位債権の発生日で区分
（新設）	（被代位権利の行使に係る訴えを提起した場合の訴訟告知） **第423条の6① 債権者は、被代位権利の行使に係る訴えを提起したときは、遅滞なく、債務者に対し、訴訟告知をしなければならない。**	①本条は、債権者代位訴訟の判決の効力が債務者に及ぶため[102]、債務者の手続保障の観点から訴訟告知を定めた。訴訟告知をしない場合の効果としては、訴訟追行が許されず、訴えを却下すべきとされている[103]。 ②経過措置：被代位債権の発生日で区分
（新設）	（登記又は登録の請求権を保全するための債権者代位権） 第423条の7① 登記又は登録をしなければ権利の得喪及び変更を第三者に対抗することができない財産を譲り受けた者は、その譲渡人が第三者に対して有する登記手続又は登録手続をすべきことを請求する権利を行使しないときは、その権利を行使することができる。この場合においては、前3条の規定を準用する②。	①本条は、判例（**大判M43.7.6**）が認めていた、登記・登録請求権を被保全債権とする転用型の債権者代位を明文化したもの。他の転用型については、引き続き解釈に委ねられる。 ②423条の2（代位行使の範囲）、423条の3（債権者への支払又は引渡し）は準用されていない。 ③経過措置：譲渡人の第三者に対する権利発生日で区分

98　改正法の概要79頁
99　判例（**大判S14.5.16**）は、債権者が代位行使に着手し、債務者がその通知を受けるか、権利行使が完了した場合、債務者は被代位債権の取立てその他の処分はできなくなるとしていた。
100　改正法の概要80頁
101　改正法の概要81頁
102　代位訴訟における代位債権者は法定訴訟担当であり、判決の効力は債務者に及ぶと解されている。
103　改正債権法153頁

49

第1章　債権の目的・効力（399条〜426条）

(2) 経過措置（附則18条）

内容	区分		適用
債権者代位権一般	被代位権利（債務者に属する権利）の発生日	施行日前	旧法
		施行日以降	新法
登記又は登録の請求権を保全するための債権者代位権（423条の7）	譲渡人の第三者に対する権利の発生日	施行日前	新法適用なし
		施行日以降	新法

(3) 新法で条文化された内容の概要及び留意点

項目	新法の内容	留意点
被代位権利とならない債権の範囲の拡張	・債務者の一身に専属する権利（423条1項。旧法にもあった。） ・差押えを禁じられた権利（423条1項）	判例法理等の明文化であり、基本的に旧法下の取扱いと変更ない。
被保全債権の要件	・原則として履行期が到来していること（423条2項） ・強制執行により実現することのできない債権でないこと（423条3項）	
被代位権利の目的が可分であるときの制限	自己の債権額の限度においてのみ、被代位権利を行使することができる（423条の2）。	
被代位権利の、債権者への引渡請求権	債権者は、被代位権利を行使する場合において、被代位権利が金銭の支払又は動産の引渡しを目的とするものであるときは、相手方に対し、その支払又は引渡しを自己に対してすることを求めることができる。この場合において、相手方が債権者に対してその支払又は引渡しをしたときは、被代位権利は、これによって消滅する（423条の3）。	
第三債務者の抗弁権	債権者が被代位権利を行使したとき、第三債務者は債務者に対して主張することができる抗弁をもって、債権者に対抗することができる（423条の4）。	
債権者代位権を行使した場合の債務者の立場	債権者が被代位権利を行使した場合であっても、債務者は、被代位権利について、自ら取立てその他の処分をすることを妨げられない。この場合においては、相手方も、被代位権利について、債務者に対して履行することを妨げられない（423条の5）。	旧法から大きく変更になった。
債権者訴え提起時の債務者への訴訟告知義務	債権者は、被代位権利の行使に係る訴えを提起したときは、遅滞なく、債務者に対し、訴訟告知をしなければならない（423条の6）[104]。	
債権者代位権の転用	登記又は登録をしなければ権利の得喪及び変更を第三者に対抗することができない財産を譲り受けた者は、その譲渡人が第三者に対して有する登記手続又は登録手続をすべきことを請求する権利を行使しないときは、自らその権利を行使することができる（423条の7）。	判例法理の明文化。ただし、転用の一場面のみの明文化であり、その他の場面は引き続き解釈に委ねられる。

104　なお、訴外で債権者代位権を行使する場合は債務者に通知をする必要はない（講義113頁）。

第2編　逐条解説（債権総則　399条〜520条の20）

7　詐害行為取消権（424条〜426条）

判例法理の明文化が主なものであるが、適用範囲が変更されている点もあり注意が必要。

(1)　要件

（i）　改正条文。新法で条文化された内容の概要は(iv)参照。

旧法（現行法）	新法（改正法）	留意点／経過措置は(5)
（詐害行為取消権）	（詐害行為取消請求）	①旧法1項の「又は転得者」は削除された。新法は、受益者（本条）と転得者（424条の5）の条文を分けた。
第424条　債権者は、債務者が債権者を害することを知ってした法律行為②の取消しを裁判所に請求することができる。ただし、その行為によって利益を受けた者又は転得者①がその行為又は転得の時において債権者を害すべき事実を知らなかったときは、この限りでない。	第424条　債権者は、債務者が債権者を害することを知ってした行為②の取消しを裁判所に請求することができる。ただし、その行為によって利益を受けた者（以下この款において「受益者」という。）がその行為の時において債権者を害することを知らなかったときは、この限りでない。	②1項、2項は旧法の「法律行為」を「行為」とした。旧法下で法律行為でない弁済なども詐害行為取消の対象とされていたことを反映したもの[105]。
2　前項の規定は、財産権を目的としない法律行為②については、適用しない。	2　前項の規定は、財産権を目的としない行為②については、適用しない。 **3　債権者は、その債権が第1項に規定する行為の前の原因に基づいて生じたものである場合に限り③、同項の規定による請求（以下「詐害行為取消請求」という。）をすることができる。** **4　債権者は、その債権が強制執行により実現することのできないものであるときは、詐害行為取消請求をすることができない④。**	③3項は、被保全債権につき、詐害行為「前の原因」に基づいて生じた債権であることを要件として定めた。旧法下では、被保全債権は詐害行為前に生じた債権とする考え方が支配的であったが、新法は詐害行為後に生じた債権であっても、原因が詐害行為前にあれば被保全債権となるとして、適用場面を拡張した[106]。個別判例（**最判S35.4.26、最判H8.2.8、最判H元.4.13**）で示された考え方を一般化したとも言える[107]。 ④4項は、被保全債権にかかる異論のない解釈論を明文化した[108]。
（新設）	（相当の対価を得てした財産の処分行為の特則） **第424条の2①②　債務者が、その有する財産を処分する行為をした場合において、受益者から相当の対価を取得しているときは、債権者は、次に掲げる要件のいずれにも該当する場合に限り、その行為について、詐害行為取消請求をすることができる。**	①本条は、相当な対価を得てした処分行為に対する詐害行為取消につき、判例（**大判M39.2.5**ほか）や破産法161条1項[109]を参考に、原則として詐害性を否定し、例外的に肯定される要件（1〜3号のすべてを満たす必要がある）を定めた。

105　改正法の概要85頁。なお、同書によれば、「行為」とされたことにより対抗要件具備行為も詐害行為取消の対象となることを肯定したわけではなく、この点は解釈に委ねられているとしている。

106　改正法の概要85頁。同書では、詐害行為前に締結された保証委託契約に基づく事前求償権が詐害行為後に発生した場合であっても、当該事前求償権が被保全債権になるという例が記載されている。

107　部会資料51

108　改正債権法156頁

109　破産法161条1項　破産者が、その有する財産を処分する行為をした場合において、その行為の相手方から相当の対価を取得しているときは、その行為は、次に掲げる要件のいずれにも該当する場合に限り、破産

第1章　債権の目的・効力（399条〜426条）

	一　その行為が、不動産の金銭への換価その他の当該処分による財産の種類の変更により、債務者において隠匿、無償の供与その他の債権者を害することとなる処分（以下この条において「隠匿等の処分」という。）をするおそれを現に生じさせるものであること。 二　債務者が、その行為の当時、対価として取得した金銭その他の財産について、隠匿等の処分をする意思を有していたこと。 三　受益者が、その行為の当時、債務者が隠匿等の処分をする意思を有していたことを知っていたこと。	②新たな借入とそのための担保設定（「同時交換的行為」と呼ばれる）が詐害行為にあたるか否かも同様の規律によって処理される[110]。同時交換的行為は、一般的には隠匿の意思（2号の要件）が認められないため、詐害行為取消の対象にならないと思われる。なお、旧法下においても、同時交換的行為は、相当な担保設定行為であることを受益者が主張立証できた場合には、詐害行為にならないとされていた（**最判S42.11.9**など）。
（新設）	（特定の債権者に対する担保の供与等の特則） **第424条の3　債務者がした既存の債務についての担保の供与又は債務の消滅に関する行為について、債権者は、次に掲げる要件のいずれにも該当する場合に限り、詐害行為取消請求をすることができる①。** **一　その行為が、債務者が支払不能（債務者が、支払能力を欠くために、その債務のうち弁済期にあるものにつき、一般的かつ継続的に弁済することができない状態をいう。次項第1号において同じ。）②の時に行われたものであること。** **二　その行為が、債務者と受益者とが通謀して他の債権者を害する意図をもって行われたものであること③。**	①1項は偏頗行為（特定の既存の債務についてされた担保の供与又は債務の消滅に関する行為）に対する詐害行為取消について、下記の③で述べる点を除き、破産法162条1項[111]1号と同様の規律を新設した。 ②1項1号括弧書に定める「支払不能」の定義は破産法（2条1項11号）と同じ。 ③1項2号で、破産法の否認権の要件に、債務者と受益者の通謀の要件を加重している。旧法下の判例（**最判S33.9.26、最判S52.7.12**）を明文化したもの。

手続開始後、破産財団のために否認することができる。
　一　当該行為が、不動産の金銭への換価その他の当該処分による財産の種類の変更により、破産者において隠匿、無償の供与その他の破産債権者を害する処分（以下この条並びに第168条第2項及び第3項において「隠匿等の処分」という。）をするおそれを現に生じさせるものであること。
　二　破産者が、当該行為の当時、対価として取得した金銭その他の財産について、隠匿等の処分をする意思を有していたこと。
　三　相手方が、当該行為の当時、破産者が前号の隠匿等の処分をする意思を有していたことを知っていたこと。
110　部会資料51
111　破産法162条1項　次に掲げる行為（既存の債務についてされた担保の供与又は債務の消滅に関する行為に限る。）は、破産手続開始後、破産財団のために否認することができる。

第2編　逐条解説（債権総則　399条〜520条の20）

	2　前項に規定する行為が、債務者の義務に属せず、又はその時期が債務者の義務に属しないものである場合において④、次に掲げる要件のいずれにも該当するときは、債権者は、同項の規定にかかわらず、その行為について、詐害行為取消請求をすることができる⑥。 **一　その行為が、債務者が支払不能になる前30日以内に行われたものであること。** **二　その行為が、債務者と受益者とが通謀して他の債権者を害する意図をもって行われたものであること⑤。**	④2項は、非義務行為につき破産法162条1項2号と同様の規律を新設した。 ⑤2項2号は、破産法の否認権の要件に、債務者と受益者の通謀の要件を加重している。 ⑥代物弁済について、本条2項の対象になるか（非義務行為と言えるかどうか）については、明らかでなく、今後の解釈に委ねられる[112]。
（新設）	**（過大な代物弁済等の特則）** **第424条の4①　債務者がした債務の消滅に関する行為であって、受益者の受けた給付の価額がその行為によって消滅した債務の額より過大であるものについて、第424条に規定する要件に該当するときは、債権者は、前条第1項の規定にかかわらず、その消滅した債務の額に相当する部分以外の部分については②、詐害行為取消請求をすることができる。**	①本条は、過大な代物弁済等に対する詐害行為取消について、破産法160条2項[113]と同様の規律が新設された。 ②本条で詐害行為取消の対象になるのは、債務額を超える部分のみ。つまり、424条の3が適用されない場合（支払不能前等）は、過大な代物弁済があり、それが424条の要件を満たすとしても、取消しの対象は債務額を超える部分に限られることが明確になった。

一　破産者が支払不能になった後又は破産手続開始の申立てがあった後にした行為。ただし、債権者が、その行為の当時、次のイ又はロに掲げる区分に応じ、それぞれ当該イ又はロに定める事実を知っていた場合に限る。
　イ　当該行為が支払不能になった後にされたものである場合　支払不能であったこと又は支払の停止があったこと。
　ロ　当該行為が破産手続開始の申立てがあった後にされたものである場合　破産手続開始の申立てがあったこと。
二　破産者の義務に属せず、又はその時期が破産者の義務に属しない行為であって、支払不能になる前30日以内にされたもの。ただし、債権者がその行為の当時他の破産債権者を害する事実を知らなかったときは、この限りでない。
112　改正法の概要90頁
113　破産法160条1項　次に掲げる行為（担保の供与又は債務の消滅に関する行為を除く。）は、破産手続開始後、破産財団のために否認することができる。
一　破産者が破産債権者を害することを知ってした行為。ただし、これによって利益を受けた者が、その行為の当時、破産債権者を害する事実を知らなかったときは、この限りでない。
二　破産者が支払の停止又は破産手続開始の申立て（以下この節において「支払の停止等」という。）があった後にした破産債権者を害する行為。ただし、これによって利益を受けた者が、その行為の当時、支払の停止等があったこと及び破産債権者を害する事実を知らなかったときは、この限りでない。
破産法160条2項　破産者がした債務の消滅に関する行為であって、債権者の受けた給付の価額が当該行為によって消滅した債務の額より過大であるものは、前項各号に掲げる要件のいずれかに該当するときは、破産手続開始後、その消滅した債務の額に相当する部分以外の部分に限り、破産財団のために否認することができる。

53

第1章　債権の目的・効力（399条〜426条）

（新設）	（転得者に対する詐害行為取消請求） **第424条の5**[①] **債権者は、受益者に対して詐害行為取消請求をすることができる場合において**[②]**、受益者に移転した財産を転得した者があるときは、次の各号に掲げる区分に応じ、それぞれ当該各号に定める場合に限り、その転得者に対しても、詐害行為取消請求をすることができる。** **一　その転得者が受益者から転得した者である場合　その転得者が、転得の当時、債務者がした行為が債権者を害することを知っていたとき**[③]**。** **二　その転得者が他の転得者から転得した者である場合　その転得者及びその前に転得した全ての転得者が、それぞれの転得の当時、債務者がした行為が債権者を害することを知っていたとき**[④]**。**	①本条は、転得者に対する詐害行為取消権の要件を新設した。 ②柱書は、受益者に対する詐害行為取消請求が成立することが前提となることを定める（よって、受益者の悪意が必要。旧法下の判例法理を変更した）。 ③1号は、転得者に対する詐害行為取消の要件として、転得の当時、転得者が「債務者がした行為が債権者を害すること」について悪意であることを定める。なお、転得者の悪意は、取消債権者が主張・立証責任を負う（旧法下の学説の考え方からの変更[114]）。 ④2号は、転々得者以降に対する詐害行為取消の要件として、すべての転得者がそれぞれの転得の当時、「債務者がした行為が債権者を害すること」について悪意であることを定める（旧法下の判例法理[115]を変更した）。

(ii)　関連改正（424条関連）

　詐害行為取消の改正に伴って、民法370条において形式的な改正がされている。

　具体的な改正内容は、第1編第3章5（34頁）参照。

(iii)　関連改正（424条の5関連）

　424条の5条にあわせて、転得者に対する否認の要件を定める破産法170条1項において同様の改正がされている（民事再生法134条、会社更生法93条も同様）。

旧法	新法
（転得者に対する否認権） **第170条**　次に掲げる場合には、否認権は、転得者に対しても、行使することができる。 一　転得者が転得の当時、<u>それぞれその前者に対する否認の原因のあること</u>を知っていたとき。	**第170条**　次の<u>各号</u>に掲げる場合において、<u>否認しようとする行為の相手方に対して否認の原因があるときは</u>、否認権は、<u>当該各号に規定する転得者に対しても、行使することができる。ただし、当該転得者が他の転得者から転得した者である場合においては、当該転得者の前に転得した全ての転得者に対しても否認の原因があるときに限る。</u> 一　転得者が転得の当時、<u>破産者がした行為が破産債権者を害すること</u>を知っていたとき。

114　改正法の概要92頁

115　旧法下の判例（**最判 S49.12.12**）は、悪意の転得者につき、受益者が善意であっても詐害行為取消による債権者の追及を免れることができないとしていた。

第2編　逐条解説（債権総則　399条〜520条の20）

二　転得者が第161条第2項各号に掲げる者のいずれかであるとき。ただし、転得の当時、それぞれその前者に対する否認の原因のあることを知らなかったときは、この限りでない。 三　転得者が無償行為又はこれと同視すべき有償行為によって転得した場合において、それぞれその前者に対して否認の原因があるとき。	二　転得者が第161条第2項各号に掲げる者のいずれかであるとき。ただし、転得の当時、破産者がした行為が破産債権者を害することを知らなかったときは、この限りでない。 三　転得者が無償行為又はこれと同視すべき有償行為によって転得した者であるとき。

2　第167条第2項の規定は、前項第3号の規定により否認権の行使があった場合について準用する。

(iv)　新法で条文化された内容の概要（受益者の関係）

【条文の整理】[注1]

内容	区分	行為の時期	
			支払不能時
財産の処分等 （詐害行為）	相当の対価	424条／424条の2	
	詐害行為／過大弁済[注2]	424条／424条の4	
偏頗弁済・担保設定	弁済等一般		424条／424条の3第1項
	非義務行為		424条／424条の3第2項

(注1)　破産法は、以下のように160条と162条の適用場面を明確に分けており、160条と162条が同時に適用されることはない。

160条	「担保の供与又は債務の消滅に関する行為を除く」行為の否認の要件を定める。
162条	「既存の債務についてされた担保の供与又は債務の消滅に関する行為」の否認の要件を定める。

　　　　一方、民法424条は破産法160条のような限定をせず、424条の3のみが「既存の債務についての担保の供与又は債務の消滅に関する行為について」の詐害行為取消の要件を定めている。つまり民法は、424条の3と同時に424条が適用されることになる。

(注2)　過大弁済は、「消滅した債務の額に相当する部分以外の部分に限り」詐害行為取消請求ができる。

【主な要件の整理】（なお、立証責任に注意）

内容	区分	行為の時期	
			支払不能時
財産の処分等 （詐害行為）	相当の対価	・不動産の金銭への換価その他の当該処分による財産の種類の変更により、債務者において隠匿、無償の供与その他の債権者を害することとなる処分をするおそれを現に生じさせるものであること ・債務者が隠匿等の意思を有していること ・受益者が債務者の隠匿の意思につき悪意であること	
	詐害行為／過大弁済	・債務者の詐害意思 ・（受益者の悪意）	
偏頗弁済・担保設定	弁済等一般		・支払不能時の行為 ・債務者と受益者が通謀して他の債権者を害する意図をもっていたこと
	非義務行為		・支払不能になる前30日以内の行為 ・債務者と受益者が通謀して他の債権者を害する意図をもっていたこと

(注1)　（　）は、受益者の側で、そうでなかったことの立証責任を負う。なお、転得者に対する詐害行為取消請求の場合転得者の悪意は、取消債権者側で立証をする必要がある（424条の5）[116]。

(注2)　すべてにおいて、被保全債権が詐害行為の前の原因に基づいて生じたこと(424条3項)という要件が必要。

116　転得者に対する詐害行為取消請求は受益者に対する詐害行為取消請求が成立することが要件となっている（424条の4）が、取消債権者が受益者悪意の立証責任を負うと思われる（講義144頁）。

55

第1章　債権の目的・効力（399条〜426条）

【代表的な例】

内容	区分	行為の時期	
			支払不能時
財産の処分等 （詐害行為）	相当の対価	債務者が不動産を相当の対価で売ったうえで、現金を隠匿した場合で、買主が隠匿の意思を知っていた場合	
	詐害行為／ 過大弁済	債務者が詐害意思をもって財産の低額処分や贈与あるいは過大な代物弁済をした場合	
偏頗弁済 ・担保設定	弁済等一般		支払不能後に特定の債権者と債務者が通謀して債務を弁済した場合
	非義務行為		支払不能になる直前に義務がないにもかかわらず債務者と特定の債権者が通謀して既存債務に担保権を設定する場合

（v）　転得者に対する詐害行為取消請求（424条の5）の主な要件

場合分け	詐害行為取消請求が認められる要件
転得者（1項）	・受益者に対する詐害行為取消請求ができること ・転得の当時、転得者が「債務者がした行為が債権者を害すること」について悪意であること
転々得者以下 （2項）	・受益者に対する詐害行為取消請求ができること ・すべての転得者がそれぞれの転得の当時、「債務者がした行為が債権者を害すること」について悪意であること

（2）　行使方法等

（i）　改正条文　すべて新設条文。新法のみを以下記載する。

新法（改正法）	留意点／経過措置は(5)
<u>（財産の返還又は価額の償還の請求）</u> **第424条の6　債権者は、受益者に対する詐害行為取消請求において、債務者がした行為の取消しとともに、その行為によって受益者に移転した財産の返還を請求することができる[1]。受益者がその財産の返還をすることが困難であるときは、債権者は、その価額の償還を請求することができる[2]。** **2　債権者は、転得者に対する詐害行為取消請求において、債務者がした行為の取消しとともに、転得者が転得した財産の返還を請求することができる[1]。転得者がその財産の返還をすることが困難であるときは、債権者は、その価額の償還を請求することができる[2]。**	①1項、2項とも第1文は、詐害行為取消権の効果として、取消しの請求ができるだけでなく、逸出財産の取戻しを請求できるとする判例法理（**大判M44.3.24**）を明文化した（1項が受益者、2項が転得者について定める）。 ②1項、2項とも第2文は、取消しに基づく原状回復として、財産の返還が困難である場合は価格償還を請求することができるとする判例法理（**大判S7.9.15**）を明文化した（1項が受益者、2項が転得者について定める）。
<u>（被告及び訴訟告知）</u> **第424条の7　詐害行為取消請求に係る訴えについては、次の各号に掲げる区分に応じ、それぞれ当該各号に定める者を被告[1]とする。** **一　受益者に対する詐害行為取消請求に係る訴え　受益者** **二　転得者に対する詐害行為取消請求に係る訴え　その詐害行為取消請求の相手方である転得者** **2　債権者は、詐害行為取消請求に係る訴えを提起したときは、遅滞なく、債務者に対し、訴訟告知をしなければならない[2]。**	①1項は、詐害行為取消訴訟における被告が、受益者又は転得者であること（旧法における通説）を明文化した。なお、反対解釈として、債務者が被告とならないことを明らかにした。 ②2項は、債務者にも判決の効力が及ぶことから（425条）、債務者の手続保障を図るため、債務者に対する訴訟告知義務を定めた[117]。

117　部会資料73A

第2編　逐条解説（債権総則　399条〜520条の20）

（詐害行為の取消しの範囲）	① 本条は、旧法下における判例法理（**大判 M36.12.7**、**大判 T9.12.24**）と同様の準則を定めた。なお、詐害行為の客体が可分でないときは、被保全債権額に関係なく、詐害行為全部を取り消すことが可能[118]。
第424条の8① 債権者は、詐害行為取消請求をする場合において、債務者がした行為の目的が可分であるときは、自己の債権の額の限度においてのみ、その行為の取消しを請求することができる。 2 債権者が第424条の6第1項後段又は第2項後段の規定により価額の償還を請求する場合についても、前項と同様とする。	
（債権者への支払又は引渡し）	① 1項第1文及び2項は、詐害行為取消権を行使した債権者が、受益者又は転得者に対して直接取立、受領する権限があるとする判例法理（**大判 T10.6.18**、**最判 S39.1.23**）を明文化した。直接取立・受領をした債権者は相殺を通じて事実上の優先弁済を受けることが可能となるが、②のとおり相手方は債務者へ弁済することも可能であり、また、相殺権の濫用と評価される余地もあるとされている[119]。 ② 1項第2文は、取消債権者による詐害行為取消請求がされた場合であっても、債務者が引渡請求権を失わないことを前提としている（425条参照）。よって、取消債権者は債務者の請求権を仮差押えしておくなどの対応が必要となる[120]。
第424条の9 債権者は、第424条の6第1項前段又は第2項前段の規定により受益者又は転得者に対して財産の返還を請求する場合において、その返還の請求が金銭の支払又は動産の引渡しを求めるものであるときは、受益者に対してその支払又は引渡しを、転得者に対してその引渡しを、自己に対してすることを求めることができる①。この場合において、受益者又は転得者は、債権者に対してその支払又は引渡しをしたときは、債務者に対してその支払又は引渡しをすることを要しない②。 2 債権者が第424条の6第1項後段又は第2項後段の規定により受益者又は転得者に対して価額の償還を請求する場合についても、前項と同様とする①。	

(ii)　行使方法に関する新法の規定のまとめ

　新法は、債務者への訴訟告知義務を除き、旧法下の判例通説を明文化したものである。まとめると以下のとおり。

項目	内容
行使方法	裁判所に請求しなければならない（424条1項　改正なし）。
請求の内容（424条の6）	取消債権者は、債務者がした行為の取消しとともに、その行為によって受益者又は転得者に移転した財産の返還を請求することができる。価格償還請求も可能。
被告（424条の7）	受益者又は転得者が被告[121]。ただし、債務者への訴訟告知が必要。
行使の範囲（424条の8）	債務者がした行為の目的が可分であるときは、債権者は自己の債権額の限度においてのみ、その行為の取消しを請求することができる（価格償還請求も同様）。
行使の内容（424条の9）	返還の請求が金銭の支払又は動産の引渡しを求めるものであるときは、受益者に対して自己への支払又は引渡しを、転得者に対して自己への引渡しを求めることができる（価格償還請求も同様）。ただし、取消債権者による詐害行為取消請求がされた場合であっても、債務者は引渡請求権を失わない（425条）[122]。

118　改正法の概要96頁〜97頁

119　改正法の概要98頁

120　改正債権法168頁。なお、受益者等が執行供託（民事保全法50条5項、民事執行法156条）をした場合、取消債権者の直接引渡請求権は消滅するため、（事実上の）優先弁済は受けられない（BA民法改正189頁）。

121　債務者に判決効及ぶにもかかわらず（425条）、債務者は被告とならない。これは、類型的に債務者が関心をもたなかったり、行方不明であることが多いという現状を踏まえたものであるが、債務者の地位をどのように説明するかなど民事訴訟法上の理論的解明の問題は残ると指摘されている（講義　140頁から141頁）。

122　取消債権者は債務者の請求権を仮差押えしておくなどの対応が必要となる。

57

第1章　債権の目的・効力（399条〜426条）

(3) 効果

(i) 改正条文

旧法（現行法）	新法（改正法）	留意点／経過措置は(5)
（詐害行為の取消しの効果） **第425条**　前条の規定による取消しは、すべての債権者の利益のためにその効力を生ずる。	（認容判決の効力が及ぶ者の範囲） **第425条　詐害行為取消請求を認容する確定判決は、債務者①及びその全ての債権者に対してもその効力を有する②。**	①旧法下の判例（**大判 M44.3.24**）は、債務者に詐害行為取消訴訟の判決効が及ばないとしていたが、新法は、かかる判例法理を変更し、債務者にも判決の効力が及ぶものと定めた。 ②転得者に対する詐害行為取消の効果は、当該転得者の前者には及ばず、当該転得者が債務者に現物返還や価格償還をした場合でも前者に反対給付の返還等を求めることはできないと解される（425条の4参照）[123]。
（新設）	（債務者の受けた反対給付に関する受益者の権利） **第425条の2①**　債務者がした財産の処分に関する行為（債務の消滅に関する行為を除く。）が取り消されたときは、受益者は、債務者に対し、その財産を取得するためにした反対給付の返還を請求することができる。債務者がその反対給付の返還をすることが困難であるときは、受益者は、その価額の償還を請求することができる。	①本条は、債務消滅以外の財産処分行為が取り消された場合の効果を定める[124]。具体的には、受益者の債務者に対する返還が先履行となることを前提に、受益者が反対給付返還請求権又は価格償還請求権を有することを定めた[125]。なお、受益者の債務者に対する価格償還請求権は、債務者に対する他の一般債権者の債権と対等な地位を有するに過ぎないとされる[126]。
（新設）	（受益者の債権の回復） **第425条の3①②**　債務者がした債務の消滅に関する行為が取り消された場合（第424条の4の規定により取り消された場合を除く。）において、受益者が債務者から受けた給付を返還し、又はその価額を償還したときは、受益者の債務者に対する債権は、これによって原状に復する。	①本条は、債務消滅行為（過大な代物弁済等を除く）が取り消された場合の効果として、受益者の債務者に対する返還が先履行となることを前提に、受益者の債権が復活することを定める。旧法における判例法理（**大判 S16.2.10**）の明文化。 ②本条により、取消債権者の事実上の優先弁済が生じないとの指摘がある[127]。

123　改正法の概要99頁

124　旧法下では、詐害行為取消の効果は債務者に及ばないとされていたため、詐害行為取消後、受益者は反対債権につき債務者に返還請求はできないとされていた。ただし、旧法下でも取消債権者が債権の満足を得たことにより、債務者が当該債権者に対する債務を免除された場合に、受益者は債務者に対して不当利益返還請求ができるとされていた（BA民法改正192頁参照）。

125　もっとも、425条の2と425条の3の規定が異なることから（425条の3については受益者の先履行は文言上明らか）、受益者の財産返還義務と債務者の反対給付返還義務は同時履行の関係にあると解する余地もある（BA民法改正193頁、講義149頁）。今後の実務や裁判例を注視する必要がある。

126　改正法の概要100頁

127　旧法では、取消債権者は、自己への直接引渡しを求めることで（この点は新法424条の9でも同じ）、相殺を経由して事実上の優先弁済が可能とされていた。しかし、新法では、偏頗弁済等の取消しを請求された受益者が復活する受益者の債務者に対する債権（425条の3）を被保全債権として債務者の受益者に対する弁済金等の返還請求権を仮差押えしたうえで、自ら第三債務者として執行供託をし、これに対して取消債権者が債務者の受益者に対する請求権を仮差押え（ないしは差押え）をすると、結局、取消債権者と受益者が各自の債権額で偏頗弁済金を分けあうことになる（以上につき、改正債権法169頁）。

（新設）	（詐害行為取消請求を受けた転得者の権利） **第425条の4**[①] **債務者がした行為が転得者に対する詐害行為取消請求によって取り消されたときは、その転得者は、次の各号に掲げる区分に応じ、それぞれ当該各号に定める権利を行使することができる。ただし、その転得者がその前者から財産を取得するためにした反対給付又はその前者から財産を取得することによって消滅した債権の価額を限度とする。** **一　第425条の2に規定する行為が取り消された場合　その行為が受益者に対する詐害行為取消請求によって取り消されたとすれば同条の規定により生ずべき受益者の債務者に対する反対給付の返還請求権又はその価額の償還請求権** **二　前条に規定する行為が取り消された場合（第424条の4の規定により取り消された場合を除く。）　その行為が受益者に対する詐害行為取消請求によって取り消されたとすれば前条の規定により回復すべき受益者の債務者に対する債権**[②]	①本条は、転得者に対する詐害行為取消請求の効果につき、受益者の場合とパラレルに定める[128]（1号が424条の2に、2号が424条の3に対応する）。なお、転得者の直接の取引相手である受益者に対しては詐害行為取消の効果は当然には及ばないと解されている[129]。 ②本条2号により、取消債権者の事実上の優先弁済が生じないとの指摘がある（425条の3②参照）。 ③本条の改正にあわせて、破産法170条の2、3、再生法134条の2、3、会社更生法93条の2、3が新設された。

(ii)　関連改正（424条の4関連）

　425条の4の新設にあわせて、破産法170条の2、3が新設された。また、民事再生法134条の2、3及び、会社更生法93条の2、3についても同様の新設がされている。

新法（新設条文）
（破産者の受けた反対給付に関する転得者の権利等） 第170条の2　破産者がした第160条第1項若しくは第3項又は第161条第1項に規定する行為が転得者に対する否認権の行使によって否認されたときは、転得者は、第168条第1項各号に掲げる区分に応じ、それぞれ当該各号に定める権利を行使することができる。ただし、同項第1号に掲げる場合において、破産者の受けた反対給付の価額が、第4項に規定する転得者がした反対給付又は消滅した転得者の債権の価額を超えるときは、転得者は、財団債権者として破産者の受けた反対給付の価額の償還を請求する権利を行使することができる。 2　前項の規定にかかわらず、第168条第1項第2号に掲げる場合において、当該行為の当時、破産者が対価として取得した財産について隠匿等の処分をする意思を有し、かつ、当該行為の相手方が破産者がその意思を有していたことを知っていたときは、転得者は、同条第2項各号に掲げる区分に応じ、それぞれ当該各号に定める権利を行使することができる。 3　前項の規定の適用については、当該行為の相手方が第161条第2項各号に掲げる者のいずれかであるときは、その相手方は、当該行為の当時、破産者が前項の隠匿等の処分をする意思を有していたことを知っていたものと推定する。

128　旧法下では、詐害行為取消の効果は債務者に及ばないとされていたため、詐害行為取消後、転得者は反対債権につき債務者に返還請求はできないとされていた。なお、取消債権者が債権の満足を得たことにより、債務者が当該債権者に対する債務を免除された場合に、転得者は債務者に対して不当利益返還請求ができるとされてはいた（BA民法改正198頁参照）。

129　BA民法改正199頁。もっとも、転得者の前者に取消効が及ぶと解する余地もあり、今後の議論に委ねられる。

第1章　債権の目的・効力（399条〜426条）

4　第1項及び第2項の規定による権利の行使は、転得者がその前者から財産を取得するためにした反対給付又はその前者から財産を取得することによって消滅した債権の価額を限度とする。

5　破産管財人は、第1項に規定する行為を転得者に対する否認権の行使によって否認しようとするときは、第167条第1項の規定により破産財団に復すべき財産の返還に代えて、転得者に対し、当該財産の価額から前各項の規定により財団債権となる額（第168条第1項第1号に掲げる場合（第1項ただし書に該当するときを除く。）にあっては、破産者の受けた反対給付の価額）を控除した額の償還を請求することができる。

（相手方の債権に関する転得者の権利）

第170条の3　破産者がした第162条第1項に規定する行為が転得者に対する否認権の行使によって否認された場合において、転得者がその受けた給付を返還し、又はその価額を償還したときは、転得者は、当該行為がその相手方に対する否認権の行使によって否認されたとすれば第169条の規定により原状に復すべき相手方の債権を行使することができる。この場合には、前条第4項の規定を準用する。

(iii)　新法における詐害行為取消の効果一覧

詐害行為取消の対象	被　　告	
	受益者の場合	転得者の場合^(注)
債務消滅以外の財産処分行為が取り消された場合	債務者に対し、その財産を取得するためにした反対給付の返還を請求することができる。債務者がその反対給付の返還をすることが困難であるときは、受益者は、その価額の償還を請求することができる（425条の2）。	その行為が受益者に対する詐害行為取消請求によって取り消されたとすれば425条の2の規定により生ずべき受益者の債務者に対する反対給付の返還請求権又はその価額の償還請求権を行使することができる。ただし、その転得者がその前者から財産を取得するためにした反対給付の価額を限度とする（425条の4第1号）。
債務消滅行為（過大な代物弁済等を除く）が取り消された場合	受益者が債務者から受けた給付を返還し、又はその価額を償還したときは、受益者の債務者に対する債権は、これによって原状に復する（425条の3）。	その行為が受益者に対する詐害行為取消請求によって取り消されたとすれば425条の3の規定により回復すべき受益者の債務者に対する債権を行使することができる。ただし、その転得者がその前者から財産を取得することによって消滅した債権の価額を限度とする（425条の4第2号）。

(注) 転得者がした行為の種類でなく、債務者と受益者との間の詐害行為の種類によって、転得者の権利が決まる。

(4)　期間制限（426条）

(i)　改正条文

旧法（現行法）	新法（改正法）	留意点／経過措置は(5)
（詐害行為取消権の期間の制限） 第426条　第424条の規定による取消権は、債権者が取消しの原因を知った時から2年間行使しないときは、時効によって消滅する。行為の時から20年を経過したときも、同様とする。	**第426条^①詐害行為取消請求に係る訴えは、債務者が債権者を害することを知って行為をしたことを債権者が知った時から2年を経過したときは、提起することができない。行為の時から10年を経過したときも、同様とする。**	①本条は、旧法で消滅時効期間、除斥期間とされていたものを、出訴期間に改正をした。よって、旧法と異なり時効の更新等の適用はない。なお、長期は20年から10年に短縮された。 ②あわせて破産法176条、民事再生法139条、会社更生法98条も改正された。

(ii)　関連改正

　426条の改正にあわせて、破産法176条が改正されている。民事再生法139条、会社更生法98条も同様の改正がなされている。

第2編　逐条解説（債権総則　399条〜520条の20）

旧法	新法
（否認権行使の期間）	
第176条　否認権は、破産手続開始の日から2年を経過したときは、行使することができない。否認しようとする行為の日から20年を経過したときも、同様とする。	第176条　否認権は、破産手続開始の日から2年を経過したときは、行使することができない。否認しようとする行為の日から10年を経過したときも、同様とする。

(5)　経過措置（附則19条）

内容	区分		適用
詐害行為取消全般	詐害行為（債務者が債権者を害することを知ってした法律行為）が行われた日	施行日前	旧法
		施行日以降	新法

第2章　多数当事者の債権及び債務（427条〜465条の10）

第2章 多数当事者の債権及び債務（427条〜465条の10）

　連帯債権の条文が新設されるなど、多数の改正が行われているところであるが、実務的には連帯債務の相対効の範囲が広がっている点が重要である。

1　不可分債権及び不可分債務（428条〜431条）

　細かい箇所で、いくつか改正がある。

(1)　改正条文

旧法（現行法）	新法（改正法）	留意点／経過措置は(2)
（不可分債権）		①不可分債権が成立する場合を、旧法では意思表示による場合も認めていたが、新法は性質上不可分である場合に限定した。性質上可分の場合は連帯債権の規定が適用される（432条）。 ②括弧書の中は、更改、免除、混同が絶対効を有するとの規定は準用されていない。
第428条　債権の目的がその性質上又は当事者の意思表示によって①不可分である場合において、数人の債権者があるときは、各債権者はすべての債権者のために履行を請求し、債務者はすべての債権者のために各債権者に対して履行をすることができる。	第428条　次款（連帯債権）の規定（第433条及び第435条の規定を除く②。）は、債権の目的がその性質上不可分である場合において①、数人の債権者があるときについて準用する。	
（不可分債権者の1人について生じた事由等の効力）	（不可分債権者の1人との間の更改又は免除）	
第429条　不可分債権者の1人と債務者との間に更改又は免除があった場合においても、他の不可分債権者は、債務の全部の履行を請求することができる。この場合においては、その1人の不可分債権者がその権利を失わなければ分与される利益を債務者に償還しなければならない。 2　前項に規定する場合のほか、不可分債権者の1人の行為又は1人について生じた事由は、他の不可分債権者に対してその効力を生じない①。	第429条　不可分債権者の1人と債務者との間に更改又は免除があった場合においても、他の不可分債権者は、債務の全部の履行を請求することができる。この場合においては、その1人の不可分債権者がその権利を失わなければ分与されるべき利益を債務者に償還しなければならない。	①旧法2項は、428条で準用する435条の2が同様のことを定めているため、削除された[130]。実質的には改正されてない。
（不可分債務）		①本条は、不可分債務が成立する場合を、性質上不可分である場合に限定した。性質上可分の場合は、連帯債務に関する規定が適用される（436条）。 ②混同（440条）は相対効とされている。
第430条　前条の規定及び次款（連帯債務）の規定（第434条から第440条までの規定を除く。）は、数人が不可分債務を負担する場合について準用する。	第430条　第4款（連帯債務）の規定（第440条の規定を除く②。）は、債務の目的がその性質上不可分である場合において①、数人の債務者があるときについて準用する。	

130　部会資料84-3

第2編　逐条解説（債権総則　399条〜520条の20）

(2)　経過措置（附則20条1項、2項）

内容	区分		適用
不可分債権（428条、429条）	債権発生日（施行日前に債権発生原因の法律行為がされた場合を含む）	施行日前	旧法
		施行日以降	新法
不可分債務（430条）	債務発生日（施行日前に債務発生原因の法律行為がされた場合を含む）	施行日前	旧法
		施行日以降	新法

(3)　不可分債権の概要（まとめ：新法、旧法とも428条、429条）

項目	旧法	新法
成立要件	性質上又は当事者の意思表示によって不可分であること	性質上不可分であること
絶対的効力を有する事項	履行の請求、履行	履行の請求、履行、相殺
相対的効力を有する事項	上記以外。但し、更改、免除については簡易な決済方法を規定	上記以外。但し、更改、免除については簡易な決済方法を規定

(注) 性質上の不可分債権とは、例えば甲乙丙が費用を分担して1つの建物を購入した場合の建物引渡請求権などを指す。この点、新法428条の「債権の目的がその性質上不可分である」が債権内容自体の物理的性質に着目したものであると解釈した場合、およそ金銭債権は性質上可分とされ、不可分債権とはならない可能性もある（不可分債権とならない場合は連帯債権となる）。

(4)　不可分債務の概要（まとめ：新法、旧法とも430条）

(i)　まとめ

項目	旧法	新法
成立要件	性質上又は当事者の意思表示によって不可分であること	性質上不可分であること 性質上可分である債務を当事者の意思表示により不可分債務にはできないが、連帯債務にすることは可能[131]
絶対的効力を有する事項	履行	履行、更改、相殺 （連帯債務は履行、更改、相殺、混同）
相対的効力を有する事項	上記以外。但し、更改、免除については簡易な決済方法を規定	上記以外（免除についての簡易な決済方法の規定もなく、免除は純粋な相対効）
債権者の権利	1人若しくは数名の債務者に同時又は順次に全部又は一部の履行請求が可能	

(ii)　性質上不可分債務の例

　不可分債務とした旧法下の判例としては、不動産売主の複数相続人の所有権移転登記義務（**最判S36.12.15**）や共同賃借人の家賃債務（**大判T11.11.24**）などがあるが、かかる判例が新法でも維持されるかどうかはわからない。新法430条の「債務の目的がその性質上不可分である場合」が債務内容自体の物理的性質に着目したものであると解釈した場合、およそ金銭債務は性質上可分とされ、不可分債務とはならない可能性もある[132]。

131　新法では連帯債務も相対効が原則となり絶対効の範囲が限定されたため、意思表示により不可分債務とすべき必要性は低くなっている。

132　BA民法改正203頁

第2章　多数当事者の債権及び債務（427条～465条の10）

2　連帯債権（432条～435条の2）

連帯債権の条文が新設された。

(1)　改正条文

連帯債権に関する432条～435条の2はすべて新設のため、新法のみを記載する。

新法（改正法）	留意点／経過措置は(2)
（連帯債権者による履行の請求等） **第432条①　債権の目的がその性質上可分である場合において、法令の規定又は当事者の意思表示によって数人が連帯して債権を有するときは、各債権者は、全ての債権者のために全部又は一部の履行を請求することができ、債務者は、全ての債権者のために各債権者に対して履行をすることができる。**	①本条が定める連帯債権の定義は、連帯債務の定義と同様。本条は、連帯債権において、履行及び履行の請求が絶対効があることを定めた。
（連帯債権者の1人との間の更改又は免除） **第433条①　連帯債権者の1人と債務者との間に更改又は免除があったときは、その連帯債権者がその権利を失わなければ分与されるべき利益に係る部分については、他の連帯債権者は、履行を請求することができない。**	①本条は、更改、免除について、持分割合型の絶対的効力事由とする。
（連帯債権者の1人との間の相殺） **第434条①　債務者が連帯債権者の1人に対して債権を有する場合において、その債務者が相殺を援用したときは、その相殺は、他の連帯債権者に対しても、その効力を生ずる。**	①本条は、相殺について、絶対的効力事由とする（なお、相殺で債務が消滅した後は、債権者間の利益分与請求の問題となる）。
（連帯債権者の1人との間の混同） **第435条①連帯債権者の1人と債務者との間に混同があったときは、債務者は、弁済をしたものとみなす。**	①混同について、絶対的効力事由とする（なお、混同で債務が消滅した後は、債権者間の利益分与請求の問題となる）。
（相対的効力の原則） **第435条の2　第432条から前条までに規定する場合を除き、連帯債権者の1人の行為又は1人について生じた事由は、他の連帯債権者に対してその効力を生じない①。ただし、他の連帯債権者の1人及び債務者が別段の意思を表示したときは、当該他の連帯債権者に対する効力は、その意思に従う②。**	①本条は、相対的効力が原則である旨を定める。 ②ただし書は、例外として、債務者と他の連帯債権者との間で別段の合意（絶対効を有する旨の合意）をした場合は、当該合意が優先することを定める。

(2)　経過措置（附則20条3項）

内容	区分		適用
連帯債権（432条～435条の2）	債権発生日（施行日前に債権発生原因の法律行為がされた場合を含む）	施行日前	新法適用なし
		施行日以降	新法

(3)　連帯債権に関する新法の規定の概要

項目	内容
成立要件	債権の目的が性質上可分である場合で、法令の規定又は当事者の意思表示により数人が連帯して債権を有すること（432条）
絶対効	・履行、履行の請求（432条）、相殺（434条）、混同（435条） ・更改又は免除は、その連帯債権者がその権利を失わなければ分与されるべき利益に係る部分について絶対効がある（433条）

第2編　逐条解説（債権総則　399条〜520条の20）

相対効	・上記以外（435条の2） ・債務者と他の連帯債権者との間で別段の合意（絶対効を有する旨の合意）をした場合は、当該合意が優先する（435条の2ただし書）

3　連帯債務（436条〜445条）

　連帯債務は相対効の範囲が広がった。なお、不真正連帯債務に連帯債務の規定の適用があるかどうかについては議論がある。

(1)　改正条文

旧法（現行法）	新法（改正法）	留意点／経過措置は(2)
（履行の請求） <u>第432条</u>　数人が連帯債務を負担するときは、債権者は、その連帯債務者の1人に対し、又は同時に若しくは順次に<u>すべて</u>の連帯債務者に対し、全部又は一部の履行を請求することができる。	（<u>連帯債務者に対する履行の請求</u>） <u>第436条</u>　<u>債務の目的がその性質上可分である場合において、法令の規定又は当事者の意思表示によって数人が連帯して債務を負担するとき</u>は^①、債権者は、その連帯債務者の1人に対し、又は同時に若しくは順次に<u>全て</u>の連帯債務者に対し、全部又は一部の履行を請求することができる。	①新法は、連帯債務の成立要件を以下のとおり定めた[133]。 ・債務の目的が性質上可分であること ・法令の規定[134]又は当事者の意思表示によること なお、性質上不可分の債務は不可分債務となり、原則として連帯債務の規定が準用される（430条）。
（連帯債務者の1人についての法律行為の無効等） <u>第433条</u>　連帯債務者の1人について法律行為の無効又は取消しの原因があっても、他の連帯債務者の債務は、その効力を妨げられない。	<u>第437条</u>　連帯債務者の1人について法律行為の無効又は取消しの原因があっても、他の連帯債務者の債務は、その効力を妨げられない。	
（<u>連帯債務者の1人に対する履行の請求</u>） <u>第434条</u>　<u>連帯債務者の1人に対する履行の請求は、他の連帯債務者に対しても、その効力を生ずる。</u>	（<u>削除</u>）^①	①旧法434条は削除され、履行の請求は、相対効に変更された（441条参照）。
（連帯債務者の1人との間の更改） <u>第435条</u>　連帯債務者の1人と債権者との間に更改があったときは、債権は、<u>すべて</u>の連帯債務者の利益のために消滅する。	<u>第438条</u>^①　連帯債務者の1人と債権者との間に更改があったときは、債権は、<u>全て</u>の連帯債務者の利益のために消滅する。	①更改については、絶対効を維持した。
（連帯債務者の1人による相殺等） <u>第436条</u>　連帯債務者の1人が債権者に対して債権を有する場合において、その連帯債務者が相殺を援用したときは、債権は、<u>すべて</u>の連帯債務者の利益のために消滅する。	<u>第439条</u>　連帯債務者の1人が債権者に対して債権を有する場合において、その連帯債務者が相殺を援用したときは、債権は、<u>全て</u>の連帯債務者の利益のために消滅する^①。	①1項は、相殺について、絶対効を維持した。

133　旧法には、連帯債務の成立要件の規定はなかった。
134　法令により成立する例としては、共同不法行為（民法719条1項　改正なし）、会社法430条（役員等の連帯責任）などがある。なお、不真正連帯債務も含まれる（あるいは類推適用される）と一般的に解されているようである（改正法の概要113頁、講義172頁以下、一問一答119頁に概ね同旨）。

65

第2章　多数当事者の債権及び債務（427条～465条の10）

2　前項の債権を有する連帯債務者が相殺を援用しない間は、その連帯債務者の負担部分についてのみ他の連帯債務者が相殺を援用することができる②。	2　前項の債権を有する連帯債務者が相殺を援用しない間は、その連帯債務者の負担部分の限度において、他の連帯債務者は、債権者に対して債務の履行を拒むことができる②。	②2項は、旧法下において有力であった、他の連帯債務者に相殺権限を認めたのではなく抗弁権を付与したとする解釈に沿って、改正された[135]。
（連帯債務者の1人に対する免除） 第437条　連帯債務者の1人に対してした債務の免除は、その連帯債務者の負担部分についてのみ、他の連帯債務者の利益のためにも、その効力を生ずる。	（削除）①	③旧法437条は削除され、免除については、相対効に変更された（441条参照）。なお、免除を受けた連帯債務者に対しても、他の連帯債務者は求償権を行使することが可能（445条）[136]。
（連帯債務者の1人との間の混同） 第438条　連帯債務者の1人と債権者との間に混同があったときは、その連帯債務者は、弁済をしたものとみなす。	第440条①　連帯債務者の1人と債権者との間に混同があったときは、その連帯債務者は、弁済をしたものとみなす。	①混同については、絶対効を維持した。
（連帯債務者の1人についての時効の完成） 第439条　連帯債務者の1人のために時効が完成したときは、その連帯債務者の負担部分については、他の連帯債務者も、その義務を免れる。	（削除）①	①旧法439条は削除され、時効については、相対効に変更された（441条参照）。 なお、時効が完成した連帯債務者に対しても、他の連帯債務者は求償権を行使することが可能（445条）[137]。
（相対的効力の原則） 第440条　第434条から前条までに規定する場合を除き、連帯債務者の1人について生じた事由は、他の連帯債務者に対してその効力を生じない。	**第441条　第438条、第439条第1項及び前条①に規定する場合を除き、連帯債務者の1人について生じた事由は、他の連帯債務者に対してその効力を生じない。ただし、債権者及び他の連帯債務者の1人が別段の意思を表示したときは、当該他の連帯債務者に対する効力は、その意思に従う②。**	①履行の請求（旧法434条）、免除（旧法437条）、時効（旧法439条）について絶対効を定める条文が削除されたことにより、これらは相対効とされた。 ②ただし書は、本文が任意規定であることを示している。つまり、債権者と他の連帯債務者との間で別段の合意（絶対効を有する旨の合意）をした場合は、当該合意が優先することを定める[138]。

135　BA民法改正 207頁
136　この場合、求償を受けた連帯債務者は債権者に対して償還請求をできないと解されている（部会資料83-2、部会資料69A）。
137　この場合、求償を受けた連帯債務者は債権者に対して償還請求をできないと解されている（部会資料83-2、部会資料67A）。
138　旧法においても、440条は任意規定であり、当事者の合意により絶対的効力事由を定めることは可能とされていた（改正のポイント 224頁）。

（連帯債務者についての破産手続の開始） **第441条** 連帯債務者の全員又はそのうちの数人が破産手続開始の決定を受けたときは、債権者は、その債権の全額について各破産財団の配当に加入することができる。	**（削除）①**	①破産法104条[139] が存するため、削除された。
（連帯債務者間の求償権） **第442条** 連帯債務者の1人が弁済をし、その他自己の財産をもって共同の免責を得たときは、その連帯債務者は、他の連帯債務者に対し、各自の負担部分①について求償権を有する。	**第442条**①② 連帯債務者の1人が弁済をし、その他自己の財産をもって共同の免責を得たときは、その連帯債務者は、<u>その免責を得た額が自己の負担部分を超えるかどうかにかかわらず</u>、他の連帯債務者に対し、<u>その免責を得るために支出した財産の額（その財産の額が共同の免責を得た額を超える場合にあっては、その免責を得た額）のうち各自の負担部分に応じた額</u>の求償権を有する。	①旧法における「負担部分」に、「自己の負担部分を超えるかどうかにかかわらず」を入れるなどして、額ではなく割合を意味するという判例法理（**大判 T6.5.3**）を明文化した[140]。 なお、共同保証人間の求償権を定める民法465条[141] は改正されていない。よって、共同保証人間では、自己の負担部分を超える額の弁済をした場合にのみ求償が認められる。
2 前項の規定による求償は、弁済その他免責があった日以後の法定利息及び避けることができなかった費用その他の損害の賠償を包含する。		③本条の規定が不真正連帯債務にも適用されるかどうかは明確でない[142]。
（通知を怠った連帯債務者の求償の制限） **第443条** 連帯債務者の1人が<u>債権者から履行の請求を受けた</u>②ことを他の連帯債務者に通知しないで弁済をし、その他自己の財産をもって共同の免責を得た場合において、他の連帯債務者は、債権者に対抗することができる事由を有していたときは、その負担部分について、その事由をもってその免責を得た連帯債務者に対抗することができる。この場合において、相殺をもってその免責を得た連帯債務者に対抗したときは、<u>過失のある</u>連帯債務者は、債権者に対し、相殺によって消滅すべきであった債務の履行を請求することができる。	**第443条** <u>他の連帯債務者があることを知りながら</u>①、連帯債務者の1人が<u>共同の免責を得る</u>②ことを他の連帯債務者に通知しないで弁済をし、その他自己の財産をもって共同の免責を得た場合において、他の連帯債務者は、債権者に対抗することができる事由を有していたときは、その負担部分について、その事由をもってその免責を得た連帯債務者に対抗することができる。この場合において、相殺をもってその免責を得た連帯債務者に対抗したときは、<u>その</u>連帯債務者は、債権者に対し、相殺によって消滅すべきであった債務の履行を請求することができる。	①1項は、他の連帯債務者があることにつき悪意である場合に限り通知義務を課す改正を行った。 ②1項はさらに、連帯債務者の他の連帯債務者に対する通知内容を、旧法の「債権者から履行の請求を受けたこと」から、「共同の免責を得ること」に改正をした。

---

139 破産法104条1項 数人が各自全部の履行をする義務を負う場合において、その全員又はそのうちの数人若しくは1人について破産手続開始の決定があったときは、債権者は、破産手続開始の時において有する債権の全額についてそれぞれの破産手続に参加することができる。

　　　2項〜5項 略

140 改正法の概要117頁

141 465条1項 第442条から第444条までの規定は、数人の保証人がある場合において、そのうちの1人の保証人が、主たる債務が不可分であるため又は各保証人が全額を弁済すべき旨の特約があるため、その全額又は<u>自己の負担部分を超える額</u>を弁済したときについて準用する。

142 BA民法改正213頁。仮に適用されるとすると、不真正連帯債務の場合、自己の負担部分を超える出えんをした場合にのみ求償できるとする判例（**最判 S63.7.1**）は変更される。

第2章　多数当事者の債権及び債務（427条～465条の10）

2　連帯債務者の1人が弁済をし、その他自己の財産をもって共同の免責を得たことを他の連帯債務者に通知することを怠ったため、他の連帯債務者が善意で弁済を<u>し、その他有償の行為をもって免責を得たときは、その免責を得た連帯債務者は、自己の弁済その他免責のためにした行為を有効であった</u>ものとみなすことができる。	2　弁済をし、その他自己の財産をもって共同の免責を得た<u>連帯債務</u>者が、<u>他の連帯債務者があることを知りながらその免責を得た</u>③ことを他の連帯債務者に通知することを怠ったため、他の連帯債務者が善意で弁済<u>その他自己の財産をもって免責を得るための行為をした</u>ときは、<u>当該他の連帯債務者は、その免責を得るための行為を有効であった</u>ものとみなすことができる。	③2項は、事後の通知を怠った連帯債務者が劣後するのは、他の連帯債務者があることにつき悪意の場合に限られるものとした。

（償還をする資力のない者の負担部分の分担）

第444条　連帯債務者の中に償還をする資力のない者があるときは、その償還をすることができない部分は、求償者及び他の資力のある者の間で、各自の負担部分に応じて分割して負担する。ただし^②、求償者に過失があるときは、他の連帯債務者に対して分担を請求することができない。	第444条　連帯債務者の中に償還をする資力のない者があるときは、その償還をすることができない部分は、求償者及び他の資力のある者の間で、各自の負担部分に応じて分割して負担する。 2　前項に規定する場合において、求償者及び他の資力のある者がいずれも負担部分を有しない者であるときは、その償還をすることができない部分は、求償者及び他の資力のある者の間で、等しい割合で分割して負担する^①。 3　前2項の規定にかかわらず、償還を受けることができないことについて^②求償者に過失があるときは、他の連帯債務者に対して分担を請求することができない。	①2項は、負担部分を有する者すべてが無資力となった場合についての判例法理（**大判T3.10.13**）を明文化した[143]。 ②3項は、旧法ただし書に改正を加えるものではないが、過失の対象が「償還を受けることができないこと」についてであることを明らかにした[144]。

（連帯の免除と弁済をする資力のない者の負担部分の分担）

<u>第445条　連帯債務者の1人が連帯の免除を得た場合において、他の連帯債務者の中に弁済をする資力のない者があるときは、債権者は、その資力のない者が弁済をすることができない部分のうち連帯の免除を得た者が負担すべき部分を負担する。</u>	**（削除）**^①	①旧法445条は削除された。この結果、連帯債務者の1人が連帯の免除[145]を得た場合で求償を受ける連帯債務者の中に弁済をする資力のない者が含まれていたときも、444条によって処理をされる（連帯免除時の他の連帯債務者の無資力は、債権者のリスクでなく、連帯の免除を受けた者のリスクになった）。

143　改正法の概要120頁
144　改正法の概要120頁
145　連帯の免除とは、債権者が連帯債務者の特定の者につき、当該連帯債務者の債務の額を負担部分に限定する旨の意思表示を言う。他の連帯債務者の負担に変更はなく、連帯の免除を受けた連帯債務者のみ、自己の負担部分の債務を負っていることになる。

第2編　逐条解説（債権総則　399条〜520条の20）

（新設）	（連帯債務者の1人との間の免除等と求償権） **第445条**① 連帯債務者の1人に対して債務の免除がされ、又は連帯債務者の1人のために時効が完成した場合においても、他の連帯債務者は、その1人の連帯債務者に対し、第442条第1項の求償権を行使することができる。	①本条は、解釈上争いのあった点を明確にした。なお、債務の免除を受け、又は時効が完成した連帯債務者が他の連帯債務者の求償に応じた場合、特約のない限り、債権者に当該求償相当額を請求できないと解される[146]。

(2)　経過措置（附則20条2項）

内容	区分		適用
連帯債務（436条〜445条）	債務発生日（施行日前に債務発生原因の法律行為がされた場合を含む）	施行日前	旧法
		施行日以降	新法

(3)　連帯債務の絶対的効力事由に関する改正の概要

(i)　連帯債務

内　容	旧法	新法	留意点
連帯債務者の1人による（代物）弁済	絶対効	絶対効	基本的に、変更なし
連帯債務者の1人との間の更改	絶対効（旧法435条）	絶対効（438条）	
連帯債務者の1人による相殺	絶対効（旧法436条1項）	絶対効（439条1項）	
連帯債務者の1人との間の混同	絶対効（旧法438条）	絶対効（440条）	
連帯債務者の1人に対する履行の請求[注1]	絶対効（旧法434条）	相対効（441条） なお、免除や時効の完成があった者に対しても求償権の行使が可能（445条）	変更点。なお、441条ただし書による別段の合意が可能
連帯債務者の1人に対する免除[注2]	負担部分に限り絶対効（旧法437条）		
連帯債務者の1人についての時効の完成	負担部分に限り絶対効（旧法439条）		
上記以外	相対効（旧法440条、新法441条）		

（注1）履行の請求は、相手方を履行遅滞にしたり、時効を中断する効果がある。新法では旧法と異なり、連帯債務者に対する履行の請求をしても、他の連帯債務者について時効は中断しないので、注意が必要。

（注2）新法で免除は相対効になったが、債権者の免除の趣旨が、例えば全員を免除するという趣旨であれば、そのとおりの効果が認められる[147]。

(ii)　不真正連帯債務

432条が連帯債務の成立要件として、債務の目的が性質上可分であることを前提に、「法令の規定……によって数人が連帯して債務を負担するとき」と定めたことから、法令上明示的に「連帯」と規定されていない不真正連帯債務についても、連帯債務に関する条文が適用（あるいは類推適用）されると、一般的に解されている[148]。この点は、今後の議論を注視する必要がある。

146　一問一答125頁
147　講義165頁
148　改正法の概要113頁、講義172頁以下、一問一答119頁も概ね同旨。但し、改正債権法180頁は、「不真正連帯債務について改正法の適用があるかどうかは、解釈に委ねられているといわざる得ない状況にある」としている。

第2章　多数当事者の債権及び債務（427条〜465条の10）

4　保証債務(1)・総則（446条〜465条）

　新設条文を中心に大きな改正が行われている。例えば、保証人に対する情報提供義務が新設されている。改正のポイントは(3)(4)を参照頂きたい。

(1)　改正条文

旧法（現行法）	新法（改正法）	留意点／経過措置は(2)
（保証人の責任等） 第446条　保証人は、主たる債務者がその債務を履行しないときに、その履行をする責任を負う。 2　保証契約は、書面でしなければ、その効力を生じない。 3　保証契約がその内容を記録した<u>電磁的記録（電子的方式、磁気的方式その他人の知覚によっては認識することができない方式で作られる記録であって、電子計算機による情報処理の用に供されるものをいう。）</u>[1]によってされたときは、その保証契約は、書面によってされたものとみなして、前項の規定を適用する。	3　保証契約がその内容を記録した電磁的記録によってされたときは、その保証契約は、書面によってされたものとみなして、前項の規定を適用する。	①旧法3項の定義を記載した括弧部分は、新法151条で電磁的記録の定義がされていることから削除された。なお、定義の内容に変更はない。
（保証人の負担が<u>主たる債務より重い</u>場合） 第448条　保証人の負担が債務の目的又は態様において主たる債務より重いときは、これを主たる債務の限度に減縮する。	（保証人の負担<u>と主たる債務の目的又は態様</u>） <u>2　主たる債務の目的又は態様が保証契約の締結後に加重されたときであっても、保証人の負担は加重されない</u>[1][2]。	①2項は、従前の通説を明文化した。 ②任意規定と解される。
（主たる債務者について生じた事由の効力） 第457条　主たる債務者に対する履行の請求その他の事由による時効の<u>中断</u>は、保証人に対しても、その効力を生ずる。 2　保証人は、主たる債務者の債権による相殺をもって債権者に対抗することができる。	第457条　主たる債務者に対する履行の請求その他の事由による時効の<u>完成猶予及び更新</u>[1]は、保証人に対しても、その効力を生ずる。 2　保証人は、主たる債務者が<u>主張することができる抗弁</u>[2]をもって債権者に対抗することができる。 <u>3　主たる債務者が債権者に対して相殺権、取消権又は解除権を有するときは、これらの権利の行使によって主たる債務者がその債務を免れるべき限度において、保証人は、債権者に対して債務の履行を拒むことができる</u>[3]。	①1項は、時効制度の文言の整理にあわせて、改正を行った。 ②2項は、旧法より保証人が主張できる抗弁の範囲を広げた。相殺以外についても、主債務者が主張できる抗弁について保証人が債権者に対抗できることが明文化された。 ③3項は、学説で異論をみない準則を明文化した[149]。

149　改正法の概要124頁

70

第2編　逐条解説（債権総則　399条～520条の20）

（連帯保証人について生じた事由の効力） 第458条　第434条から第440条までの規定①は、主たる債務者が保証人と連帯して債務を負担する場合について準用する。	第458条　第438条、第439条第1項、第440条及び第441条の規定①は、主たる債務者と連帯して債務を負担する保証人について生じた事由について準用する。	①本条は、準用条文が改正されている[150]。その結果、主に2点の改正がされた[151]。
（新設）①	（主たる債務の履行状況に関する情報の提供義務） 第458条の2①②　保証人が主たる債務者の委託を受けて保証をした場合において、保証人の請求があったときは、債権者は、保証人に対し、遅滞なく、主たる債務の元本及び主たる債務に関する利息、違約金、損害賠償その他その債務に従たる全てのものについての不履行の有無並びにこれらの残額及びそのうち弁済期が到来しているものの額に関する情報を提供しなければならない。	①主債務者の委託を受けた保証人に対する情報提供義務の新設。保証人が個人の場合のみならず法人の場合にも適用される。 情報提供義務の内容については(3)参照。なお、本条は債権者の主債務者に対する守秘義務を解放する意味もある。 ②不履行の効果は明記されていないが、債務不履行一般に従った損害賠償請求や保証契約の解除が想定されている[152]。
（新設）	（主たる債務者が期限の利益を喪失した場合における情報の提供義務） 第458条の3①　主たる債務者が期限の利益を有する場合において、その利益を喪失したときは、債権者は、保証人に対し、その利益の喪失を知った時から2箇月以内に、その旨を通知しなければならない。 2　前項の期間内に同項の通知をしなかったときは、債権者は、保証人に対し、主たる債務者が期限の利益を喪失した時から同項の通知を現にするまでに生じた遅延損害金（期限の利益を喪失しなかったとしても生ずべきものを除く。）に係る保証債務の履行を請求することができない②。 3　前2項の規定は、保証人が法人である場合には、適用しない③。	①本条は、主債務者が期限の利益を喪失した場合の、債権者の個人保証人に対する情報提供義務を新設した（委託を受けた保証人に限られない）。情報提供義務の内容については(3)参照。 ②2項は、通知がなかった場合の効果を定める。期限の利益を喪失した時から通知を現にするまでに生じた遅延損害金（期限の利益を喪失しなかったとしても生ずべきものを除く。）に係る保証債務の履行を免れるのみであり、元本部分等の保証債務の履行義務に影響はない。 ③3項は、対象を、保証人が個人の場合に限定する。

150　旧法458条が準用する437条、439条は免除、時効の完成があった連帯債務者の負担部分について他の連帯債務者に効力を生じると定めていたが、連帯保証人は負担部分がないため、連帯保証人について免除ないし時効の完成があったとしても主債務者には影響がなかった（空振り規定）。よってこの点は、準用条文の改正による影響はない。

151　具体的には、①旧法では、連帯保証人について生じた事由のうち履行の請求、更改、相殺、免除及び混同が主債務者に対しても効力を生じるとされていたところ、新法は、連帯保証人に対する履行の請求については、主債務者に対しては効力を有しないとした点と、②主債務者と債権者で連帯保証人に生じた事由が主債務者に対して効力を有する範囲につき合意ができることを明らかにした点が改正点（一問一答131頁）。

152　改正法の概要126頁

第2章　多数当事者の債権及び債務（427条〜465条の10）

（委託を受けた保証人の求償権） 第459条　保証人が主たる債務者の委託を受けて保証をした場合において、過失なく債権者に弁済をすべき旨の裁判の言渡しを受け①、又は主たる債務者に代わって弁済をし、その他自己の財産をもって債務を消滅させるべき行為をしたときは、その保証人は、主たる債務者に対して求償権を有する。	第459条　保証人が主たる債務者の委託を受けて保証をした場合において、主たる債務者に代わって弁済その他自己の財産をもって債務を消滅させる行為（以下「債務の消滅行為」という。）をしたときは、その保証人は、主たる債務者に対し、そのために支出した財産の額（その財産の額がその債務の消滅行為によって消滅した主たる債務の額を超える場合にあっては、その消滅した額）②の求償権を有する。	①旧法の「過失なく債権者に弁済をすべき旨の裁判の言渡しを受け」た場合の求償権については、委託を受けた保証人の事前求償権を定める460条3号に移された。 ②新法は、求償権の範囲について一般的に採用されている考え方を括弧書で書き込んだ[153]。 ③保証人の主債務者に対する求償権については(4)参照。
2　第442条第2項の規定は、前項の場合について準用する。		
（新設）	（委託を受けた保証人が弁済期前に弁済等をした場合の求償権） **第459条の2　保証人が主たる債務者の委託を受けて保証をした場合において、主たる債務の弁済期前に債務の消滅行為をしたときは、その保証人は、主たる債務者に対し、主たる債務者がその当時利益を受けた限度において求償権を有する①。この場合において、主たる債務者が債務の消滅行為の日以前に相殺の原因を有していたことを主張するときは、保証人は、債権者に対し、その相殺によって消滅すべきであった債務の履行を請求することができる。** **2　前項の規定による求償は、主たる債務の弁済期以後の法定利息及びその弁済期以後に債務の消滅行為をしたとしても避けることができなかった費用その他の損害の賠償を包含する②。** **3　第1項の求償権は、主たる債務の弁済期以後でなければ、これを行使することができない③。**	①1項は、旧法下で不明確であった委託を受けた保証人が弁済期前に弁済した場合の求償権の範囲を、「主たる債務者がその当時利益を受けた限度」と明確にした。なお、「その当時」とは「債務の消滅行為をした当時」という意味とされている[154]。保証人の主債務者に対する求償権については(4)参照。 ②2項は弁済期以後の法定利息等につき、従前の一般的な理解を明文化したもの。なお、「包含する」というのは、弁済期以後の法定利息及びその弁済期以後に債務の消滅行為をしたとしても避けることができなかった費用は別途の請求ができないという意味[155]。 ③3項は求償権行使の時期について、判例法理（**大判T3.6.15**）を明文化したもの。

153　改正法の概要128頁
154　改正債権法215頁
155　改正債権法215頁

（委託を受けた保証人の事前の求償権）		
第460条　保証人は、主たる債務者の委託を受けて保証をした場合において、次に掲げるときは、主たる債務者に対して、あらかじめ、求償権を行使することができる。 一　主たる債務者が破産手続開始の決定を受け、かつ、債権者がその破産財団の配当に加入しないとき。 二　債務が弁済期にあるとき。ただし、保証契約の後に債権者が主たる債務者に許与した期限は、保証人に対抗することができない。		
三　債務の弁済期が不確定で、かつ、その最長期をも確定することができない場合において、保証契約の後10年を経過したとき①。	三　保証人が過失なく債権者に弁済をすべき旨の裁判の言渡しを受けたとき①。	①旧法3号は事前求償になじむものでないとして削除され[156]、旧法459条の一部がこちらに移動した。保証人の主債務者に対する求償権については(4)参照。
（主たる債務者が保証人に対して償還をする場合）		
第461条　前2条の規定により主たる債務者が保証人に対して償還をする場合において、債権者が全部の弁済を受けない間は、主たる債務者は、保証人に担保を供させ、又は保証人に対して自己に免責を得させることを請求することができる。	第461条　前条の規定により主たる債務者が保証人に対して償還をする場合において、債権者が全部の弁済を受けない間は、主たる債務者は、保証人に担保を供させ、又は保証人に対して自己に免責を得させることを請求することができる。	
2　前項に規定する場合において、主たる債務者は、供託をし、担保を供し、又は保証人に免責を得させて、その償還の義務を免れることができる。		
（委託を受けない保証人の求償権）		
第462条　主たる債務者の委託を受けないで保証をした者が弁済をし、その他自己の財産をもって主たる債務者にその債務を免れさせたときは、主たる債務者は、その当時利益を受けた限度において償還をしなければならない①。	第462条　第459条の2第1項の規定は、主たる債務者の委託を受けないで保証をした者が債務の消滅行為をした場合について準用する①。	①1項は、459条の2が新設されたため、同条第1項を準用する形をとったものの、旧法1項の内容に変更を加えるものではないと解される[157]。保証人の主債務者に対する求償権については(4)参照。
2　主たる債務者の意思に反して保証をした者は、主たる債務者が現に利益を受けている限度においてのみ求償権を有する。この場合において、主たる債務者が求償の日以前に相殺の原因を有していたことを主張するときは、保証人は、債権者に対し、その相殺によって消滅すべきであった債務の履行を請求することができる。		
	3　第459条の2第3項の規定は、前2項に規定する保証人が主たる債務の弁済期前に債務の消滅行為をした場合における求償権の行使について準用する②。	②3項は、委託を受けない保証人の求償権は、主債務の弁済期以後でなければ、これを行使することができないことを定めた。

156　部会資料67A
157　改正法の概要131頁

第2章　多数当事者の債権及び債務（427条〜465条の10）

（通知を怠った保証人の求償の制限）	（通知を怠った保証人の求償の制限等）	
第463条　第443条の規定は、保証人について準用する。	第463条　保証人が主たる債務者の委託を受けて保証をした場合において①、主たる債務者にあらかじめ通知しないで債務の消滅行為をしたときは、主たる債務者は、債権者に対抗することができた事由をもってその保証人に対抗することができる。この場合において、相殺をもってその保証人に対抗したときは、その保証人は、債権者に対し、相殺によって消滅すべきであった債務の履行を請求することができる。	①旧法1項は、無委託保証人も含めて通知を怠った保証人の求償権を定めていたが、新法1項は、委託を受けた保証人についてのみの定めに変更した。なお、委託を受けた保証人については、基本的に内容に変更はない。無委託保証人は、求償権が制限されていることから（462条）、通知義務は不要とされた[158]。
2　保証人が主たる債務者の委託を受けて保証をした場合において、善意で弁済をし、その他自己の財産をもって債務を消滅させるべき行為をしたときは、第443条の規定は、主たる債務者についても準用する。	2　保証人が主たる債務者の委託を受けて保証をした場合において、主たる債務者が債務の消滅行為をしたことを保証人に通知することを怠ったため、その保証人が善意で債務の消滅行為をしたときは、その保証人は、その債務の消滅行為を有効であったものとみなすことができる②。	②2項は、旧法2項の実質的な内容を維持している[159]。
	3　保証人が債務の消滅行為をした後に主たる債務者が債務の消滅行為をした場合においては、保証人が主たる債務者の意思に反して保証をしたときのほか、保証人が債務の消滅行為をしたことを主たる債務者に通知することを怠ったため、主たる債務者が善意で債務の消滅行為をしたときも、主たる債務者は、その債務の消滅行為を有効であったものとみなすことができる③。	③3項は、以下の場合に、保証人が債務消滅行為をした後の主債務者がした債務消滅行為を有効と定めた。旧法1項の規律を一部修正のうえ引き継いだもの[160]。 ・保証人が主債務者の意思に反して保証した場合 ・保証人が債務消滅行為をしたことを主債務者に通知を怠ったため主債務が善意で債務消滅行為をした場合

(2)　経過措置（附則21条1項）

内容	区分		適用
保証債務全般	保証契約締結日	施行日前	旧法
		施行日以降	新法

158　部会資料67B
159　改正法の概要133頁
160　改正法の概要133頁

第2編　逐条解説（債権総則　399条〜520条の20）

（3）　新法における保証人に対する情報提供義務のまとめ（いずれも新設）

	主債務の履行状況に関する情報提供義務（458条の2）	主債務者が期限の利益を喪失した時の情報提供義務（458条の3）	事業債務にかかる保証契約締結時の情報提供義務（465条の10）
対象となる保証契約	主債務者の委託を受けた保証契約	保証人が個人である保証契約	事業のために負担する債務を主債務とする委託を受けた個人保証人の保証契約等[161]
保証人	個人、法人	個人のみ	個人のみ
保証委託	必要	不要	必要
対象主債務	限定なし	限定なし	事業のために負担する債務
情報提供者	債権者	債権者	主債務者
開示時期	保証人請求時	主債務者が期限の利益を喪失した時で、債権者がその利益喪失を知った時から2箇月以内	保証契約締結前（保証の委託時）
開示対象	主債務の元本及び利息、違約金、損害賠償その他主債務に従たる全てのものについての不履行の有無並びにこれらの残額及びそのうち弁済期が到来しているものの額	主債務者が期限の利益を喪失した旨	・主債務者の財産及び収支の状況 ・主債務以外に負担している債務の有無並びにその額及び履行状況 ・主債務の担保として他に提供し、又は提供しようとするものがあるときは、その旨及びその内容
義務違反の効果	特別の定めなし（通常の債務不履行責任。損害賠償請求や、保証契約の解除[162]）。	債権者は、保証人に対し、主債務者が期限の利益を喪失した時から通知を現にするまでに生じた遅延損害金（期限の利益を喪失しなかったとしても生ずべきものを除く。）に係る保証債務の履行を請求することができない。	情報提供がないため又は、事実と異なる情報を提供したために保証人が誤認をし、かつ、主債務者が情報を提供せず又は事実と異なる情報を提供したことを債権者が知り又は知ることができたときは[163]、保証人は、保証契約を取り消すことができる。

161　正確には、事業のために負担する債務を主たる債務とする保証契約又は、主たる債務の範囲に事業のために負担する債務が含まれる根保証契約

162　541条は、不履行が軽微である場合解除できないとされており、解除が認められない可能性もある。

163　開示するのは主債務者であるが、保証契約を取り消された場合最も被害が大きいのは債権者である。そして、主債務者が情報を提供せず又は事実と異なる情報を提供したことを債権者が知ることができた場合、保証人は取消しができることから、債権者としてどこまでのことをしておく必要があるかが議論されている。債権者としては、保証人から適切な情報開示を受けたこと（提供を受けたと考えられる情報の内容を含めて）の確認書を取る、主債務者から適切な情報開示をした旨の表明保証を取るなどの対応が必要になると思われる。今後の実務の推移を注視する必要がある。さらに、債権者は主債務者が開示した情報が正確なものであるか確認する義務まであるかについては、否定的な意見（そこまでする必要がないとする意見）が大勢のようである（ジュリスト1511号36頁「改正債権法の要点　保証」白石大）。

第2章　多数当事者の債権及び債務（427条～465条の10）

⑷　保証人の主債務者に対する求償関係（まとめ）

分類			旧法	新法
委託を受けた保証人	要件	事後求償権（新旧とも459条）	・過失なく債権者に弁済すべき旨の裁判の言渡しを受けた場合	定めなし（事前求償権が可能となった。）
			・債務の消滅行為をした場合	
		事前求償権（新旧とも460条）	・主債務者が破産手続開始の決定を受け、かつ、債権者がその破産財団の配当に加入しないとき ・債務が弁済期にあるとき	
			債務の弁済期が不確定で、かつ、その最長期をも確定することができない場合において、保証契約の後10年を経過したとき	保証人が過失なく債権者に弁済をすべき旨の裁判の言渡しを受けた場合
	主な求償可能額		定めなし	支出した財産額と消滅した債務額のいずれか小さい金額（459条1項）
				弁済期前に弁済等をした場合は、弁済時に主債務者が利益を受けた限度（459条の2）[164]
委託を受けない保証人	要件		債務の消滅行為をした場合（新旧とも462条1項）	
	求償可能な範囲		・弁済の当時主債務者が利益を受けた限度（新旧とも462条1項） ・主債務者の意思に反する保証の場合は、主債務者が現に利益を受けている限度（新旧とも462条2項　改正なし）	

5　保証債務⑵・個人根保証契約（465条の2～465条の5）

　旧法の「貸金等根保証契約」に適用されていた内容を、個人の根保証契約全般に広げるなど、大きな改正が行われている。なお、旧法の貸金等根保証契約は、新法でも「個人貸金等根保証契約」として維持されている。詳細は⑶⑷参照のこと。

⑴　改正条文

旧法（現行法）	新法（改正法）	留意点／経過措置は⑵
（貸金等根保証契約の保証人の責任等）第465条の2① 一定の範囲に属する不特定の債務を主たる債務とする保証契約（以下「根保証契約」という。）であって<u>その債務の範囲に金銭の貸渡し又は手形の割引を受けることによって負担する債務（以下「貸金等債務」という。）が含まれるもの（保証人が法人であるものを除く。以下「貸金等根保証契約」</u>という。）の保証人は、主たる債務の元本、主たる債務に関する利息、	（個人根保証契約の保証人の責任等）第465条の2① 一定の範囲に属する不特定の債務を主たる債務とする保証契約（以下「根保証契約」という。）であって<u>保証人が法人でないもの（以下「個人根保証契約」</u>という。）の保証人は、主たる債務の元本、主たる債務に関する利息、違約金、損害賠償その他その債務に従たる<u>全て</u>のもの及びその保証債務について約定された違約金又は損害賠償の額について、その全	①本条1項から3項を通じて、旧法で「貸金等根保証契約」（なお、保証人は個人に限られていた。新法では、同じものが、「個人貸金等根保証契約」と定義されている。）にのみ適用されていた内容を、個人の根保証契約全般に広げた（「個人根保証契約」と定義した）。

164　主債務者が債務の消滅行為の日以前に相殺の原因を有していたことを主張するときは、保証人は、債権者に対し、その相殺によって消滅すべきであった債務の履行を請求することができる（459条の2第1項）。

第2編　逐条解説（債権総則　399条～520条の20）

違約金、損害賠償その他その債務に従たるすべてのもの及びその保証債務について約定された違約金又は損害賠償の額について、その全部に係る極度額を限度として、その履行をする責任を負う。	部に係る極度額を限度として、その履行をする責任を負う。	なお、個人貸金等根保証契約以外の個人根保証契約としては
2　貸金等根保証契約は、前項に規定する極度額を定めなければ、その効力を生じない。	2　個人根保証契約は、前項に規定する極度額を定めなければ、その効力を生じない②。	・賃貸借契約における賃料債務等の根保証 ・継続的売買契約における代金債務の根保証 などがある[165]。
3　第446条第2項及び第3項の規定は、貸金等根保証契約における第1項に規定する極度額の定めについて準用する。	3　第446条第2項及び第3項の規定は、個人根保証契約における第1項に規定する極度額の定めについて準用する。	②保証人が法人であれば、旧法と同様に極度額の定めがなくても保証契約は有効。 ③改正内容のまとめは(3)(4)参照。

（貸金等根保証契約の元本確定期日） 第465条の3① 貸金等根保証契約①において主たる債務の元本の確定すべき期日（以下「元本確定期日」という。）の定めがある場合において、その元本確定期日がその貸金等根保証契約の締結の日から5年を経過する日より後の日と定められているときは、その元本確定期日の定めは、その効力を生じない。	（個人貸金等根保証契約の元本確定期日） 第465条の3①② 個人根保証契約であってその主たる債務の範囲に金銭の貸渡し又は手形の割引を受けることによって負担する債務（以下「貸金等債務」という。）が含まれるもの（以下「個人貸金等根保証契約」という。）において主たる債務の元本の確定すべき期日（以下「元本確定期日」という。）の定めがある場合において、その元本確定期日がその個人貸金等根保証契約の締結の日から5年を経過する日より後の日と定められているときは、その元本確定期日の定めは、その効力を生じない。	①本条は1項から4項を通じて、旧法の「貸金等根保証契約」（旧法465条の2第1項で定義）を、「個人貸金等根保証契約」と定義したうえで、個人貸金等根保証契約の元本確定期日につき、旧法の貸金等根保証契約と同様の規律を維持するもの。 ②新法の「個人根保証契約」のうち、「個人貸金等根保証契約」でないものは、本条の適用はない。 ③改正内容のまとめは(3)(4)参照。
2　貸金等根保証契約において元本確定期日の定めがない場合（前項の規定により元本確定期日の定めがその効力を生じない場合を含む。）には、その元本確定期日は、その貸金等根保証契約の締結の日から3年を経過する日とする。	2　個人貸金等根保証契約において元本確定期日の定めがない場合（前項の規定により元本確定期日の定めがその効力を生じない場合を含む。）には、その元本確定期日は、その個人貸金等根保証契約の締結の日から3年を経過する日とする。	
3　貸金等根保証契約における元本確定期日の変更をする場合において、変更後の元本確定期日がその変更をした日から5年を経過する日より後の日となるときは、その元本確定期日の変更は、その効力を生じない。ただし、元本確定期日の前2箇月以内に元本確定期日の変更をする場合において、変更後の元本確定期日が変更前の元本確定期日から5年以内の日となるときは、この限りでない。	3　個人貸金等根保証契約における元本確定期日の変更をする場合において、変更後の元本確定期日がその変更をした日から5年を経過する日より後の日となるときは、その元本確定期日の変更は、その効力を生じない。ただし、元本確定期日の前2箇月以内に元本確定期日の変更をする場合において、変更後の元本確定期日が変更前の元本確定期日から5年以内の日となるときは、この限りでない。	

165　改正法の概要136頁

第2章　多数当事者の債権及び債務（427条〜465条の10）

4　第446条第2項及び第3項の規定は、貸金等根保証契約における元本確定期日の定め及びその変更（その貸金等根保証契約の締結の日から3年以内の日を元本確定期日とする旨の定め及び元本確定期日より前の日を変更後の元本確定期日とする変更を除く。）について準用する。	4　第446条第2項及び第3項の規定は、個人貸金等根保証契約における元本確定期日の定め及びその変更（その個人貸金等根保証契約の締結の日から3年以内の日を元本確定期日とする旨の定め及び元本確定期日より前の日を変更後の元本確定期日とする変更を除く。）について準用する。	
（貸金等根保証契約の元本の確定事由） 第465条の4　次に掲げる場合には、貸金等根保証契約における主たる債務の元本は、確定する。 　一　債権者が、主たる債務者又は保証人の財産について、金銭の支払を目的とする債権についての強制執行又は担保権の実行を申し立てたとき。ただし、強制執行又は担保権の実行の手続の開始があったときに限る。 　二　主たる債務者又は保証人が破産手続開始の決定を受けたとき。 　三　主たる債務者又は保証人が死亡したとき。	（個人根保証契約の元本の確定事由） 第465条の4①　次に掲げる場合には、個人根保証契約における主たる債務の元本は、確定する②。ただし、第1号に掲げる場合にあっては、強制執行又は担保権の実行の手続の開始があったときに限る。 　一　債権者が、保証人の財産について、金銭の支払を目的とする債権についての強制執行又は担保権の実行を申し立てたとき。 　二　保証人が破産手続開始の決定を受けたとき。 　三　主たる債務者又は保証人が死亡したとき。 2　前項に規定する場合のほか、個人貸金等根保証契約における主たる債務の元本は、次に掲げる場合にも確定する③。ただし、第1号に掲げる場合にあっては、強制執行又は担保権の実行の手続の開始があったときに限る。 　一　債権者が、主たる債務者の財産について、金銭の支払を目的とする債権についての強制執行又は担保権の実行を申し立てたとき。 　二　主たる債務者が破産手続開始の決定を受けたとき。	①本条は、貸金等根保証契約の元本確定事由を定めていた旧法465条の4を、新設された個人根保証契約（1項）と、個人貸金等根保証契約（2項、旧法の貸金等根保証契約と同じ内容）に分けて元本確定事由を定めた。 ②1項が定める個人根保証契約の元本確定事由は、旧法の貸金等根保証契約における元本確定事由から ・主債務者の財産に対する、強制執行又は担保権の実行申立て（1号） ・主債務者の破産手続開始決定（2号） が除かれた。 ③2項が定める個人貸金等保証契約の元本確定事由は、旧法465条の4が定める貸金等根保証契約における元本確定事由を維持する。 ④改正内容のまとめは(3)(4)参照。
（保証人が法人である貸金等債務の根保証契約の求償権） 第465条の5　保証人が法人である根保証契約であってその主たる債務の範囲に貸金等債務が含まれるものにおいて、第465条の2第1項に規定する極度額の定めがないとき、元本確定期日の定めがないとき、又は元本確定期日の定め若	（保証人が法人である根保証契約の求償権） **第465条の5　保証人が法人である根保証契約において、第465条の2第1項に規定する極度額の定めがないときは、その根保証契約の保証人の主たる債務者に対する求償権に係る債務を主たる債務とする保証契約は、その効力を生じない①。**	①1項は、根保証契約の法人保証人の主債務者に対する求償権を主債務とする個人保証契約[166]（3項）は、法人保証人の根保証契約に極度額の定めがなければ、効力を生じないことを定めた[167]。

166　法人保証人の主債務者に対する求償権を主債務とする個人根保証契約は、規律の対象となっていない。個人根保証契約については、当該根保証契約自体に極度額の定めが必要であることから（465条の2）、法人根保証に極度額の定めがなくても、問題とならない。

167　根保証契約の保証人の主債務者への求償権を保証する保証契約には、①根保証契約（元本確定前の求償権

しくはその変更が第465条の3第1項若しくは第3項の規定を適用するとすればその効力を生じないものであるときは、その根保証契約の保証人の主たる債務者に対する求償権についての保証契約（保証人が法人であるものを除く。）は、その効力を生じない。

2　保証人が法人である根保証契約であってその主たる債務の範囲に貸金等債務が含まれるものにおいて、元本確定期日の定めがないとき、又は元本確定期日の定め若しくはその変更が第465条の3第1項若しくは第3項の規定を適用するとすればその効力を生じないものであるときは、その根保証契約の保証人の主たる債務者に対する求償権に係る債務を主たる債務とする保証契約は、その効力を生じない。主たる債務の範囲にその求償権に係る債務が含まれる根保証契約も、同様とする[2]。

3　前2項の規定は、求償権に係る債務を主たる債務とする保証契約又は主たる債務の範囲に求償権に係る債務が含まれる根保証契約の保証人が法人である場合には、適用しない。

②2項は、旧法465条の5の内容を、維持するものである。
具体的には、主たる債務の範囲に貸金等債務が含まれる根保証契約の法人保証人の主債務者に対する求償権を主債務（法人貸金等根保証契約）とする個人保証契約（3項）又は主債務の範囲にその求償権に係る債務が含まれる個人根保証契約は、法人貸金等根保証契約に元本確定期日の定めがないとき、又は元本確定期日の定め若しくはその変更が465条の3第1項若しくは第3項の規定を適用するとすればその効力を生じないものであるときは、効力を生じないことを定めた。

(2)　経過措置（附則21条1項）

内容	区分		適用
保証債務全般	保証契約締結日	施行日前	旧法
		施行日以降	新法

(3)　旧法の貸金等根保証契約と、新法の個人根保証契約、個人貸金等根保証契約の比較

	旧法	新法	
	貸金等根保証契約	個人貸金等根保証契約	個人根保証契約
主債務の種類	金銭の貸渡し又は手形の割引を受けることによって負担する債務（「貸金等債務」。）が含まれるもの	限定なし	
極度額の定め	必要（新旧とも465条の2第2項）		
元本確定期日	原則3年（最長5年）（新旧とも465条の3）	定めなし	
元本確定事由（新旧法とも465条の4）	・債権者が主債務者又は保証人の財産について申し立てた強制執行又は担保権の実行の手続開始 ・主債務者又は保証人の破産手続開始決定 ・主債務者又は保証人の死亡	・債権者が保証人の財産について申し立てた強制執行又は担保権実行手続開始 ・保証人の破産手続開始決定 ・主債務者又は保証人の死亡[注]	

(注) 個人根保証契約の保証人の責任について、旧法下の判例は相続性を肯定していた（**大判S 9.1.30**。賃借人の債務の保証契約について相続性を肯定したもの。）が、新法は保証人の死亡により元本が確定すると定めたため、相続は否定される（＝相続発生後の責任は負わない）ので注意が必要。

も保証するもの）と②根保証契約でない保証契約（元本確定後の求償権を保証するもの）がある。①は、465条の2により極度額の定めが必要となる。②については465条の2の規律は及ばないが、本条により極度額の定めが必要となる（BA民法改正241頁）。

第2章　多数当事者の債権及び債務（427条〜465条の10）

⑷　個人根保証契約に関する改正内容（465条の2〜465条の10全体のまとめ）

以下の比較は、個人が保証人で、かつ、根保証だけを取り出して比較している。

	旧法		新法		
	貸金等以外の根保証契約	貸金等根保証契約	個人根保証契約	個人貸金等根保証契約	事業用融資の根保証の特則
条文	なし	旧法465条の2〜465条の5	465条の2〜465条の5		465条の6〜465条の10
主債務の範囲	定めなし	金銭の貸渡し又は手形の割引を受けることによって負担する債務（「貸金等債務」）が含まれるもの	限定なし	金銭の貸渡し又は手形の割引を受けることによって負担する債務（「貸金等債務」）が含まれるもの	事業のために負担する貸金等債務が含まれるもの[注1]
特別の成立要件	定めなし（極度額の定め不要）	極度額の定め必要（旧法465条の2第2項）	極度額の定め必要（465条の2第2項）		原則として公正証書の作成（465条の6〜9） 主債務者の保証人に対する情報提供（465条の10）[注2]
元本確定期日（保証期間）	定めなし	原則3年（最長5年）（旧法465条の3）	定めなし	原則3年（最長5年）（465条の3）	
元本確定事由	定めなし	主債務者又は保証人の死亡、破産など（旧法465条の4）	主債務者又は保証人の死亡等。主債務者の破産等が除かれている（465条の4第1項）[168]	主債務者又は保証人の死亡、破産など（旧法465条の4第2項）旧法における貸金等根保証契約と同じ内容になっている。	

（注1）根保証だけでなく、「事業のために負担した貸金等債務を主たる債務とする保証契約」も同様の規律に服する。

（注2）主債務の保証人に対する情報提供は、主債務が事業のために負担する債務等であれば、貸金等債務が含まれない場合でも適用がある。

6　保証債務⑶・事業にかかる債務についての保証契約の特則（465条の6〜465条の10）

　事業のために負担した貸金等債務を主債務とする保証契約又は主債務の範囲に事業のために負担する貸金等債務が含まれる根保証契約について、旧法には存在しなかったルールを導入した。なお、465条の10が定める主債務の保証人に対する情報提供は、主債務が事業のために負担する債務等であれば、貸金等債務が含まれない場合でも適用がある。

168　正確には、債権者が主債務者の財産について強制執行又は担保権の実行を申し立てたとき及び、主債務者が破産手続開始決定を受けたときが除外されている（465条の4第1項、2項参照）。

第2編　逐条解説（債権総則　399条〜520条の20）

(1)　改正条文

すべて新設であり、以下新法だけを掲載する。概要は(3)参照。

新法（改正法）

（公正証書の作成と保証の効力）

第465条の6　事業のために負担した貸金等債務を主たる債務とする保証契約又は主たる債務の範囲に事業のために負担する貸金等債務が含まれる根保証契約は、その契約の締結に先立ち、その締結の日前1箇月以内に作成された公正証書で保証人になろうとする者が保証債務を履行する意思を表示していなければ、その効力を生じない。

2　前項の公正証書を作成するには、次に掲げる方式に従わなければならない。

　　一　保証人になろうとする者が、次のイ又はロに掲げる契約の区分に応じ、それぞれ当該イ又はロに定める事項を公証人に口授すること。

　　　　イ　保証契約（ロに掲げるものを除く。）　主たる債務の債権者及び債務者、主たる債務の元本、主たる債務に関する利息、違約金、損害賠償その他その債務に従たる全てのものの定めの有無及びその内容並びに主たる債務者がその債務を履行しないときには、その債務の全額について履行する意思（保証人になろうとする者が主たる債務者と連帯して債務を負担しようとするものである場合には、債権者が主たる債務者に対して催告をしたかどうか、主たる債務者がその債務を履行することができるかどうか、又は他に保証人があるかどうかにかかわらず、その全額について履行する意思）を有していること。

　　　　ロ　根保証契約　主たる債務の債権者及び債務者、主たる債務の範囲、根保証契約における極度額、元本確定期日の定めの有無及びその内容並びに主たる債務者がその債務を履行しないときには、極度額の限度において元本確定期日又は第465条の4第1項各号若しくは第2項各号に掲げる事由その他の元本を確定すべき事由が生ずる時までに生ずべき主たる債務の元本及び主たる債務に関する利息、違約金、損害賠償その他その債務に従たる全てのものの全額について履行する意思（保証人になろうとする者が主たる債務者と連帯して債務を負担しようとするものである場合には、債権者が主たる債務者に対して催告をしたかどうか、主たる債務者がその債務を履行することができるかどうか、又は他に保証人があるかどうかにかかわらず、その全額について履行する意思）を有していること。

　　二　公証人が、保証人になろうとする者の口述を筆記し、これを保証人になろうとする者に読み聞かせ、又は閲覧させること。

　　三　保証人になろうとする者が、筆記の正確なことを承認した後、署名し、印を押すこと。ただし、保証人になろうとする者が署名することができない場合は、公証人がその事由を付記して、署名に代えることができる。

　　四　公証人が、その証書は前3号に掲げる方式に従って作ったものである旨を付記して、これに署名し、印を押すこと。

3　前2項の規定は、保証人になろうとする者が法人である場合には、適用しない。

（保証に係る公正証書の方式の特則）

第465条の7　前条第1項の保証契約又は根保証契約の保証人になろうとする者が口がきけない者である場合には、公証人の前で、同条第2項第1号イ又はロに掲げる契約の区分に応じ、それぞれ当該イ又はロに定める事項を通訳人の通訳により申述し、又は自書して、同号の口授に代えなければならない。この場合における同項第2号の規定の適用については、同号中「口述」とあるのは、「通訳人の通訳による申述又は自書」とする。

2　前条第1項の保証契約又は根保証契約の保証人になろうとする者が耳が聞こえない者である場合には、公証人は、同条第2項第2号に規定する筆記した内容を通訳人の通訳により保証人になろうとする者に伝えて、同号の読み聞かせに代えることができる。

3　公証人は、前2項に定める方式に従って公正証書を作ったときは、その旨をその証書に付記しなければならない。

第2章　多数当事者の債権及び債務（427条〜465条の10）

（公正証書の作成と求償権についての保証の効力）

第465条の8　第465条の6第1項及び第2項並びに前条の規定は、事業のために負担した貸金等債務を主たる債務とする保証契約又は主たる債務の範囲に事業のために負担する貸金等債務が含まれる根保証契約の保証人の主たる債務者に対する求償権に係る債務を主たる債務とする保証契約について準用する。主たる債務の範囲にその求償権に係る債務が含まれる根保証契約も、同様とする。

2　前項の規定は、保証人になろうとする者が法人である場合には、適用しない。

（公正証書の作成と保証の効力に関する規定の適用除外）

第465条の9　前3条の規定は、保証人になろうとする者が次に掲げる者である保証契約については、適用しない。

一　主たる債務者が法人である場合のその理事、取締役、執行役又はこれらに準ずる者

二　主たる債務者が法人である場合の次に掲げる者

　　イ　主たる債務者の総株主の議決権（株主総会において決議をすることができる事項の全部につき議決権を行使することができない株式についての議決権を除く。以下この号において同じ。）の過半数を有する者

　　ロ　主たる債務者の総株主の議決権の過半数を他の株式会社が有する場合における当該他の株式会社の総株主の議決権の過半数を有する者

　　ハ　主たる債務者の総株主の議決権の過半数を他の株式会社及び当該他の株式会社の総株主の議決権の過半数を有する者が有する場合における当該他の株式会社の総株主の議決権の過半数を有する者

　　ニ　株式会社以外の法人が主たる債務者である場合におけるイ、ロ又はハに掲げる者に準ずる者

三　主たる債務者（法人であるものを除く。以下この号において同じ。）と共同して事業を行う者又は主たる債務者が行う事業に現に従事している主たる債務者の配偶者

（契約締結時の情報の提供義務）

第465条の10　主たる債務者は、事業のために負担する債務を主たる債務とする保証又は主たる債務の範囲に事業のために負担する債務が含まれる根保証の委託をするときは、委託を受ける者に対し、次に掲げる事項に関する情報を提供しなければならない。

一　財産及び収支の状況

二　主たる債務以外に負担している債務の有無並びにその額及び履行状況

三　主たる債務の担保として他に提供し、又は提供しようとするものがあるときは、その旨及びその内容

2　主たる債務者が前項各号に掲げる事項に関して情報を提供せず、又は事実と異なる情報を提供したために委託を受けた者がその事項について誤認をし、それによって保証契約の申込み又はその承諾の意思表示をした場合において、主たる債務者がその事項に関して情報を提供せず又は事実と異なる情報を提供したことを債権者が知り又は知ることができたときは、保証人は、保証契約を取り消すことができる。

3　前2項の規定は、保証をする者が法人である場合には、適用しない。

（2）　経過措置（附則21条1項）

内容	区分		適用
保証債務全般	保証契約締結日	施行日前	旧法
		施行日以降	新法

（注）保証人になろうとする者は、平成32年3月1日以降であれば[169]新法465条の6第1項、465条の8第1項の公正証書の作成を嘱託することができ、公証人は、465条の6第2項及び第465条の7、465条の8第1項の規定の例により、公正証書の作成をすることができる（附則21条2項、3項）。

169　平成29年12月20日に公布された、「民法の一部を改正する法律の施行期日を定める政令」による。

(3) 新設内容の概要

項　　目	内　　　　　容	留意点
対象となる保証契約の範囲（465条の6、465条の8）	①事業のために負担した貸金等債務を主債務とする個人が保証人となる保証契約 ②主債務の範囲に事業のために負担する貸金等債務が含まれる個人が保証人となる根保証契約 ③上記①②の保証契約の保証人（但し個人に限らない）の主債務者に対する求償権に係る債務を主債務とする個人が保証人となる保証契約 ④主債務の範囲に①②の保証契約の保証人（但し個人に限らない）の主債務者に対する求償権に係る債務が含まれる個人が保証人となる根保証契約	・賃貸不動産の建築資金等のための貸付（アパートローン）の保証が、該当するか否かについては議論がある[170]。 ・貸出時に資金使途を確認することが重要となる[171]。
有効要件（465条の6第1項）	保証契約締結日の前1か月以内に作成された公正証書で保証人になろうとする者が保証債務を履行する意思を表示していること	公正証書が保証契約締結後に作成された場合、保証契約は無効になると解されている[172]。
公正証書作成のポイント（465条の6第2項）	・代理人による嘱託はできない。保証人本人が公証役場に出頭する必要がある。 ・保証意思（主債務者がその債務を履行しないときには、その債務の全額について履行する意思。連帯保証の場合は、債権者が主債務者に催告をしたかどうか、主債務者がその債務を履行することができるかどうか、又は他に保証人があるかどうかにかかわらず、その全額について履行する意思）を公証人に口授しなければならない。 ・保証意思宣明公正証書に執行認諾文言を付することはできないとされている[173]。	公正証書において、保証意思の表示がされていれば足りる。保証契約自体を公正証書で行う必要はない。このあたりは実務の推移を注視する必要がある。

公正証書の作成が不要な場合（465条の9）	主債務者が法人の場合	・主債務者の理事、取締役、執行役又はこれらに準ずる者が保証人になる場合	
		主債務者が株式会社で、右記の者が保証人になる場合	・主債務者の総株主の議決権の過半数を有する者 ・主債務者の総株主の議決権の過半数を他の株式会社が有する場合における当該他の株式会社の総株主の議決権の過半数を有する者	左記の要件の「議決権」に、株主総会において決議をすることができる事項の全部につき議決権を行使することができない株式の議決権は含まれない。

170　改正債権法239頁

171　例えばカードローンのように、資金使途を明確にしない貸出を行う場合も、結果として該当する可能性がある。従って、貸出時に事業性の資金として利用しないことを確認しておくことが重要となる。なお、借入時に貸主と借主で事業性の資金として利用しない旨の約定をしていた場合、事後に事業性資金に流用されても、「事業のために負担した」債務に変容することはないとされている（一問一答149頁）。

172　改正債権法239頁

173　衆議院議員法務委員会附帯決議、参議院法務委員会附帯決議。なお、保証意思確認のための公正証書と、執行認諾文言付の保証成立の公正証書が同一の機会に作成された場合の後者の効力については、今後の実務の推移を注視する必要がある。

第2章　多数当事者の債権及び債務（427条～ 465条の 10）

			・主債務者の総株主の議決権の過半数を他の株式会社及び当該他の株式会社の総株主の議決権の過半数を有する者が有する場合における当該他の株式会社の総株主の議決権の過半数を有する者	
		上記以外の場合	株式会社の場合に準じて判断される	
	上記以外	・主債務者と共同して事業を行う者が保証人になる場合		・事業遂行に関与する権利を有し、かつ、事業につき利害関係を有することが認められる必要があると解されている[174]。 ・実務的には共同事業者であることの表明保証をとるほか、一定の証憑を得ることが必要であると考えられる。
		・主債務者が行う事業に現に従事している主債務者の配偶者が保証人になる場合[(注)]		条文上は「配偶者」としか規定されていないが、共同事業者に準じる配偶者に限るべきとの意見がある[175]。
保証委託時の主債務者の保証人に対する情報提供義務（465条の 10）	保証人に提供すべき情報	・財産及び収支の状況 ・主債務以外に負担している債務の有無並びにその額及び履行状況 ・主債務の担保として他に提供し、又は提供しようとするものがあるときは、その旨及びその内容		主債務が事業のために負担する債務等であれば、貸金等債務が含まれない場合でも適用がある。
	義務違反の効果	以下の要件を満たす場合、保証人は、保証契約を取り消すことができる。 ・情報提供がないため又は、事実と異なる情報を提供したために委託を受けた者がその事項について誤認をし、それによって保証契約の申込み又はその承諾の意思表示をしたこと ・主債務者がその事項に関して情報を提供せず又は事実と異なる情報を提供したことを債権者が知り又は知ることができたとき		債権者は、保証人に対して、主債務者から財産及び収支の状況等について、情報提供を受けたことを確認し、書面を取り付ける運用が必要になるとの指摘がある[176]。今後の実務を注視する必要がある。
補足（主債務の条件変更）	保証契約締結後に、主債務の条件を変更した場合、主債務の目的・態様を加重する内容の変更であれば、保証意思宣明公正証書を再作成すべきとされている[177]。			加重にあたるかどうかの判断が容易ではないケースも想定される。今後の実務を注視する必要がある。

（注）主債務者が法人の場合の、代表者等の配偶者は含まれない。

174　部会資料 78A
175　改正債権法 241 頁。なお、「事業に現に従事している」必要があり、書類上だけ従事していることになっている場合や、保証契約締結に際して一時的に従事したのでは足りないとされている（一問一答 156 頁）。
176　改正債権法 249 頁
177　ジュリスト 1151 号 39 頁「債権改正法の要点　保証」白石大

第2編　逐条解説（債権総則　399条〜520条の20）

第3章　債権譲渡（466条〜469条）

1　債権の譲渡性・譲渡制限の意思表示の効力（466条〜466条の6）

　譲渡制限特約に反する債権譲渡につき、旧法では原則無効であったが、新法では原則有効となった。その影響で大きく改正されている。なお、本書では、当事者の債権譲渡の禁止、又は制限する旨の意思表示を「譲渡制限特約」ないしは「譲渡制限の意思表示」という。譲渡制限特約に関する改正概要は(3)参照。

(1)　改正条文

旧法（現行法）	新法（改正法）	留意点／経過措置は(2)
（債権の譲渡性） 第466条　債権は、譲り渡すことができる。ただし、その性質がこれを許さないときは、この限りでない。 <u>2　前項の規定は、当事者が反対の意思を表示した場合には、適用しない[①]。ただし、その意思表示は、善意の第三者に対抗することができない。</u>	<u>**2　当事者が債権の譲渡を禁止し、又は制限する旨の意思表示（以下「譲渡制限の意思表示」[②]という。）をしたときであっても、債権の譲渡は、その効力を妨げられない[①]。**</u> <u>**3　前項に規定する場合には、譲渡制限の意思表示がされたことを知り、又は重大な過失によって知らなかった譲受人その他の第三者に対しては、債務者は、その債務の履行を拒むことができ、かつ、譲渡人に対する弁済その他の債務を消滅させる事由をもってその第三者に対抗することができる[③]。**</u> <u>**4　前項の規定は、債務者が債務を履行しない場合において、同項に規定する第三者が相当の期間を定めて譲渡人への履行の催告をし、その期間内に履行がないときは、その債務者については、適用しない[④]。**</u>	①2項は、旧法2項が譲渡制限特約に反する譲渡を原則として無効としていたものを、原則として有効とした[178]。 ②遺言等の単独行為による譲渡制限を含ませる趣旨で、「譲渡制限の意思表示」と規定した[179]。 ③3項は、譲渡制限特約に反する譲渡を原則として有効としたことを受けて、債務者保護のため、悪意重過失の譲受人（及び債権質権者等）に対して、債務者が履行拒絶、弁済その他の抗弁を対抗できる旨を定めた。 　なお、債務者が譲渡人に対して債権譲渡を承諾することは差し支えないと解される[180]。 ④4項は3項により債務者が譲受人に履行を拒み、一方で2項を理由に債務者が譲渡人に対して履行を拒むことによりデッドロック状態になった場合に対応する手段を定めた[181]。

178　もっとも、債権の譲渡を禁止しているにもかかわらず譲渡をすることは、債務者に対する債務不履行責任を負う可能性が残るので注意が必要。但し、債務不履行解除については、軽微性があるとして（541条ただし書）解除が認められないことも考えられるし、譲渡により債務者に特段の不利益は認められないとして権利濫用とし解除の効力が否定される可能性もある。この点、立法担当者は、466条3項や466条の2の存在を根拠に、「特段の事情のない限り、譲渡制限特約違反とはならないと評価されると考えられる」としている（一問一答165頁）。

179　部会資料83-2

180　部会資料74A

181　譲渡人が催告する前提として、債務者が履行遅滞に陥っていることが必要。この点、債権者の行為が必要な場合（期限の定めのない債務における履行の請求や、取立債務の取立行為など）、どのように行うかが問題となるとの指摘がある（BA民法改正257頁、講義214頁以下参照）。

85

第3章　債権譲渡（466条〜469条）

（新設）	（譲渡制限の意思表示がされた債権に係る債務者の供託） **第466条の2**[①]　**債務者は、譲渡制限の意思表示がされた金銭の給付を目的とする債権が譲渡されたときは、その債権の全額に相当する金銭を債務の履行地（債務の履行地が債権者の現在の住所により定まる場合にあっては、譲渡人の現在の住所を含む。次条において同じ。）の供託所に供託することができる。** **2　前項の規定により供託をした債務者は、遅滞なく、譲渡人及び譲受人に供託の通知をしなければならない。** **3　第1項の規定により供託をした金銭は、譲受人に限り、還付を請求することができる**[②]**。**	①本条は、譲渡制限特約があっても、債権譲渡が有効とされたことにより（466条2項）、債権者不確知を理由とする供託ができなくなったことに対応して、新たな供託制度を定めた。なお、債権者不確知を理由とする供託ではないため、債務者の過失は問われない（494条参照）。 ②3項の定めにより、譲渡人の債権者は、供託金還付請求権を差し押さえることはできない。
（新設）	**第466条の3**[①]　**前条第1項に規定する場合において、譲渡人について破産手続開始の決定があったときは**[②]**、譲受人（同項の債権の全額を譲り受けた者であって、その債権の譲渡を債務者その他の第三者に対抗することができるものに限る。）は、譲渡制限の意思表示がされたことを知り、又は重大な過失によって知らなかったときであっても**[③]**、債務者にその債権の全額に相当する金銭を債務の履行地の供託所に供託させることができる。この場合においては、同条第2項及び第3項の規定を準用する。**	①本条は、譲渡人が破産手続開始決定を受けた場合の、譲受人の債務者に対する供託請求権を定める。債務者が供託に応じない場合、民事執行法157条4項と同様の方法により、訴訟提起が可能とされている[182]。 ②対象は破産手続開始決定に限定されており、民事再生手続開始決定や会社更生手続開始決定の場合は適用がない。これらの場合は、譲受人の共益債権（事務管理ないし不当利得）として保護されるものと解される[183]。 ③譲受人は、債権全額を譲り受けていること、対抗要件を備えていることが必要であるが（本条括弧書）、譲渡制限の意思表示につき悪意重過失でも構わない。
（新設）	（譲渡制限の意思表示がされた債権の差押え） **第466条の4　第466条第3項の規定は、譲渡制限の意思表示がされた債権に対する強制執行をした差押債権者**[②]**に対しては、適用しない**[①]**。**	①1項は、判例法理（**最判S45.4.10**）を明文化した[184]。 ②「強制執行をした差押債権者」とされていることから、担保権の実行による差押えをした場合に適用があるか否かは解釈による[185]。

182　部会資料81-3

183　改正法の概要153頁

184　もっとも、新法は悪意の譲受人に対する譲渡も有効であるとしているので（466条2項）、差押えが有効なのは当然であり466条3項のみが問題となる。

185　部会資料75A。悪意又は重過失の担保権者の担保権の実行としての差押えに対しては、466条3項の抗弁が主張できるとする意見が有力のようである（部会資料83-2）。

	2　前項の規定にかかわらず、譲受人その他の第三者が譲渡制限の意思表示がされたことを知り、又は重大な過失によって知らなかった場合において、その債権者が同項の債権に対する強制執行をしたときは、債務者は、その債務の履行を拒むことができ、かつ、譲渡人に対する弁済その他の債務を消滅させる事由をもって差押債権者に対抗することができる③。	③2項は、譲受人の債権者について、譲受人以上の保護を与える必要がないことから、債務者は譲受人に対して債務の履行や弁済の抗弁等を主張できる場合、譲受人の債権者に対しても同様の主張ができるものとした[186]。
（新設）	（預金債権又は貯金債権に係る譲渡制限の意思表示の効力） **第466条の5　預金口座又は貯金口座に係る預金又は貯金に係る債権（以下「預貯金債権」という。）について当事者がした譲渡制限の意思表示は、第466条第2項の規定にかかわらず、その譲渡制限の意思表示がされたことを知り、又は重大な過失によって知らなかった譲受人その他の第三者に対抗することができる①。** **2　前項の規定は、譲渡制限の意思表示がされた預貯金債権に対する強制執行をした差押債権者に対しては、適用しない②。**	①1項は、預貯金債権（預金口座又は貯金口座に係る預金又は貯金に係る債権）にかかる譲渡制限特約の効力についての特則（466条2項の例外）を規定した[187]。なお、旧法下の判例（**最判S48.7.19**）を前提にすると[188]、預貯金債権の譲受人には、少なくとも重過失が成立するのが一般的であると考えられる。 ②2項は、預貯金債権に対する差押債権者に対しては、譲渡制限特約をもって対抗できないことを明らかにした[189]。
（新設）	（将来債権の譲渡性） **第466条の6　債権の譲渡は、その意思表示の時に債権が現に発生していることを要しない①。** **2　債権が譲渡された場合において、その意思表示の時に債権が現に発生していないときは、譲受人は、発生した債権を当然に取得する②。**	①1項は、判例（**最判H11.1.29**）で認められていた将来債権譲渡の有効性を明文化した。 ②2項は、1項を前提に判例法理（**最判H19.2.15**）を明文化した。

186　改正法の概要 154 頁

187　預貯金債権については、旧法下における譲渡禁止特約に関する判例法理が維持されるものと解される。つまり、譲渡制限の意思表示は物権的効力を有するものと解される。なお、預貯金債権の範囲については流動性・決済性預金に限られるのか、定期性預金も含まれるのか議論がある（講義 210 頁以下）。

188　**最判 S48.7.19** は「銀行を債務者とする各種の預金債権については一般に譲渡禁止の特約が付されて預金証書等にその旨が記載されており、また預金の種類によっては、明示の特約がなくとも、その性質上黙示の特約があるものと解されていることは、ひろく知られているところであって、このことは少なくとも銀行取引につき経験のある者にとっては周知の事柄に属するというべきである。」と判示した。

189　債権譲渡の譲受人の債権者については、譲渡人が悪意、重過失であることにより譲渡が無効（466条の5第1項）となる場合（**最判 S48.7.19** を前提にすると、ほとんどの場合そうなると解される）、差押えもできない（改正法の概要 155 頁）。

第3章　債権譲渡（466条〜469条）

3　前項に規定する場合において、譲渡人が次条の規定による通知をし、又は債務者が同条の規定による承諾をした時（以下「対抗要件具備時」という。）までに譲渡制限の意思表示がされたときは、譲受人その他の第三者がそのことを知っていたものとみなして、第466条第3項（譲渡制限の意思表示がされた債権が預貯金債権の場合にあっては、前条第1項）の規定を適用する③。	③3項は、将来債権譲渡の対抗要件具備の前に譲渡制限の意思表示がされた場合、譲受人は悪意とみなされ（譲受人の実際の主観は問われない）、債務者は466条3項の主張が可能であることを規定した。 逆に、将来債権譲渡の対抗要件具備後に譲渡制限の意思表示がされた場合、債務者は譲受人に466条3項の主張はできない[190]。

(2)　経過措置（附則22条）

内容	区分		適用
債権譲渡全般(466条〜469条)	債権譲渡の原因となる法律行為がされた日	施行日前	旧法
		施行日以降	新法

(3)　譲渡制限特約に関する改正概要

　新法は、「譲渡制限の意思表示」（466条2項）とするが、本書では譲渡制限特約と表記する場合もある。

項目	旧法	新法
譲渡制限特約の効果	債権譲渡は無効[注1]。	債権の譲渡は、その効力を妨げられない（466条2項）。
例外		預貯金債権について当事者がした譲渡制限特約は、譲渡制限特約がされたことを知り、又は重大な過失によって知らなかった譲受人その他の第三者に対抗することができる（466条の5第1項）。
債務者の保護		譲渡制限特約を知り、又は重大な過失によって知らなかった譲受人その他の第三者に対して、債務者は、債務の履行を拒むことができ、かつ、譲渡人に対する弁済その他の債務を消滅させる事由をもってその第三者に対抗することができる（466条3項）。
	債権者不確知による供託が認められていた（旧法494条）	譲渡制限特約付債権が譲渡された場合、債務者は供託ができる。供託をした債務者は、遅滞なく、譲渡人及び譲受人に供託の通知をしなければならない（466条の2）。
譲受人の保護	譲渡制限は、善意の第三者には対抗できない（旧法466条2項）。	相当の期間を定めて譲渡人への履行の催告をし[注2]、その期間内に履行がないときは、債務者は、譲受人に対して履行しなければならない（466条4項）[191]。
		譲渡制限特約付債権の譲渡人に破産手続開始の決定があったときは、譲受人[注3]は、譲渡制限の意思表示がされたことを知り、又は重大な過失によって知らなかったときであっても、債務者にその債権の全額に相当する金銭を債務の履行地の供託所に供託させることができる[注4]。この場合、譲受人のみが供託金還付請求権を有する（466条の3）。

190　なお、旧法において、将来債権譲渡後に譲渡制限特約がされた場合の対抗関係について確立した見解はなかった（BA民法改正270頁）。

191　この場合、債務者は、相当期間経過時までに譲渡人に対して生じた事由を譲受人に対抗できるが、相当期間経過後に生じた事由を対抗することはできなくなる（468条2項）。

第2編　逐条解説（債権総則　399条〜520条の20）

（注1）物権的効力説を前提とする。新法は、以下のような場合に、旧法と異なる取扱いになると指摘されている[192]。

ケース	旧法	新法
悪意重過失の譲受人に対する債権譲渡後に、善意者への譲渡や差押えがあった場合	前者の譲渡は無効であり後者が有効	前者の譲渡が有効
債権が二重譲渡され、譲受人がいずれも悪意重過失の場合	いずれの譲渡も無効（＝譲渡人が債権者）。なお、いずれかを債務者が譲渡承認すると、承認された者の譲渡が有効となる。	先に対抗要件を備えた譲受人に確定的に債権は帰属する。
債権が悪意重過失の譲受人に譲渡され対抗要件を備えた後、善意の者に二重譲渡された場合	善意の者に債権は帰属する。	先に対抗要件を備えた悪意重過失の譲受人に確定的に債権は帰属する。
悪意重過失の譲受人に対する譲渡の後、譲渡人が破産した場合	譲渡無効ゆえに破産管財人が債権の弁済を受ける地位を有する。	譲渡は有効であり、破産管財人は債権の弁済を受けることはできず、仮に受けた場合は、譲受人は不当利得返還請求権を財団債権（破産法148条1項7号、5号）として行使することができると解される[193]。
債権が悪意重過失の譲受人に譲渡され対抗要件を備えた後、当該債権が差し押さえられた場合	前者は無効であり差押えが効力を有する。	先に対抗要件を備えた譲受人に確定的に債権は帰属する。

（注2）「履行の催告」の前提として、履行期が到来していることが必要となる。仮に、期限の定めのない債務であれば、履行の請求が必要であるが（412条3項）、債務者が譲渡制限特約の抗弁を主張した場合、譲渡人、譲受人いずれが履行の請求を行うことが可能か、そもそも履行の請求が必要なのかについては議論がある[194]。

（注3）債権の全額を譲り受けた者であって、その債権の譲渡を債務者その他の第三者に対抗することができる場合に限られている。

（注4）対象は破産手続開始決定に限定されており、民事再生手続開始決定や会社更生手続開始決定の場合は適用がない。民事再生や会社更生の場合は、譲受人の譲渡人に対する債権は共益債権（事務管理ないし不当利得）として保護されるものと解される。

2　債権譲渡の対抗要件（467条）

(1)　改正条文

旧法（現行法）	新法（改正法）	留意点／経過措置は(2)
（指名債権の譲渡の対抗要件） **第467条　指名債権①の譲渡は、譲渡人が債務者に通知をし、又は債務者が承諾をしなければ、債務者その他の第三者に対抗することができない。**	（債権の譲渡の対抗要件） **第467条　債権①の譲渡（現に発生していない債権の譲渡を含む。）②は、譲渡人が債務者に通知をし、又は債務者が承諾をしなければ、債務者その他の第三者に対抗することができない。**	①1項冒頭は、旧法1項の「指名債権」から「指名」を削除した。旧法469条〜473条の指図債権等は新設された有価証券の節で指図証券等として規定され、債権は当然に指名債権[195]を指すことから、「指名」は削除された。 ②1項括弧書の追加は、将来債権の譲渡についても対抗要件を具備できるとした判例（**最判H19.2.15**）の明文化。

192　改正債権法252頁〜254頁などを参考に記載。
193　講義217頁。なお、民事再生、会社更生も同様と解される。
194　講義214頁以下参照。立法担当者は、この場合、「譲受人は譲渡人にその権限を委任して付遅滞のための請求をすることになる」としている（一問一答162頁）。
195　指名債権は、債権者が特定している債権を指す。旧法469条以下の指図債権等は証券的債権であり、成立、譲渡（権利移転）、行使が原則的に証券によって行われる点に特徴がある。

89

第3章　債権譲渡（466条〜469条）

2　前項の通知又は承諾は、確定日付のある証書によってしなければ、債務者以外の第三者に対抗することができない。	

(2)　経過措置（附則22条）

内容	区分	適用
債権譲渡全般（466条〜469条）	債権譲渡の原因となる法律行為がされた日　施行日前	旧法
	施行日以降	新法

3　債務者の抗弁（468条）

(1)　改正条文

旧法（現行法）	新法（改正法）	留意点／経過措置は(2)
（指名債権の譲渡における債務者の抗弁）	（債権の譲渡における債務者の抗弁）	
第468条　債務者が異議をとどめないで前条の承諾をしたときは、譲渡人に対抗することができた事由があっても、これをもって譲受人に対抗することができない。この場合において、債務者がその債務を消滅させるために譲渡人に払い渡したものがあるときはこれを取り戻し、譲渡人に対して負担した債務があるときはこれを成立しないものとみなすことができる①。	第468条　債務者は、対抗要件具備時②までに譲渡人に対して生じた事由をもって譲受人に対抗することができる。 2　第466条第4項の場合における前項の規定の適用については、同項中「対抗要件具備時」とあるのは、「第466条第4項の相当の期間を経過した時」とし、第466条の3の場合における同項の規定の適用については、同項中「対抗要件具備時」とあるのは、「第466条の3の規定により同条の譲受人から供託の請求を受けた時」とする③。	①旧法1項が定めていた異議をとどめない承諾の制度を廃止した。もっとも、債務者が任意に抗弁を放棄することは引き続き可能と解される[196]。
2　譲渡人が譲渡の通知をしたにとどまるときは、債務者は、その通知②を受けるまでに譲渡人に対して生じた事由をもって譲受人に対抗することができる。	⇒（読み替え条文）債務者は、第466条第4項の相当の期間を経過した時までに譲渡人に対して生じた事由をもって譲受人に対抗することができる。 ⇒（読み替え条文）債務者は、第466条の3の規定により同条の譲受人から供託の請求を受けた時までに譲渡人に対して生じた事由をもって譲受人に対抗することができる。	②1項は、旧法2項の「通知」を「対抗要件」に変更し、対抗要件具備時までに譲渡人に対して生じた事由をもって譲受人に対抗することができることを明確にした。 ③2項は、466条4項、466条の3が新設されたことに対応して、債権譲渡における債務者の抗弁主張が可能な時点を追記した。

196　つまり、抗弁を放棄するという債務者の意思表示の有無の問題となる。任意に抗弁を放棄する場合、放棄をする権利を有することを知っている必要があり、例えば「一切の抗弁を放棄します」では効果が生ずるか疑問であるとの指摘もあり（講義230頁）、今後の実務の推移を注視する必要がある。なお、旧法における異議をとどめない承諾は判例（**最判H27.6.1**）で譲受人の善意無過失が要件とされていたが、新法の抗弁の放棄は意思表示なので、譲受人の善意や無過失は問題とならないとされる（講義228頁）。

(指図債権の譲渡の対抗要件) 第469条　指図債権の譲渡は、その証書に譲渡の裏書をして譲受人に交付しなければ、債務者その他の第三者に対抗することができない。	(削除)①	①有価証券の節が新設（520条の2以降）され、そちらで規定されることから削除となった。なお、新法では裏書と交付は、対抗要件でなく効力要件とされている（520条の2）。
(指図債権の債務者の調査の権利等) 第470条　指図債権の債務者は、その証書の所持人並びにその署名及び押印の真偽を調査する権利を有するが、その義務を負わない。ただし、債務者に悪意又は重大な過失があるときは、その弁済は、無効とする。	(削除)①	①有価証券の節が新設（520条の2以降）され、そちらで規定されることから削除となった。なお、内容に変更はない（520条の10）。
(記名式所持人払債権の債務者の調査の権利等) 第471条　前条の規定は、債権に関する証書に債権者を指名する記載がされているが、その証書の所持人に弁済をすべき旨が付記されている場合について準用する。	(削除)①	①有価証券の節が新設（520条の2以降）され、そちらで規定されることから削除となった。なお、内容に変更はない（520条の18、520条の10）
(指図債権の譲渡における債務者の抗弁の制限) 第472条　指図債権の債務者は、その証書に記載した事項及びその証書の性質から当然に生ずる結果を除き、その指図債権の譲渡前の債権者に対抗することができた事由をもって善意の譲受人に対抗することができない。	(削除)①	①有価証券の節が新設（520条の2以降）され、そちらで規定されることから削除となった。なお、内容に変更はない（520条の6）。
(無記名債権の譲渡における債務者の抗弁の制限) 第473条　前条の規定は、無記名債権について準用する。	(削除)①	①有価証券の節が新設（520条の2以降）され、そちらで規定されることから削除となった。なお、内容に変更はない（520条の20、520条の16）

(2)　経過措置（附則22条、24条）

内容	区分		適用
債権譲渡全般（466条～469条）	債権譲渡の原因となる法律行為がされた日	施行日前	旧法
		施行日以降	新法
記名式所持人払債権（471条）	債権発生日（施行日前に原因である法律行為がされた場合を含む）	施行日前	旧法
		施行日以降	新法

第3章　債権譲渡（466条〜469条）

4　債権の譲渡における相殺権（469条）

(1)　改正条文

すべて新設であることから、新法（改正法）のみを記載する[197]。

新法（改正法）	留意点／経過措置は(2)
（債権の譲渡における相殺権） **第469条　債務者は、対抗要件具備時より前に取得した譲渡人に対する債権による相殺をもって譲受人に対抗することができる**[①]。 **2　債務者が対抗要件具備時より後に取得した譲渡人に対する債権であっても、その債権が次に掲げるものであるときは、前項と同様とする**[②]。**ただし、債務者が対抗要件具備時より後に他人の債権を取得したときは、この限りでない。** **一　対抗要件具備時より前の原因に基づいて生じた債権** **二　前号に掲げるもののほか、譲受人の取得した債権の発生原因である契約に基づいて生じた債権** **3　第466条第4項の場合における前2項の規定の適用については、これらの規定中「対抗要件具備時」とあるのは、「第466条第4項の相当の期間を経過した時」とし、第466条の3の場合におけるこれらの規定の適用については、これらの規定中「対抗要件具備時」とあるのは、「第466条の3の規定により同条の譲受人から供託の請求を受けた時」とする**[③]。	① 1項は債権譲渡と相殺の関係について、判例（**最判S50.12.8**）が採用する無制限説を明文化した。 ② 2項は債権譲渡の対抗要件具備時よりも後に取得した譲渡人に対する債権でも、債務者が相殺をもって譲受人に対抗できる場合として、以下の場合を定めた（旧法よりも相殺可能な範囲を広げたものと言える）。 ・対抗要件具備時より前の原因に基づいて生じた債権による相殺（1号）[198] ・対抗要件具備時より後の原因に基づいて生じた、譲受人の取得した債権の発生原因である契約に基づいて生じた債権による相殺（2号）[199] ③ 3項は、466条4項、466条の3が新設されたことに対応して、債権譲渡における債務者の相殺の主張が可能な時点を追記した。具体的には、466条4項の場合は催告の相当期間経過後を基準とする。466条の3の場合は、譲受人からの供託請求時を基準とする。(3)（注1）参照。

(2)　経過措置（附則22条）

内容	区分		適用
債権譲渡全般（466条〜469条）	債権譲渡の原因となる法律行為がされた日	施行日前	旧法
		施行日以降	新法

---

[197]　旧法において、債権譲渡と相殺は、468条2項の解釈（債務者の有していた債権と譲渡対象債権が相殺適状にあったことが「譲渡人に対して生じた事由」に含まれ、譲受人に対抗することができるか）として処理されていた。

[198]　「前の原因に基づいて生じた債権」の範囲は必ずしも明確ではない。

[199]　法文上、1号が適用されない場合に2号が適用される。つまり、適用が想定されるのは契約が成立しておらず、将来債権が譲渡された後に契約が成立するような継続的な取引関係が見込まれる当事者の一方の債権が譲渡された場合とされている（ジュリスト1511号30頁「改正債権法の要点　相殺」山田八千子）。例えば、将来の売買代金債権を譲渡する合意がされ債務者対抗要件も具備した後に、当該売買代金を発生させる売買契約が締結され、その売買契約を原因とした瑕疵担保責任としての損害賠償債権による売買代金債務との相殺など（一問一答182頁）。

第2編　逐条解説（債権総則　399条〜520条の20）

⑶　新法の債権譲渡と相殺の関係についての概要

譲渡対象債権の債務者が反対債権を取得した時期		結　　　論
債権譲渡対抗要件具備前		対抗要件具備時に相殺適状になっていたか否かにかかわらず相殺可能
債権譲渡対抗要件具備後	原則	相殺不可
	例外（相殺可能な場合）	対抗要件具備時より前の原因に基づいて生じた債権（対抗要件具備時より後に他人から取得した債権を除く）^(注1)
		譲受人の取得した債権の発生原因である契約に基づいて生じた債権（対抗要件具備時より後に他人から取得した債権を除く）^(注2)

（注1）悪意重過失の譲受人に対して債務者が債務を履行しない場合で、譲受人が相当の期間を定めて譲渡人への履行の催告をした場合は、相当の期間経過時より前の原因に基づいて生じた債権であれば相殺が可能（469条3項、466条4項）。また、譲渡制限特約付債権の譲渡後に譲渡人について破産手続開始の決定があり、譲受人が債務者に供託請求した場合は、供託請求を受けた時より前の原因に基づいて生じた債権であれば相殺が可能（469条3項、466条の3）。

（注2）「譲受人の取得した債権の発生原因である契約」の範囲については、今後の論点となる。

第4章 債務引受（470条〜 472条の4）

第4章 債務引受（470条〜 472条の4）

1 併存的債務引受（470条〜 471条)

　旧法には明文の規定のなかった併存的債務引受について、新法は明文の規定を設けた。なお、新法は旧法下の判例や一般的な理解を明文化したものであり、実務に与える影響は軽微と考えられる。新法の概要は(3)参照。

(1) 改正条文

すべて新設条文であるから、新法のみを記載する。

新法（改正法）	留意点／経過措置は(2)
（併存的債務引受の要件及び効果） **第470条　併存的債務引受の引受人は、債務者と連帯して、債務者が債権者に対して負担する債務と同一の内容の債務を負担する**[①] **2　併存的債務引受は、債権者と引受人となる者との契約によってすることができる。** **3　併存的債務引受は、債務者と引受人となる者との契約によってもすることができる。この場合において、併存的債務引受は、債権者が引受人となる者に対して承諾をした時に、その効力を生ずる。** **4　前項の規定によってする併存的債務引受は、第三者のためにする契約に関する規定に従う**[②]**。**	①1項は、併存的債務引受について連帯債務の関係にあることを定めた。その結果、原則として、特別の合意がなければ連帯債務に関する規定が準用される[200]。 ②4項の具体的効果として、539条[201]（改正なし）により引受人は引受契約による債務者に対する抗弁を、債権者に対して主張することが可能となる。
（併存的債務引受における引受人の抗弁等） **第471条**[①]**　引受人は、併存的債務引受により負担した自己の債務について、その効力が生じた時に債務者が主張することができた抗弁をもって債権者に対抗することができる。** **2　債務者が債権者に対して取消権又は解除権を有するときは、引受人は、これらの権利の行使によって債務者がその債務を免れるべき限度において、債権者に対して債務の履行を拒むことができる。**	①本条は、一般的な理解を条文化したもの。なお、本条とは別に、債務者が債権者に相殺権を有する場合、引受人は債務者の負担部分の限度で、債務の履行を拒むことが可能（470条1項、439条2項）。

(2) 経過措置（附則23条）

内容	区分		適用
債務引受全般（470条〜 472条の4）	債務引受契約日	施行日前	新法適用なし
		施行日以降	新法

(3) 新法の併存的債務引受の概要

項目	内容	参考：旧法での主な判例
成立要件	債権者と引受人との契約（470条2項）	債務者の意思に反しても可能 （**大判T15.3.25**)

200　改正法の概要165頁
201　539条　債務者は、第537条第1項の契約（注：第三者のためにする契約）に基づく抗弁をもって、その契約の利益を受ける第三者に対抗することができる。

第2編　逐条解説（債権総則　399条〜520条の20）

	債務者と引受人との契約 この場合、債権者が引受人となる者に対して承諾をした時に、効力が発生（470条3項）	債権者の受益の意思表示により効果が発生する（**最判H23.9.30**）
効果	引受人は、債務者と連帯して、債務者が債権者に対して負担する債務と同一の内容の債務を負担する（470条1項）	特段の事情がない限り連帯債務になる（**最判S41.12.20**）
引受人の抗弁等	併存的債務引受の効力が生じた時に債務者が主張することができた抗弁をもって債権者に対抗することができる（471条1項）	債務者について生じた時効消滅の効果は負担部分につき引受人に及ぶ（**最判S41.12.20**）
	債務者が債権者に対して取消権又は解除権を有するときは、これらの権利の行使によって債務者がその債務を免れるべき限度において、債権者に対して債務の履行を拒むことができる（471条2項）	
	債務者と引受人との契約の場合、引受契約による債務者に対する抗弁を、債権者に対して主張することが可能（470条4項、539条）	

2　免責的債務引受（472条〜472条の4）

　旧法には明文の規定のなかった免責的債務引受について、新法は明文の規定を設けた。新法の概要は(3)参照。

(1)　改正条文

　すべて新設条文であり、新法のみを記載する。

新法（改正法）	留意点／経過措置は(2)
（免責的債務引受の要件及び効果） **第472条　免責的債務引受の引受人は債務者が債権者に対して負担する債務と同一の内容の債務を負担し、債務者は自己の債務を免れる。** **2　免責的債務引受は、債権者と引受人となる者との契約によってすることができる①。この場合において、免責的債務引受は、債権者が債務者に対してその契約をした旨を通知した時に、その効力を生ずる。** **3　免責的債務引受は、債務者と引受人となる者が契約をし、債権者が引受人となる者に対して承諾をすることによってもすることができる②。**	①2項は、債務者の意思に反していないことを成立要件としていない。旧法下の判例は、債務者の意思に反する免責的債務引受は認められないとしていた（**大判T10.5.9**）が、新法は判例と異なる内容となった。 ②3項における債権者の承諾の効力は、債務者と引受人の合意時には遡らない。これは旧法下における通説を不採用としたもの[202]。
（免責的債務引受における引受人の抗弁等） **第472条の2　引受人は、免責的債務引受により負担した自己の債務について、その効力が生じた時に債務者が主張することができた抗弁をもって債権者に対抗することができる①。** **2　債務者が債権者に対して取消権又は解除権を有するときは、引受人は、免責的債務引受がなければこれらの権利の行使によって債務者がその債務を免れることができた限度において、債権者に対して債務の履行を拒むことができる。**	①併存的債務引受における471条と同様の規律を定めた。なお、470条4項と同様の規定はないため、免責的債務引受契約が債権者と引受人でされた場合、引受人は引受人と債務者との間の原因関係から生じる事由をもって債権者に対抗することはできない[203]。
（免責的債務引受における引受人の求償権） **第472条の3①　免責的債務引受の引受人は、債務者に対して求償権を取得しない。**	①本条は引受人の債務者に対する求償権を否定するが、債務者と引受人で引受契約締結時に対価の支払等の合意をすることは可能。

202　改正法の概要169頁。よって、債権者の承諾前に、第三者が債権者の債務者に対する債権を差し押さえた場合、承諾によって効力が失われることはない。

203　改正法の概要169頁

95

第4章　債務引受（470条〜472条の4）

| （免責的債務引受による担保の移転）
第472条の4　債権者は、第472条第1項の規定により債務者が免れる債務の担保として設定された担保権を引受人が負担する債務に移すことができる①**。ただし、引受人以外の者**②**がこれを設定した場合には、その承諾を得なければならない。**
2　前項の規定による担保権の移転は、あらかじめ又は同時に引受人に対してする意思表示によってしなければならない。
3　前2項の規定は、第472条第1項の規定により債務者が免れる債務の保証をした者があるときについて準用する③**。**
4　前項の場合において、同項において準用する第1項の承諾は、書面でしなければ、その効力を生じない③**。**
5　前項の承諾がその内容を記録した電磁的記録によってされたときは③**、その承諾は、書面によってされたものとみなして、同項の規定を適用する。** | ①1項の「移すことができる」は、後順位担保権者の承諾なく、順位を維持したまま移転することができるという意味[204]。
②1項の「引受人以外の者」とは、引受人が物上保証人でない場合の物上保証人が該当する[205]。また、債務者が担保を提供している場合の債務者も該当するので注意が必要。
③3項から5項は、元の債務に保証人がいる場合、引受人の債務についても保証を継続する場合には保証人の書面又は電磁的記録による承諾が必要であることを定めた[206]。 |

(2)　経過措置（附則23条）

内容	区分		適用
債務引受全般（470条〜472条の4）	債務引受契約日	施行日前	新法適用なし
		施行日以降	新法

(3)　新法の免責的債務引受の概要

項目	内容
成立要件	債権者と引受人との契約 →債権者が債務者に対して契約をした旨を通知した時に効力を生ずる（472条2項）
	債務者と引受人との契約＋債権者の承諾（472条3項）
効果	引受人は債務者が債権者に対して負担する債務と同一の内容の債務を負担し、債務者は自己の債務を免れる（472条1項）
引受人の抗弁等	免責的債務引受の効力が生じた時に債務者が主張することができた抗弁をもって債権者に対抗することができる（472条の2第1項）
	債務者が債権者に対して取消権又は解除権を有するときは、これらの権利の行使によって債務者がその債務を免れるべき限度において、債権者に対して債務の履行を拒むことができる（472条の2第2項）
担保の移転／保証の移転	債権者は、債務者が免れる債務の担保として設定された担保権／保証を引受人が負担する債務に移すことができる。ただし、引受人以外の者がこれを設定した場合には、承諾（保証の場合は書面・電磁的記録による承諾）が必要（472条の4第1項、3項）[注1][注2]

（注1）移転は、事前又は同時に引受人に対してする意思表示によってしなければならない（472条の4第2項、3項）。

（注2）元本確定前の根抵当権は、引受人が負担する債務に移すことができない（398条の7第3項）。

204　改正債権法296頁

205　旧法下においても、第三者による物上保証については、免責的債務引受に伴い担保権を存続させるには、物上保証人の同意が必要であるとされていた（**最判S37.7.20**）。

206　旧法下においても、免責的債務引受に伴い保証を存続させるには、保証人の同意が必要であるとされていた（**大判T11.3.1**）。

第2編　逐条解説（債権総則　399条〜520条の20）

第5章　債権の消滅・弁済（473条〜504条）

1　弁済の意義・第三者弁済等（473条〜475条）

細かい点につき改正が行われているが、実務的に大きな影響はないものと思料される。

(1)　改正条文

旧法（現行法）	新法（改正法）	留意点／経過措置は(2)
（新設）	（弁済） **第473条**① 債務者が債権者に対して債務の弁済をしたときは、その債権は、消滅する。	①旧法下でも異論のない、弁済が債権の消滅事由であることを明記した。
（第三者の弁済） 第474条　債務の弁済は、第三者もすることができる。ただし、その債務の性質がこれを許さないとき、又は当事者が反対の意思を表示したときは、この限りでない。 2　利害関係を有しない第三者②は、債務者の意思に反して弁済をすることができない。	第474条① 債務の弁済は、第三者もすることができる。 **2　弁済をするについて正当な利益を有する者でない第三者は、債務者の意思に反して弁済をすることができない②。ただし、債務者の意思に反することを債権者が知らなかったときは、この限りでない③。** **3　前項に規定する第三者は、債権者の意思に反して弁済をすることができない②。ただし、その第三者が債務者の委託を受けて弁済をする場合において、そのことを債権者が知っていたときは、この限りでない④。** **4　前3項の規定は、その債務の性質が第三者の弁済を許さないとき、又は当事者が第三者の弁済を禁止し、若しくは制限する旨の意思表示をしたときは、適用しない⑤。**	①本条は、第三者弁済について整理を行った。改正内容のまとめは(3)参照。 ②2項、3項は、債務者（2項）ないし債権者（3項）の意思に反して弁済ができない者を旧法2項の「利害関係を有しない第三者」から「正当な利益を有する者でない第三者」に変更して、弁済者代位における法定代位の要件（500条）にそろえた207。 ③2項ただし書は、善意の債権者を保護する規定を設けた。 ④3項ただし書は、旧法が債権者の意思に反しても弁済できる第三者を定めていなかったところ、その点を定めた。 ⑤4項は、旧法1項ただし書につき表現を微修正したものの、維持した。
第476条　譲渡につき行為能力の制限を受けた所有者が弁済として物の引渡しをした場合において、その弁済を取り消したときは、その所有者は、更に有効な弁済をしなければ、その物を取り戻すことができない。	（削除）①	①適用場面が乏しかったことと、制限行為能力者の保護に欠けることなどから、削除された208。

(2)　経過措置（附則25条1項）

内容	区分		適用
弁済全般（473条〜487条、492条〜504条）	債務発生日（施行日前に債務発生の原因である法律行為がされた場合を含む）	施行日前	旧法
		施行日以降	新法

207　改正法の概要176頁
208　改正法の概要177頁

97

第5章　債権の消滅・弁済（473条～504条）

(3)　第三者弁済にかかる整理（474条）

	旧法	新法
原則	第三者弁済は有効	
第三者弁済が許されない場合	債務の性質が許さないとき	
	当事者が反対の意思表示をしたとき	当事者が第三者の弁済を禁止し、若しくは制限する旨の意思表示をしたとき
債務者の意思に反した弁済が有効となる場合	利害関係を有する第三者の弁済	・弁済をするについて正当な利益を有する第三者の弁済 ・又は、債務者の意思に反することを債権者が知らなかったとき
債権者の意思に反した弁済が有効になる場合	（規定なし）	・弁済をするについて正当な利益を有する第三者の弁済 ・又は、債務者の委託を受けて弁済をする場合において、そのことを債権者が知っていたとき

2　弁済の効力（476条～482条）

比較的細かい部分でいくつか改正が行われている。

(1)　改正条文

旧法（現行法）	新法（改正法）	留意点／経過措置は(2)
（弁済として引き渡した物の消費又は譲渡がされた場合の弁済の効力等）		
第477条　前2条の場合において①、債権者が弁済として受領した物を善意で消費し、又は譲り渡したときは、その弁済は、有効とする。この場合において、債権者が第三者から賠償の請求を受けたときは、弁済をした者に対して求償をすることを妨げない。	第476条　前条の場合において①、債権者が弁済として受領した物を善意で消費し、又は譲り渡したときは、その弁済は、有効とする。この場合において、債権者が第三者から賠償の請求を受けたときは、弁済をした者に対して求償をすることを妨げない。	①旧法476条が削除されたことに伴う形式的な改正。
（新設）	第477条①　債権者の預金又は貯金の口座に対する払込みによってする弁済は、債権者がその預金又は貯金に係る債権の債務者に対してその払込みに係る金額の払戻しを請求する権利を取得した時②に、その効力を生ずる。	①本条は、預金又は貯金口座に対する振込による弁済の効力について、旧法下での一般的な考え方を条文化した。 ②「払戻しを請求する権利を取得した時」が具体的にいつか、どの預金口座への振込によって弁済をすることができるのかなどについては解釈による[209]。

209　改正法の概要178頁、179頁。その他、預金口座への振込は合意がある場合に限られるのか、預金口座への振込は禁止されていなければ効力が認められるのかなどについても、解釈に委ねられる（改正債権法310頁）。

第2編　逐条解説（債権総則　399条〜520条の20）

（債権の準占有者に対する弁済） 第478条　債権の準占有者①に対してした弁済は、その弁済をした者が善意であり、かつ、過失がなかったときに限り、その効力を有する。	（受領権者としての外観を有する者に対する弁済） 第478条　受領権者（債権者及び法令の規定又は当事者の意思表示によって弁済を受領する権限を付与された第三者をいう。以下同じ。）以外の者であって取引上の社会通念に照らして受領権者としての外観を有するもの①に対してした弁済は、その弁済をした者が善意であり、かつ、過失がなかったときに限り、その効力を有する。	①新法は、旧法の「債権の準占有者」から「受領権者以外の者であって取引上の社会通念に照らして受領権者としての外観を有するもの」に改めたうえで、旧法478条の内容を維持した。旧法に実質的な変更を加えるものではないと解される。弁済者の善意無過失の要件も変更ない。
（受領する権限のない者に対する弁済） 第479条　前条の場合を除き、弁済を受領する権限を有しない者①に対してした弁済は、債権者がこれによって利益を受けた限度においてのみ、その効力を有する。	（受領権者以外の者に対する弁済） 第479条　前条の場合を除き、受領権者以外の者①に対してした弁済は、債権者がこれによって利益を受けた限度においてのみ、その効力を有する。	①478条で受領権者を定義したことに伴う形式的な改正。
（受取証書の持参人に対する弁済） 第480条　受取証書の持参人は、弁済を受領する権限があるものとみなす。ただし、弁済をした者がその権限がないことを知っていたとき、又は過失によって知らなかったときは、この限りでない。	 （削除）①	①478条とは別に受取証書の持参人のみを特別扱いする定めを置く意義が薄れていることなどを理由に、旧法480条は削除された[210]。新法では、受取証書の持参人に対する弁済も478条で処理されることになる。
（支払の差止めを受けた第三債務者の弁済） 第481条　支払の差止めを受けた第三債務者が自己の債権者に弁済をしたときは、差押債権者は、その受けた損害の限度において更に弁済をすべき旨を第三債務者に請求することができる。	（差押えを受けた債権の第三債務者の弁済） 第481条　差押えを受けた債権の第三債務者が自己の債権者に弁済をしたときは、差押債権者は、その受けた損害の限度において更に弁済をすべき旨を第三債務者に請求することができる。	
2　前項の規定は、第三債務者からその債権者に対する求償権の行使を妨げない。		
（代物弁済） 第482条　債務者が、債権者の承諾を得て、その負担した給付に代えて他の給付をしたとき①は、その給付は、弁済と同一の効力を有する。	**第482条　弁済をすることができる者（以下「弁済者」という。）が、債権者との間で、債務者の負担した給付に代えて他の給付をすることにより債務を消滅させる旨の契約をした場合において①、その弁済者が当該他の給付をしたとき②は、その給付は、弁済と同一の効力を有する。**	①旧法下では代物弁済は要物契約とするのが通説であったが、新法は代物弁済が諾成契約であることを明文化した[211]。 ②債権の消滅が代物の給付がなされた時点であることを明確化した。なお、代物弁済契約が締結された後債権が消滅するまでの間、債権

210　部会資料70A
211　改正債権法307頁

第5章　債権の消滅・弁済（473条〜504条）

		者は当初の給付を請求することができるか、債権者が当初の給付を請求した場合に債務者が代物の給付をできるか、債権者が代物の給付を求めた場合に債務者が当初の給付をできるかなどは、個々の代物契約の解釈に委ねられる。

(2)　経過措置（附則25条1項）

内容	区分		適用
弁済全般（473条〜487条、492条〜504条）	債務発生日（施行日前に債務発生の原因である法律行為がされた場合を含む）	施行日前	旧法
		施行日以降	新法

3　弁済の方法（483条〜487条）

483条の改正が特別ドグマを排除し契約責任説をとることを明確にした点で重要。

(1)　改正条文

（i）民法

旧法（現行法）	新法（改正法）	留意点／経過措置は(2)
（特定物の現状による引渡し） **第483条**　債権の目的が特定物の引渡しであるときは、弁済をする者は、その引渡しをすべき時の現状でその物を引き渡さなければならない。	**第483条**　債権の目的が特定物の引渡しである場合において、契約その他の債権の発生原因及び取引上の社会通念に照らしてその引渡しをすべき時の品質を定めることができないときは①、弁済をする者は、その引渡しをすべき時の現状でその物を引き渡さなければならない②。	①特定物においても、債務者は契約の内容に適合した目的物を引き渡す義務があることを明記。従来の法定責任説、特定物ドグマを排除し契約責任説をとることを明確にした。 ②契約によって目的物が定まる売買契約、請負契約は本条が適用される余地はないとされている[212]。
（弁済の場所） 第484条　弁済をすべき場所について別段の意思表示がないときは、特定物の引渡しは債権発生の時にその物が存在した場所において、その他の弁済は債権者の現在の住所において、それぞれしなければならない。	（弁済の場所及び時間） 　2　法令又は慣習により取引時間の定めがあるときは、その取引時間内に限り、弁済をし、又は弁済の請求をすることができる①。	①2項は、商法520条を一般化して、民法に取り込んだもの。旧法でも同様に解されており、実質的な影響はないと思われる。商法520条は、削除される。なお、**最判S35.5.6**は新法でも維持されると思われる[213]。

212　部会資料83-2
213　BA民法改正299頁。**最判S35.5.6**は、商法520条にいう取引時間外になされた弁済の提供であっても、それが弁済期日内であり、債権者が任意に受領したときは、債務者は履行遅滞の責を負わないと判示した。

| （受取証書の交付請求） | 第486条　弁済を<u>する</u>者は、弁済と引換えに^①、弁済を受領<u>する</u>者に対して受取証書の交付を請求することができる。 | ①旧法486条は弁済が先履行のような定めになっている点を改め、判例（**大判 S16.3.1**）などを勘案して、受取証書の交付と弁済の提供が引換給付の関係であることを明らかにした。 |
| 第486条　弁済を<u>した</u>者は、弁済を受領<u>した</u>者に対して受取証書の交付を請求することができる。 | | |

(ii)　関連改正（商法520条の削除）

484条2項が新設されたことから、商法520条は削除された。

削除対象条文
（取引時間）
第520条　債法令又は慣習により商人の取引時間の定めがあるときは、その取引時間内に限り、債務の履行をし、又はその履行の請求をすることができる。

(2)　経過措置（附則25条1項）

内容	区分		適用
弁済全般（473条〜487条、492条〜504条）	債務発生日（施行日前に債務発生の原因である法律行為がされた場合を含む）	施行日前	旧法
		施行日以降	新法

4　充当（488条〜491条）

　判例通説の明文化であり、実務的に大きな影響はないものと考えられる。充当にかかる新旧比較のまとめは(3)参照。

(1)　改正条文

旧法（現行法）	新法（改正法）	留意点／経過措置は(2)
（弁済の充当の指定）	（同種の給付を目的とする数個の債務がある場合の充当）	①488条は旧法488条と旧法489条をまとめた。旧法489条は、本条4項に取り込まれた。
第488条　債務者が同一の債権者に対して同種の給付を目的とする数個の債務を負担する場合において、弁済として提供した給付が<u>す</u><u>べて</u>の債務を消滅させるのに足りないときは、弁済をする者は、給付の時に、その弁済を充当すべき債務を指定することができる。	第488条^①　債務者が同一の債権者に対して同種の給付を目的とする数個の債務を負担する場合において、弁済として提供した給付が<u>全</u><u>て</u>の債務を消滅させるのに足りないとき<u>（次条第1項に規定する場合を除く。）^②</u>は、弁済をする者は、給付の時に、その弁済を充当すべき債務を指定することができる。	②1項括弧の追加は、費用、利息、元本の順に充当されるという489条1項の規律が488条に優先すること、つまり489条1項の規律は弁済充当指定権の対象とならないという判例（**大判 T6.3.31**）の考え方を明文化したもの。
2　弁済をする者が前項の規定による指定をしないときは、弁済を受領する者は、その受領の時に、その弁済を充当すべき債務を指定することができる。ただし、弁済をする者がその充当に対して直ちに異議を述べたときは、この限りでない。 3　前2項の場合における弁済の充当の指定は、相手方に対する意思表示によってする。		充当についての新旧比較は、489条、480条も含めて(3)参照。

第5章　債権の消滅・弁済（473条〜504条）

第489条　弁済をする者及び弁済を受領する者がいずれも<u>前条の規定による弁済の充当の指定</u>をしないときは、次の各号の定めるところに従い、その弁済を充当する。	４　弁済をする者及び弁済を受領する者がいずれも<u>第１項又は第２項</u>の規定による指定をしないときは、次の各号の定めるところに従い、その弁済を充当する。	
一　債務の中に弁済期にあるものと弁済期にないものとがあるときは、弁済期にあるものに先に充当する。 二　すべての債務が弁済期にあるとき、又は弁済期にないときは、債務者のために弁済の利益が多いものに先に充当する。 三　債務者のために弁済の利益が相等しいときは、弁済期が先に到来したもの又は先に到来すべきものに先に充当する。 四　前２号に掲げる事項が相等しい債務の弁済は、各債務の額に応じて充当する。		
（元本、利息及び費用を支払うべき場合の充当） <u>第491条</u>　債務者が１個又は数個の債務について元本のほか利息及び費用を支払うべき場合において、弁済をする者がその債務の全部を消滅させるのに足りない給付をしたときは、これを順次に費用、利息及び元本に充当しなければならない。	<u>第489条</u>　債務者が１個又は数個の債務について元本のほか利息及び費用を支払うべき場合（<u>債務者が数個の債務を負担する場合にあっては、同一の債権者に対して同種の給付を目的とする数個の債務を負担するときに限る。</u>）において、弁済をする者がその債務の全部を消滅させるのに足りない給付をしたときは、これを順次に費用、利息及び元本に充当しなければならない①。	①１項は、旧法491条１項と基本的には同じ[214]。つまり、数個の債務について元本、利息、費用を支払うべき場合、まず費用全部、次に利息全部、最後に元本全部に充当しなければならないことを定めた。
２　第489条の規定は、前項の場合について準用する。	２　<u>前条の規定は、前項の場合において、費用、利息又は元本のいずれかの全てを消滅させるのに足りない給付をしたときについて準用する②</u>。	②２項は、数個の債務について元本、利息、費用を支払うべき場合、指定充当が可能であることを明文化した。旧法２項は、例えば費用全部に充当できない場合、指定充当が可能か、法定充当によらなければならないか明確でなかった。
（新設）	<u>（合意による弁済の充当）</u> <u>第490条</u>　<u>前２条の規定にかかわらず、弁済をする者と弁済を受領する者との間に弁済の充当の順序に関する合意があるときは、その順序に従い、その弁済を充当する①</u>。	①従来の通説である、合意充当が指定充当に優先することを明文化した。
（数個の給付をすべき場合の充当） <u>第490条</u>　１個の債務の弁済として数個の給付をすべき場合において、弁済をする者がその債務の全部を消滅させるのに足りない給付をしたときは、<u>前２条</u>の規定を準用する。	<u>第491条</u>　１個の債務の弁済として数個の給付をすべき場合において、弁済をする者がその債務の全部を消滅させるのに足りない給付をしたときは、<u>前３条</u>の規定を準用する。	

214　改正法の概要185頁

第2編　逐条解説（債権総則　399条〜520条の20）

(2)　経過措置（附則25条2項）

内容	区分		適用
弁済充当（488条〜491条）	弁済日	施行日前	旧法
		施行日以降	新法

(3)　旧法、新法の規律の比較

　旧法と新法の充当に関する規律を比較すると以下のとおり。いずれの場合も、充当合意が最優先となる（旧法は明文の規定なし。新法490条）。以下は、充当合意がない場合。

場合分け	旧法	新法
1個又は数個の債務について、元本、利息、費用を支払う場合	・費用全体→利息全体→元本全体（旧法491条1項、**大判T6.3.31**、新法489条1項）	
	上記で、費用全体、利息全体、元本全体の足りない場合は、指定充当は許されず法定充当によるべきとの説が有力であった。	上記で、費用全体、利息全体、元本全体の足りない場合は、指定充当、指定充当がない場合は法定充当（489条2項、488条）。
数個の債務について、上記以外の場合	弁済者の指定（旧法、新法とも488条1項） →上記指定がない場合は弁済受領者の指定（旧法、新法とも488条2項） →上記指定がない場合は法定充当（旧法489条、新法488条4項）	

（注）法定充当は、具体的には、①弁済期到来したものから、②債務者のための弁済の利益の大きいものから、③弁済期の先のものから、④債務の額の基準で充当される（旧法489条、新法488条4項）。

5　弁済の提供の効果（492条）

(1)　改正条文

旧法（現行法）	新法（改正法）	留意点／経過措置は(2)
（弁済の提供の効果） **第492条　債務者は、弁済の提供の時から、債務の不履行によって生ずべき一切の責任を免れる。**	**第492条**① **債務者は、弁済の提供の時から、債務を履行しないことによって生ずべき責任を免れる。**	①本条は、形式的な改正であり、内容面の変更ではないと解される。なお、「責任を免れる」というのは損害賠償請求権が発生しないということだけでなく、解除権が発生しないという意味もあるとされている[215]。

(2)　経過措置（附則25条1項）

内容	区分		適用
弁済全般（473条〜487条、492条〜504条）	債務発生日（施行日前に債務発生の原因である法律行為がされた場合を含む）	施行日前	旧法
		施行日以降	新法

215　改正法の概要186頁

第5章　債権の消滅・弁済（473条〜504条）

6　供託（494条〜498条）

判例通説及び実務の明文化が主なものであり、実務に大きな影響はないものと思われる。

(1)　改正条文

旧法（現行法）	新法（改正法）	留意点／経過措置は(2)
（供託） 第494条　債権者が弁済の受領を拒み、又はこれを受領することができないときは、弁済をすることができる者（以下この目において「弁済者」という。）は、債権者のために弁済の目的物を供託してその債務を免れることができる。弁済者が過失なく債権者を確知することができないときも、同様とする。	第494条　弁済者は、次に掲げる場合には、債権者のために弁済の目的物を供託することができる。この場合においては、弁済者が供託をした時に、その債権は、消滅する。 　一　弁済の提供をした場合において、債権者がその受領を拒んだとき①。 　二　債権者が弁済を受領することができないとき。 2　弁済者が債権者を確知することができないときも、前項と同様とする。ただし、弁済者に過失があるときは、この限りでない②。	①1項1号は受領拒絶に先立ち、弁済の提供が必要であるという判例法理（**大判T10.4.30**）を明文化した。 ②2項は、旧法後段を維持するものであるが、ただし書にすることで、債権者不確知の場合、債権者など供託の有効性を争う者が弁済者の過失についての主張・立証責任を負うことを明確にした[216]。
（供託に適しない物等） 第497条　弁済の目的物が供託に適しないとき、又はその物について滅失若しくは損傷のおそれがあるときは、弁済者は、裁判所の許可を得て、これを競売に付し、その代金を供託することができる。その物の保存について過分の費用を要するときも、同様とする。	第497条①　弁済者は、次に掲げる場合には、裁判所の許可を得て、弁済の目的物を競売に付し、その代金を供託することができる。 　一　その物が供託に適しないとき。 　二　その物について滅失、損傷その他の事由による価格の低落のおそれがあるとき。 　三　その物の保存について過分の費用を要するとき。 　四　前3号に掲げる場合のほか、その物を供託することが困難な事情があるとき。	①本条は、供託実務も勘案して、自助売却できる場合を拡張した（2号の追加部分及び4号）。 なお、商人間については商法524条[217]が適用される（同条は改正されていない）。

216　部会資料70A
217　商法524条　商人間の売買において、買主がその目的物の受領を拒み、又はこれを受領することができないときは、売主は、その物を供託し、又は相当の期間を定めて催告をした後に競売に付することができる。この場合において、売主がその物を供託し、又は競売に付したときは、遅滞なく、買主に対してその旨の通知を発しなければならない。
　2　損傷その他の事由による価格の低落のおそれがある物は、前項の催告をしないで競売に付することができる。
　3　前二項の規定により売買の目的物を競売に付したときは、売主は、その代価を供託しなければならない。ただし、その代価の全部又は一部を代金に充当することを妨げない。

第2編　逐条解説（債権総則　399条～520条の20）

（供託物の受領の要件）	（供託物の還付請求等）	
第498条　債務者が債権者の給付に対して弁済をすべき場合には、債権者は、その給付をしなければ、供託物を受け取ることができない。	第498条　**弁済の目的物又は前条の代金が供託された場合には、債権者は、供託物の還付を請求することができる**①。 2　債務者が債権者の給付に対して弁済をすべき場合には、債権者は、その給付をしなければ、供託物を受け取ることができない。	①1項は、異論のない、債権者の供託物還付請求権を明文化した[218]。

(2)　経過措置（附則25条1項）

内容	区分		適用
弁済全般（473条～487条、492条～504条）	債務発生日（施行日前に債務発生の原因である法律行為がされた場合を含む）	施行日前	旧法
		施行日以降	新法

7　弁済による代位（499条～504条）

判例の明文化を行った改正が多いが、それ以外にも改正がいくつか行われている。

(1)　改正条文

旧法（現行法）	新法（改正法）	留意点／経過措置は(2)
（任意代位） 第499条　債務者のために弁済をした者は、<u>その弁済と同時に債権者の承諾を得て</u>①、債権者に代位<u>することができる</u>。	（**弁済による代位の要件**） 第499条①　債務者のために弁済をした者は、債権者に代位する。	①本条は、旧法499条が任意代位につき、債権者の承諾を必要としていたものを不要とした[219]。旧法と異なり499条は、法定代位にも任意代位にも適用される（＝代位一般の要件を定めた）。新法では、法定代位と任意代位の違いは500条に定める点だけとなった。代位の要件等については(3)(i)参照。
2　第467条の規定は、<u>前項</u>の場合について準用する。	<u>第500条</u>①　第467条の規定[220]<u>は、前条の場合（弁済をするについて正当な利益を有する者が債権者に代位する場合を除く。）</u>について準用する。	①本条は、旧法499条2項と同様に、任意代位は、対抗要件を備えなければ、債務者や第三者に対抗できないことを定めた。
（法定代位） 第500条　<u>弁済をするについて正当な利益を有する者は、弁済によって当然に債権者に代位する。</u>	（削除）①	①旧法500条は法定代位に関する条文であるが、499条に集約されたため削除された。

218　改正法の概要189頁
219　もっとも、任意代位において代位者が対抗要件を備えるためには、債務者の承諾を得られなければ債権者による債務者宛の通知が必要になるため（500条）、債権者の協力が引き続き必要なケースがある。
220　467条　債権の譲渡（現に発生していない債権の譲渡を含む。）は、譲渡人が債務者に通知をし、又は債務者が承諾をしなければ、債務者その他の第三者に対抗することができない。

第5章　債権の消滅・弁済（473条〜504条）

（弁済による代位の効果）

第501条　前2条の規定により債権者に代位した者は、自己の権利に基づいて求償をすることができる範囲内において、債権の効力及び担保としてその債権者が有していた一切の権利を行使することができる。この場合においては、次の各号の定めるところに従わなければならない。

一③　保証人は、あらかじめ先取特権、不動産質権又は抵当権の登記にその代位を付記しなければ④、その先取特権、不動産質権又は抵当権の目的である不動産の第三取得者に対して債権者に代位することができない。

二　第三取得者は、保証人に対して債権者に代位しない。

三　第三取得者の1人は、各不動産⑤の価格に応じて、他の第三取得者に対して債権者に代位する。

第501条　前2条の規定により債権者に代位した者は、債権の効力及び担保としてその債権者が有していた一切の権利を行使することができる①。

2　前項の規定による権利の行使は、債権者に代位した者が自己の権利に基づいて債務者に対して求償をすることができる範囲内（保証人の1人が他の保証人に対して債権者に代位する場合には、自己の権利に基づいて当該他の保証人に対して求償をすることができる範囲内②）に限り、することができる①。

3　第1項の場合には、前項の規定によるほか、次に掲げるところによる。

一　第三取得者（債務者から担保の目的となっている財産を譲り受けた者をいう。以下この項において同じ。）⑤は、保証人及び物上保証人⑥に対して債権者に代位しない。

二　第三取得者の1人は、各財産⑤の価格に応じて、他の第三取得者に対して債権者に代位する。

---

①1項、2項は、記載の順番は改正されているが、旧法501条柱書の考え方を基本的に維持するもの[221]。なお、3項は旧法1号から6号の内容を一部改正のうえ定める。501条の内容は(3)(ii)に整理している。

②2項括弧書は、旧法下で学説の対立があった共同保証人間で代位求償が問題となる場面における上限を、債務者に対する求償権ではなく、共同保証人間の求償権であることを明文化した[222]。

③旧法1号は削除された。旧法1号が定めていた保証人が代位弁済した際に第三取得者に対して代位できる点は明文の規定がなくなったが、501条1項より明らかなためである[223]。

④旧法1号が削除されたことにより、保証人が先取特権、不動産質権又は抵当権を不動産の第三取得者に対して債権者に代位するための要件であった付記登記は廃止された（6号も同様）[224]。

⑤3項1号の括弧書は、旧法2号に第三取得者の定義を追加したもの。旧法は第三者取得者を債務者から担保不動産を取得した者としていたが（旧法1号）、新法は不動産に限定していない。あわせて、旧法3号の「不動産」も「財産」に改正されている（2号）。

⑥3項1号は、第三取得者が、物上保証人に対しても代位しないことを明文化した。

221　改正法の概要191頁

222　改正法の概要191頁。共同保証人間の求償権と債務者への求償権が異なるのは、例えば債務者との間の保証委託契約において保証人が保証債務を履行した場合一定の利息を債務者が支払う旨の求償特約が付されていることにより、共同保証人間の求償権では当該求償特約が勘案されないが、債務者に対する求償では勘案される場合などがある（BA民法改正310頁参照）。

223　部会資料80-3　なお、物上保証人が代位弁済した場合に第三者取得者に代位できる点については旧法においても定めがなかったが、同様に501条1項により明らかであるとして新法でも明文の規定は置かれていない。

224　旧法下でも、保証債務を履行する前の第三取得者に対しては付記登記なしで代位できると解されていた。よって、旧法と新法の実質的な差異は、保証債務履行後の第三取得者に対して代位できるかどうかである（BA民法改正312頁参照）。

第2編　逐条解説（債権総則　399条～520条の20）

四　物上保証人の1人は、各財産の価格に応じて、他の物上保証人に対して債権者に代位する。	三　前号の規定は、物上保証人の1人が他の物上保証人に対して債権者に代位する場合について準用する⑦。	⑦3項3号は、表現の修正はあるものの、旧法4号から実質的に変更はない。
五　保証人と物上保証人との間においては、その数に応じて、債権者に代位する。ただし、物上保証人が数人あるときは、保証人の負担部分を除いた残額について、各財産の価格に応じて、債権者に代位する。	四　保証人と物上保証人との間においては、その数に応じて、債権者に代位する。ただし、物上保証人が数人あるときは、保証人の負担部分を除いた残額について、各財産の価格に応じて、債権者に代位する。	
六　前号の場合において、その財産が不動産であるときは、第1号の規定を準用する。		
	五　第三取得者から担保の目的となっている財産を譲り受けた者は、第三取得者とみなして第1号及び第2号の規定を適用し、物上保証人から担保の目的となっている財産を譲り受けた者は、物上保証人とみなして第1号、第3号及び前号の規定を適用する⑧。	⑧3項5号は、旧法の一般的な理解を明文化したもの。特に後段は、旧法において明らかでなかった「第三取得者」の範囲につき、通説を明文化し、物上保証人から担保目的物を譲り受けた者は物上保証人とみなすこととした[225]。
（一部弁済による代位）		
第502条　債権の一部について代位弁済があったときは、代位者は、その弁済をした価額に応じて、債権者とともにその権利を行使する。	第502条　債権の一部について代位弁済があったときは、代位者は、債権者の同意を得て①、その弁済をした価額に応じて、債権者とともにその権利を行使することができる。 2　前項の場合であっても、債権者は、単独でその権利を行使することができる②。 3　前2項の場合に債権者が行使する権利は、その債権の担保の目的となっている財産の売却代金その他の当該権利の行使によって得られる金銭について、代位者が行使する権利に優先する②。	①1項は、古い判例（**大決S6.4.7**）が代位者は債権者の同意なく、単独で抵当権を実行できるとしていたが、実務や裁判例（**東京高決S55.10.20**）などを踏まえて、代位者の権利行使は債権者の同意を要件とした。 ②2項、3項は、判例（**最判S60.5.23、最判S62.4.23**）を踏まえて、債権者の権利が代位者の権利に優先することを明文化した。

225　改正法の概要192頁。物上保証人からの譲受人を「第三取得者」とすると全額について代位することになる。一方、物上保証人からの譲受人を「物上保証人」とすると、人数分に応じてしか代位できない（旧法501条5号、新法501条3項4号）。

107

第5章　債権の消滅・弁済（473条～504条）

2　前項の場合において、債務の不履行による契約の解除は、債権者のみがすることができる。この場合においては、代位者に対し、その弁済をした価額及びその利息を償還しなければならない。	4　第1項の場合において、債務の不履行による契約の解除は、債権者のみがすることができる。この場合においては、代位者に対し、その弁済をした価額及びその利息を償還しなければならない。	
（債権者による担保の喪失等） 第504条　第500条の規定により代位をすることができる<u>①</u>者がある場合において、債権者が故意又は過失によってその担保を喪失し、又は減少させたときは、その代位をすることができる者は、その喪失又は減少によって償還を受けることができなくなった<u>限度において、その責任を免れる。</u>	**第504条　弁済をするについて正当な利益を有する者（以下この項において「代位者」という。）<u>①</u>がある場合において、債権者が故意又は過失によってその担保を喪失し、又は減少させたときは、その代位者は、代位をするに当たって担保の喪失又は減少によって償還を受けることができなくなる限度において、その責任を免れる。その代位者が物上保証人である場合において、その代位者から担保の目的となっている財産を譲り受けた第三者及びその特定承継人についても、同様とする<u>②</u>。** **2　前項の規定は、債権者が担保を喪失し、又は減少させたことについて取引上の社会通念に照らして合理的な理由があると認められるときは、適用しない<u>③</u>。**	①冒頭部分は旧法500条の改正にあわせて改正がされた。内容に変更はないと解される。 ②1項に追加された第2文は判例（**最判H3.9.3**）の内容を一般化したうえで、明文化したもの。なお、旧法504条は任意規定と解されていたが（**最判S48.3.1**）、新法でも同様と解される。 ③2項は、債権者の免除特約がなくても、法定代位者の責任の減縮が否定される場合があることを定めた[226]。 本項の反対解釈として、債権者の担保保存義務の免除特約があった場合であっても、合理的な理由なく担保の喪失等をした場合には、代位権者は担保保存義務違反を主張できると解されるとの指摘がある[227]。

(2)　経過措置（附則25条1項）

内容	区分		適用
弁済全般（473条～487条、492条～504条）	債務発生日（施行日前に債務発生の原因である法律行為がされた場合を含む）	施行日前	旧法
		施行日以降	新法

226　もっとも、旧法504条が過失の中に取り込んでいた障害要件を明示したものであり、変更を企図したものではないとする指摘もある（改正法の概要195頁）。「合理的な理由」の例としては、経営者の交代に伴い保証人が旧経営者から新経営者に交替する場合や、抵当権を設定している不動産を適正価格で売却し債務の弁済に充てることを前提に、抵当権を抹消する場合などが当たるとされている（一問一答198頁）。

227　改正債権法324頁

第2編　逐条解説（債権総則　399条～520条の20）

(3)　代位についての整理

(i)　代位の要件、対抗要件

項　目		旧法	新法
任意代位	代位の要件	弁済＋債権者の承諾（旧法499条第1項）	弁済（新法499条）(注)
	対抗要件	通知又は承諾（旧法499条第2項、新法500条）	
法定代位	代位の要件	弁済＋正当な利益を有すること（旧法500条、新法499条、500条）	
	対抗要件	不要（旧法500条、新法500条）	

（注）もっとも、新法では正当な利益を有しない第三者は原則として債権者の意思に反して弁済することができないとされている（474条3項）。

(ii)　代位の効果・相互関係（新旧とも501条）

	旧法	新法
代位の効果の原則	債権者に代位した者は、自己の権利に基づいて債務者に求償をすることができる範囲内で、債権の効力及び担保としてその債権者が有していた一切の権利を行使できる。	
保証人の代位	保証人は第三取得者に対して代位する。但し、先取特権、不動産質権又は抵当権を、不動産の第三取得者に対して代位するためには付記登記が必要（旧法501条1号）	保証人が第三取得者に対して代位することの明文の規定は無くなったが、当然認められると解される。付記登記は不要。
保証人相互間	共同保証人間で代位求償をする場合、債務者に対する求償権の範囲でできるのか、共同保証人間の求償権の範囲でしかできないのかの争いがあった。	共同保証人間で代位求償をする場合、債務者に対する求償権が上限となるのではなく、共同保証人間の求償権が上限となることを明文化した（501条2項括弧書）。
第三取得者の代位　保証人	債権者に代位しない（旧法501条2号、新法501条3項1号）。	
第三取得者の代位　物上保証人	（規定なし）	債権者に代位しない（新法501条3項1号）。
第三取得者の代位　他の第三取得者	各不動産の価格に応じて代位する（旧法501条3号、新法501条3項2号）。	
物上保証人間の代位	各財産の価格に応じて、他の物上保証人に対して債権者に代位する（旧法501条4号、新法501条3項3号）。	
保証人と物上保証人	保証人と物上保証人との間においては、その数に応じて、債権者に代位する[228]。ただし、物上保証人が数人あるときは、保証人の負担部分を除いた残額について、各財産の価格に応じて、債権者に代位する（旧法501条5号、新法501条3項4号）。	

228　なお、保証人又は物上保証人とその両資格を兼ねる者との間の弁済による代位の割合は、両資格を兼ねる者も一人として、全員の頭数に応じた平等の割合であると解するのが相当であるとした判例（**最判S61.11.27**）は、新法でも維持されるものと考えられる。

109

第6章　債権の消滅・弁済以外（505条〜520条）

第6章 債権の消滅・弁済以外[229]（505条〜520条）

1　相殺（505条〜512条の2）

　相殺可能な範囲などについて、いくつか重要な改正が行われた。相殺が許されない場合の規律に関する新旧比較は(3)参照。

(1)　改正条文

旧法（現行法）	新法（改正法）	留意点／経過措置
（相殺の要件等） 第505条　2人が互いに同種の目的を有する債務を負担する場合において、双方の債務が弁済期にあるときは、各債務者は、その対等額について相殺によってその債務を免れることができる。ただし、債務の性質がこれを許さないときは、この限りでない。 2　前項の規定は、当事者が反対の意思を表示した場合には、適用しない。ただし、その意思表示は、善意[2]の第三者に対抗することができない。	第505条　2人が互いに同種の目的を有する債務を負担する場合において、双方の債務が弁済期にあるときは、各債務者は、その対等額について相殺によってその債務を免れることができる。ただし、債務の性質がこれを許さないときは、この限りでない。 2　前項の規定にかかわらず、当事者が相殺を禁止し、又は制限する旨の意思表示[1]をした場合には、その意思表示は、第三者がこれを知り、又は重大な過失によって知らなかったときに限り[2]、その第三者に対抗することができる。	①2項における旧法の「反対の意思表示」を「相殺を禁止し、又は制限する旨の意思表示」と明確化した。 ②2項の、第三者の保護要件を、旧法の善意から善意無重過失とした。また、規定の形式変更により、旧法では第三者が善意を主張・立証する必要があったが、新法では相殺禁止特約を主張する側で第三者の悪意、重過失を主張・立証する必要がある。 ③経過措置：相殺禁止の意思表示の日で区分
（不法行為により生じた債権を受働債権とする相殺の禁止） 第509条　債務が不法行為によって生じたときは、その債務者は、相殺をもって債権者に対抗することができない。	第509条[1]　次に掲げる債務の債務者は、相殺をもって債権者に対抗することができない。ただし、その債権者がその債務に係る債権を他人から譲り受けたときは、この限りでない[2]。 一　悪意による不法行為[3]に基づく損害賠償の債務	①本条は、旧法が不行為債権を受働債権とする相殺を一律に禁止していたのに対し、相殺禁止の範囲を合理的な範囲に制限した。不法行為による物的損害の賠償債務は、悪意による不法行為の場合を除き相殺が可能となった。 ②柱書ただし書により、対象債権が譲渡されれば、債務者は譲受人に対して相殺することは可能[230]。 ③1号は旧法の単なる不法行為から、「悪意による」不法行為に限定した。「悪意」は破産法253条1項2号[231]で使用されており、同条の「悪意」は、故意では足りず、積極的な意欲（加害の意思）まで必要と解されているが、同様の内容と解される[232]。

229　免除（519条）、混同（520条）について、改正はない。

230　相続や合併のような包括承継は「他人から譲り受けたとき」には該当しないので注意が必要（一問一答203頁）。

231　破産法253条　免責許可の決定が確定したときは、破産者は、破産手続による配当を除き、破産債権について、その責任を免れる。ただし、次に掲げる請求権については、この限りでない。
　　1　略
　　2　破産者が悪意で加えた不法行為に基づく損害賠償請求権
　　3以下　略

232　部会資料69B

110

	二　人の生命又は身体の侵害による損害賠償の債務④（前号に掲げるものを除く。）	④2号は「生命身体の侵害による損害賠償の債務」に限定する[233]。なお、旧法は「不法行為」に限定していたが、新法は、発生原因を限定していないため、不法行為のみならず債務不履行による生命身体の侵害による損害賠償債務も含まれる。 ⑤経過措置：受働債権（不法行為債権）の発生日で区分
（支払の差止めを受けた債権を受働債権とする相殺の禁止） 第511条　支払の差止めを受けた第三債務者は、その後に取得した債権による相殺をもって差押債権者に対抗することができない。	（差押えを受けた債権を受働債権とする相殺の禁止） **第511条　差押えを受けた債権の第三債務者は、差押え後に取得した債権による相殺をもって差押債権者に対抗することはできないが、差押え前に取得した債権による相殺をもって対抗することができる①。** **2　前項の規定にかかわらず、差押え後に取得した債権が差押え前の原因に基づいて生じたものであるときは、その第三債務者は、その債権による相殺をもって差押債権者に対抗することができる②。ただし、第三債務者が差押え後に他人の債権を取得したときは、この限りでない。**	①1項は、判例（**最判S45.6.24**）が採用する無制限説を明確化した。 ②2項は、差押え後に取得した債権であっても、差押え前の原因に基づいて生じたものであるときは第三債務者は相殺をもって差押債権者に対抗できるとした（他人の債権を取得したものである場合を除く）。破産法と類似の規律を定めた[234]。相殺の期待を旧法以上に拡張するものと言える[235]。 ③経過措置：相殺を主張する者の自働債権の発生原因の日で区分
（相殺の充当） 第512条　第488条から第491条までの規定は、相殺について準用する。	**第512条　債権者が債務者に対して有する1個又は数個の債権と、債権者が債務者に対して負担する1個又は数個の債務について、債権者が相殺の意思表示をした場合において、当事者が別段の合意をしなかったときは、債権者の有する債権とその負担する債務は、相殺に適するようになった時期の順序に従って、その対当額について相殺によって消滅する①。**	①1項は、判例法理（**最判S56.7.2**）を明文化した。 具体的には ・相殺充当の順序に関する合意があればそれに従う ・合意がない場合は、相殺適状となった時期の順序に従う ことを定めた。

233　もっとも、「生命身体の侵害による損害賠償の債務」の範囲は必ずしも明確ではない。例えば、交通事故で死亡した者の遺族固有の慰謝料請求権が含まれるかどうか（遺族そのものは生命身体の侵害を受けていない）、仮に含まれないとした場合、遺族が被害者から相続した慰謝料請求権と分けて考えるべきなのかといった問題が指摘されている（BA民法改正 323頁）。

234　もっとも破産法は「前に生じた原因」に基づく破産債権（破産法72条2項2号）による相殺を認めており、言い回しは異なる。

235　改正法の概要199頁。「前の原因に基づいて生じた」債権には、具体的に、保証人の主たる債務者又は共同保証人への求償権、契約取消し又は解除による原状回復請求権、譲渡担保実行の場合の清算金返還請求権、敷金返還請求権等が含まれるとされている（BA民法改正 329頁）。しかしながら、例えば基本契約があれば個別の取引がなくても「前の原因に基づいて生じた」債権と言えるのかなど、具体的な対象範囲は明確でない。今後の実務、判例を注視する必要がある。「前の原因」の範囲について、各種雑誌で検討がされている。例えば、旧法下の判例に対する影響を検討したものとして事業再生と債権管理159号151頁「新債権法下の差押えと相殺」（長谷川宅司　井上真一郎　道垣内弘人　山本和彦　八木崇典）、具体的な事例を検討したものとして金融法務事情2036号6頁「シンポジウム『相殺をめぐる民法改正と倒産手続－差押え・債権譲渡と相殺に関連して』」などがある。

第6章　債権の消滅・弁済以外（505条〜520条）

	2　前項の場合において、相殺をする債権者の有する債権がその負担する債務の全部を消滅させるのに足りないときであって、当事者が別段の合意をしなかったときは、次に掲げるところによる②。 **一**　債権者が数個の債務を負担するとき（次号に規定する場合を除く。）は、第488条第4項第2号から第4号までの規定を準用する。 **二**　債権者が負担する1個又は数個の債務について元本のほか利息及び費用を支払うべきときは、第489条の規定を準用する③。この場合において、同条第2項中「前条」とあるのは、「前条第4項第2号から第4号まで」と読み替えるものとする。 **3**　第1項の場合において、相殺をする債権者の負担する債務がその有する債権の全部を消滅させるのに足りないときは、前項の規定を準用する④。	②2項は、1項において相殺適状になった時期が同じ債務が複数あるときの充当について、充当合意があればそれに従い、充当合意がない場合は、旧法は指定充当（旧法512条、旧法488条）を認めていたが、新法は指定充当を認めず、法定充当すべきとした（2項1号は指定充当を定める488条1項〜3項を準用していない）。 ③2項2号は、相殺適状にある債権が複数ある場合、すべての債権の費用にまず充当され、次にすべての債権の利息に、最後にすべての債権の元本に充当されることを定める。 ④3項は、受働債権が、自働債権より小さい場合について、判例（**最判S56.7.2**）を明文化する趣旨で、前項を準用した。 ⑤経過措置：相殺の意思表示の日で区分
（新設）	第512条の2　債権者が債務者に対して有する債権に、1個の債権の弁済として数個の給付をすべきものがある場合における相殺については、前条の規定を準用する。債権者が債務者に対して負担する債務に、1個の債務の弁済として数個の給付をすべきものがある場合における相殺についても、同様とする。	①経過措置：相殺の意思表示の日で区分

(2)　経過措置（附則26条）

内容	区分		適用
相殺禁止等の効力（505条2項）	相殺禁止の意思表示の日	施行日前	旧法
		施行日以降	新法
不法行為債権を受働債権とする相殺（509条）	受働債権（不法行為債権）の発生日	施行日前	旧法
		施行日以降	新法
差押えを受けた債権を受働債権とする相殺の効力（511条）	相殺を主張する者の自働債権の原因発生日	施行日前	旧法
		施行日以降	新法
相殺の充当（512条、512条の2）	相殺の意思表示の日	施行日前	旧法
		施行日以降	新法

第2編　逐条解説（債権総則　399条～520条の20）

(3)　相殺が許されない場合の規律（条文番号は、新旧共通）

場合分け		旧法	新法
債務の性質による制限（505条1項）		債務の性質が相殺を許さないとき	
当事者の意思表示による制限（505条2項）		・反対の意思表示（善意の第三者に対抗不可）	・相殺を禁止し、又は制限する意思表示（善意無重過失の第三者に対抗不可）
受働債権の内容による制限	不法行為債務に対する相殺禁止の範囲（509条）	全面的に相殺禁止	以下の債務につき、相殺を禁止（債権者が他人から譲り受けた場合を除く）。 ・悪意による不法行為に基づく損害賠償債務(注1) ・生命身体侵害による損害賠償債務(注2)
	差押禁止債権（510条）	全面的に相殺禁止（改正なし）	
	差押えを受けた債務（511条）　原則	差押え後に取得した債権による相殺は不可（改正なし）	
	差押えを受けた債務（511条）　例外	（規定なし）	差押え「前の原因」に基づく差押え後に発生した債権による相殺は可能（差押え後に他人の債権を取得した場合を除く）

（注1）「悪意」は破産法253条1項2号で使用されているが、同条では、故意では足りず、積極的な意欲まで必要と解されている。
（注2）生命身体侵害による損害賠償債務は、不法行為でなく債務不履行により発生した場合も含まれる。

2　更改（513条～518条）

(1)　改正条文

旧法（現行法）	新法（改正法）	留意点／経過措置は(2)
（更改） 第513条　当事者が債務の要素を変更する①契約をしたときは、その債務は、更改によって消滅する。	第513条①　当事者が従前の債務に代えて、新たな債務であって②次に掲げるものを発生させる契約をしたときは、従前の債務は、更改によって消滅する。 一　従前の給付の内容について重要な変更をするもの 二　従前の債務者が第三者と交替するもの 三　従前の債権者が第三者と交替するもの	①本条は、旧法1項における「要素を変更する」の内容を、給付の内容についての重要な変更（1号）、債務者の交代（2号）、債権者の交代（3号）と具体的に記載した。 ②柱書に、更改が従前の債務に代えて新たな債務を発生させるものであることが明記された。従前の債務を存続させる場合は、免責的債務引受や債権譲渡などとなる。
2　条件付債務を無条件債務としたとき、無条件債務に条件を付したとき、又は債務の条件を変更したときは、いずれも債務の要素を変更したものとみなす。	（削除）③	③旧法2項は、条件の内容は多種多様であり、条件変更を一律に要素の変更とすることに合理性がないとして削除された[236]。

236　改正法の概要202頁

113

第6章　債権の消滅・弁済以外（505条〜520条）

（債務者の交替による更改） 第514条　債務者の交替による更改は、債権者と更改後に債務者となる者との契約によってすることができる。<u>ただし、更改前の債務者の意思に反するときは、この限りでない。</u>	第514条①　債務者の交替による更改は、債権者と更改後に債務者となる者との契約によってすることができる。<u>この場合において、更改は、債権者が更改前の債務者に対してその契約をした旨を通知した時に、その効力を生ずる。</u> <u>2　債務者の交替による更改後の債務者は、更改前の債務者に対して求償権を取得しない。</u>	①本条は、債務者の交代による更改の要件（1項）及び効果（2項）について、いずれも免責的債務引受（472条2項、472条の3）に平仄をあわせる改正を行った[237]。
（債権者の交替による更改） 第515条　債権者の交替による更改は、確定日付のある証書によってしなければ、第三者に対抗することができない。	第515条　<u>債権者の交替による更改は、更改前の債権者、更改後に債権者となる者及び債務者の契約によってすることができる①。</u> <u>2　債権者の交替による更改は、確定日付のある証書によってしなければ、第三者に対抗することができない。</u>	①1項は、債権者の交代による更改が、新旧債権者及び債務者の合意によってすることができるという旧法下で異論のない考え方を明文化した[238]。
<u>第516条　第468条第1項の規定は、債権者の交替による更改について準用する。</u>	（削除）①	①異議を留めない承諾に関する規定（旧法468条1項）が削除されたことにあわせて、準用していた旧法516条も削除された。
<u>第517条　更改によって生じた債務が、不法な原因のため又は当事者の知らない事由によって成立せず又は取り消されたときは、更改前の債務は、消滅しない。</u>	（削除）①	①反対解釈として債権者が知っている事由により新債務が不成立等になった場合、旧債務は消滅することを定めていたが、わかりにくいこともあり削除された。新法では債権者が知っている事由により新債務が不成立等になった場合、債権者が旧債務を免除したかどうかは個別事案ごとに判断される[239]。
（更改後の債務への担保の移転） 第518条　<u>更改の当事者①</u>は、更改前の債務の目的の限度において、その債務の担保として設定された質権又は抵当権を更改後の債務に移すことができる。ただし、第三者がこれを設定した場合には、その承諾を得なければならない。	第518条　<u>債権者（債権者の交替による更改にあっては、更改前の債権者）①</u>は、更改前の債務の目的の限度において、その債務の担保として設定された質権又は抵当権を更改後の債務に移すことができる。ただし、第三者がこれを設定した場合には、その承諾を得なければならない。	①1項は、旧法が債務者も含めた当事者の合意のもと担保権を移すことができるとしていたところ、債務者は担保の移転により不利益を受けるものでないことから、債権者の意思表示でのみ移転させることができるものとした。

237　改正法の概要 203頁
238　改正法の概要 203頁参照
239　改正債権法 341頁

第2編　逐条解説（債権総則　399条〜520条の20）

2　前項の質権又は抵当権の移転は、あらかじめ又は同時に更改の相手方（債権者の交替による更改にあっては、債務者）に対してする意思表示によってしなければならない[2]**。**	② 2項は、更改の時点で旧債務は消滅し（513条）、附従性によって担保も消滅することから、定められた。免責的債務引受と同様の構造になっている（472条の4第2項参照）。

(2) 経過措置（附則27条）

内容	区分		適用
更改全般（513条〜518条）	更改契約締結日	施行日前	旧法
		施行日以降	新法

115

第7章　有価証券（520条の2〜520条の20）

第7章　有価証券（520条の2〜520条の20）

有価証券は節自体が新設となっている（したがって、すべて新設条文）。

新設に伴い、旧法86条3項、363条、365条、469条〜473条及び商法516条2項、517条〜519条が削除される。

1　第1款　指図証券（520条の2〜520条の12）

指図証券とは、特定の者又はその指図人を権利者とする旨（指図文句）が証券上に記載されている有価証券をいう。例えば、手形、小切手、船荷証券、貨物引換証、倉庫証券などが該当する[240]。新法の規律のまとめは(2)参照。

(1)　改正条文

（ⅰ）　改正条文（すべて新設）

新法（改正法）
（指図証券の譲渡） 第520条の2　指図証券の譲渡は、その証券に譲渡の裏書をして譲受人に交付しなければ、その効力を生じない。
（指図証券の裏書の方式） 第520条の3　指図証券の譲渡については、その指図証券の性質に応じ、手形法（昭和7年法律第20号）中裏書の方式に関する規定を準用する。
（指図証券の所持人の権利の推定） 第520条の4　指図証券の所持人が裏書の連続によりその権利を証明するときは、その所持人は、証券上の権利を適法に有するものと推定する。
（指図証券の善意取得） 第520条の5　何らかの事由により指図証券の占有を失った者がある場合において、その所持人が前条の規定によりその権利を証明するときは、その所持人は、その証券を返還する義務を負わない。ただし、その所持人が悪意又は重大な過失によりその証券を取得したときは、この限りでない。
（指図証券の譲渡における債務者の抗弁の制限） 第520条の6　指図証券の債務者は、その証券に記載した事項及びその証券の性質から当然に生ずる結果を除き、その証券の譲渡前の債権者に対抗することができた事由をもって善意の譲受人に対抗することができない。
（指図証券の質入れ） 第520条の7　第520条の2から前条までの規定は、指図証券を目的とする質権の設定について準用する。
（指図証券の弁済の場所） 第520条の8　指図証券の弁済は、債務者の現在の住所においてしなければならない。
（指図証券の提示と履行遅滞） 第520条の9　指図証券の債務者は、その債務の履行について期限の定めがあるときであっても、その期限が到来した後に所持人がその証券を提示してその履行の請求をした時から遅滞の責任を負う。
（指図証券の債務者の調査の権利等） 第520条の10　指図証券の債務者は、その証券の所持人並びにその署名及び押印の真偽を調査する権利を有するが、その義務を負わない。ただし、債務者に悪意又は重大な過失があるときは、その弁済は、無効とする。

240　法律学小辞典（有斐閣）

第2編　逐条解説（債権総則　399条～520条の20）

（指図証券の喪失）

第520条の11　指図証券は、非訟事件手続法（平成23年法律第51号）第100条に規定する公示催告手続によって無効とすることができる。

（指図証券喪失の場合の権利行使方法）

第520条の12　金銭その他の物又は有価証券の給付を目的とする指図証券の所持人がその指図証券を喪失した場合において、非訟事件手続法第114条に規定する公示催告の申立てをしたときは、その債務者に、その債務の目的物を供託させ、又は相当の担保を供してその指図証券の趣旨に従い履行をさせることができる。

(ⅱ)　削除される条文

【民法上の削除される条文】

　　有価証券の節の新設にあわせて、旧法363条、365条、469条、470条、472条は削除された。

　　具体的な条文の内容は、第1編第3章3（33頁）、第2編第3章3（91頁）参照。

【商法516条～519条】

　　商法516条～519条の以下の条文が削除され、民法に集約された。

削除対象条文	留意点
（債務の履行の場所） 第516条　（1項省略：削除されない） 2　指図債権及び無記名債権の弁済は、債務者の現在の営業所（営業所がない場合にあっては、その住所）においてしなければならない。	・基本的に内容に変更はない（520条の8）
（指図債権等の証券の提示と履行遅滞） 第517条　指図債権又は無記名債権の債務者は、その債務の履行について期限の定めがあるときであっても、その期限が到来した後に所持人がその証券を提示してその履行の請求をした時から遅滞の責任を負う。	・内容に変更はない（520条の9）
（有価証券喪失の場合の権利行使方法） 第518条　金銭その他の物又は有価証券の給付を目的とする有価証券の所持人がその有価証券を喪失した場合において、非訟事件手続法（平成23年法律第51号）第114条に規定する公示催告の申立てをしたときは、その債務者に、その債務の目的物を供託させ、又は相当の担保を供してその有価証券の趣旨に従い履行をさせることができる。	・内容に変更はない（520条の12）
（有価証券の譲渡方法及び善意取得） 第519条　金銭その他の物又は有価証券の給付を目的とする有価証券の譲渡については、当該有価証券の性質に応じ、手形法（昭和7年法律第20号）第12条、第13条及び第14条第2項又は小切手法（昭和8年法律第57号）第5条第2項及び第19条の規定を準用する。 2　金銭その他の物又は有価証券の給付を目的とする有価証券の取得については、小切手法第21条の規定を準用する。	・基本的に内容に変更はない（520条の3、520条の4など）

第7章　有価証券（520条の2～520条の20）

(2)　指図証券に関する新法の規律

項目		内容（条文）	旧法との比較等
譲渡／質権設定（520条の7）の要件、効果	効力要件	裏書と証券の交付（520条の2）	旧法469条では対抗要件とされていたが効力要件となった
	裏書の方式	手形法を準用する（520条の3）。	改正前商法519条1項と同趣旨の規定
	所持人の権利推定	裏書の連続の証明により、所持人は権利を適法に有するものと推定される（520条の4）。	
	善意取得	証券の占有を失った者がある場合、所持人が悪意重過失により証券を取得した場合を除き、裏書の連続により権利を証明するときは返還する義務を負わない（520条の5）。	改正前商法519条2項と同趣旨の規定
	人的抗弁の切断	債務者は証券に記載した事項及び証券の性質から当然に生じる結果を除き、善意の譲受人に対して、譲渡前の債権者に対する抗弁を主張することができない（520条の6）。	旧法472条と同趣旨の規定
債務の履行にかかる定め	弁済の場所	債務者の現在の住所（520条の8）	改正前商法516条2項と同趣旨の規定
	履行遅滞	期限到来後に証券の提示を受け履行の請求を受けなりれば遅滞の責任を負わない（520条の9）。	改正前商法517条と同趣旨の規定
	債務者の調査権	債務者は、証券の所持人並びにその署名、押印の真偽を調査する権利を有するが義務は負わない（520条の10）。	旧法470条と同趣旨の規定
	弁済の無効	債務者に悪意、重過失がある場合（520条の10）	
証券の喪失	証券を無効とする方法	公示催告手続によって無効とすることが可能（520条の11）。	
	権利行使方法	非訟事件手続法第114条に規定する公示催告の申立てをしたときは、その債務者に、その債務の目的物を供託させ、又は相当の担保を供してその指図証券の趣旨に従い履行をさせることができる（520条の12）。	改正前商法518条と同趣旨の規定

2　第2款　記名式所持人払証券（520条の13～520条の18）

　記名式所持人払証券とは、債権者を指名する記載がされている証券であって、その所持人に弁済をすべき旨が付記されているものをいう（520条の13）。例えば、「金100万円を、甲殿またはこの証券の所持人にお支払い下さい」と記載されている証券。新法の規律のまとめは(2)参照。

(1)　改正条文（すべて新設）

新法（改正法）
（記名式所持人払証券の譲渡）
第520条の13　記名式所持人払証券（債権者を指名する記載がされている証券であって、その所持人に弁済をすべき旨が付記されているものをいう。以下同じ。）の譲渡は、その証券を交付しなければ、その効力を生じない。

> **(記名式所持人払証券の所持人の権利の推定)**
> 第520条の14　記名式所持人払証券の所持人は、証券上の権利を適法に有するものと推定する。
>
> **(記名式所持人払証券の善意取得)**
> 第520条の15　何らかの事由により記名式所持人払証券の占有を失った者がある場合において、その所持人が前条の規定によりその権利を証明するときは、その所持人は、その証券を返還する義務を負わない。ただし、その所持人が悪意又は重大な過失によりその証券を取得したときは、この限りでない。
>
> **(記名式所持人払証券の譲渡における債務者の抗弁の制限)**
> 第520条の16　記名式所持人払証券の債務者は、その証券に記載した事項及びその証券の性質から当然に生ずる結果を除き、その証券の譲渡前の債権者に対抗することができた事由をもって善意の譲受人に対抗することができない。
>
> **(記名式所持人払証券の質入れ)**
> 第520条の17　第520条の13から前条までの規定は、記名式所持人払証券を目的とする質権の設定について準用する。
>
> **(指図証券の規定の準用)**
> 第520条の18　第520条の8から第520条の12までの規定は、記名式所持人払証券について準用する。

(2)　記名式所持人払証券に関する新法の規律

項目		内容（条文）
譲渡／質権設定（520条の17）の要件、効果	効力要件	証券の交付（520条の13）
	所持人の権利推定	所持人は権利を適法に有するものと推定される（520条の14）。
	善意取得	証券の占有を失った者がある場合、所持人が悪意重過失により証券を取得した場合を除き、裏書の連続により権利を証明するときは返還する義務を負わない（520条の15）。
	人的抗弁の切断	債務者は証券に記載した事項及び証券の性質から当然に生じる結果を除き、善意の譲受人に対して、譲渡前の債権者に対する抗弁を主張することができない（520条の16）。
債務の履行にかかる定め	弁済の場所	債務者の現在の住所（520条の18、520条の8）
	履行遅滞	期限到来後に証券の提示を受け履行の請求を受けなければ遅滞の責任を負わない（520条の18、520条の9）。
	債務者の調査権	債務者は、証券の所持人並びにその署名、押印の真偽を調査する権利を有するが義務は負わない（520条の18、520条の10）。
	弁済の無効	債務者に悪意、重過失がある場合（520条の18、520条の10）
証券の喪失	証券を無効とする方法	公示催告手続によって無効とすることが可能（520条の18、520条の11）
	権利行使方法	非訟事件手続法第114条に規定する公示催告の申立てをしたときは、その債務者に、その債務の目的物を供託させ、又は相当の担保を供してその指図証券の趣旨に従い履行をさせることができる（520条の18、520条の12）。

3　第3款　その他の記名証券（520条の19）

　その他の記名証券とは、指図証券、記名式所持人払証券以外の記名証券（特定の者が証券上の権利者として記載されている証券）のこと。例えば、裏書禁止手形、裏書禁止船荷証券などが該当する。

第7章　有価証券（520条の2～520条の20）

(1)　改正条文（すべて新設）

新法（改正法）
第520条の19　債権者を指名する記載がされている証券であって指図証券及び記名式所持人払証券以外のものは、債権の譲渡又はこれを目的とする質権の設定に関する方式に従い、かつ、その効力をもってのみ、譲渡し、又は質権の目的とすることができる。 2　第520条の11及び第520条の12の規定は、前項の証券について準用する。

(2)　その他の記名証券に関する新法の規律

項目		内容（条文）
譲渡／質権設定の要件		債権譲渡、債権質権設定に関する方式に従うことが必要（520条の19第1項）
証券の喪失	証券を無効とする方法	公示催告手続によって無効とすることが可能（520条の19第2項、520条の11）
	権利行使方法	非訟事件手続法第114条に規定する公示催告の申立てをしたときは、その債務者に、その債務の目的物を供託させ、又は相当の担保を供してその指図証券の趣旨に従い履行をさせることができる（520条の19第2項、520条の12）

4　第4款　無記名証券（520条の20）

　無記名証券とは、証券の上に特定の権利者名が書かれておらず、債務者は証券の所持人に対して履行をしなければならない債権を表示する証券。例えば、入場券、乗車券、商品券などが該当する。

(1)　改正条文

(i)　改正条文（すべて新設）

新法（改正法）
第520条の20　第2款（記名式所持人払証券）の規定は、無記名証券について準用する。

(ii)　削除される条文

　86条3項が削除された。具体的な条文の内容は第1編第2章2（7頁）参照。

(2)　無記名証券に関する新法の規律

　記名式所持人払証券の規定を全面的に準用している。具体的には、本章2(2)を参照。

5　経過措置（附則28条）

内容	区分		適用
有価証券全般（520条の2～520条の20）	証券発行日	施行日前	新法適用なし
		施行日以降	新法

第3編　逐条解説（債権各論　契約、不法行為　521条〜724条の2）

第3編　逐条解説（債権各論　契約、不法行為　521条〜724条の2）

第1章　債権・契約・総則（521条〜548条の4）

1　契約の成立（521条〜532条）

発信主義を定めていた条文を削除し到達主義を貫徹するなどの改正が行われた。

(1)　改正条文

(i)　民法

旧法（現行法）	新法（改正法）	留意点／経過措置
（新設）	（契約の締結及び内容の自由） 第521条① 何人も、法令に特別の定めがある場合を除き、契約をするかどうかを自由に決定することができる。 2　契約の当事者は、法令の制限内において、契約の内容を自由に決定することができる。	①本条は、異論のない、契約に関する基本原則（1項：契約締結の自由、2項：内容形成の自由）を明文化した。
（新設）	（契約の成立と方式） 第522条　契約は、契約の内容を示してその締結を申し入れる意思表示（以下「申込み」という。）に対して相手方が承諾をしたときに成立する①。 2　契約の成立には、法令に特別の定めがある場合を除き、書面の作成その他の方式を具備することを要しない②。	①1項は、申込みの誘引との区別を明確にするために申込みの定義を置いたうえで、申込みと承諾で契約が成立することを明文化した[241]。 ②2項は、異論のない、契約に関する基本原則（契約方式の自由）を明文化した。
（承諾の期間の定めのある申込み） 第521条　承諾の期間を定めてした契約の申込みは、撤回することができない。	第523条　承諾の期間を定めてした申込みは、撤回することができない。ただし、申込者が撤回をする権利を留保したときは、この限りでない①。	①1項ただし書の追加は、旧法下でも撤回の権利を留保できると解されていたことから、かかる点を明文化したもの。 　契約申込みの効力に関する改正のまとめは(3)参照。
2　申込者が前項の申込みに対して同項の期間内に承諾の通知を受けなかったときは、その申込みは、その効力を失う。		②経過措置：申込日で区分

241　改正法の概要217頁

第1章　債権・契約・総則（521条〜548条の4）

第3編

第1章

（承諾の通知の延着） 第522条　前条第1項の申込みに対する承諾の通知が同項の期間の経過後に到達した場合であっても、通常の場合にはその期間内に到達すべき時に発送したものであることを知ることができるときは、申込者は、遅滞なく、相手方に対してその延着の通知を発しなければならない。ただし、その到達前に遅延の通知を発したときは、この限りでない。 2　申込者が前項本文の延着の通知を怠ったときは、承諾の通知は、前条第1項の期間内に到達したものとみなす。	（削除）①	①新法は、承諾につき到達主義を採用している（旧法526条1項の削除）。通信手段が発達している今日では、かかる到達主義を貫徹し、承諾延着のリスクを承諾者に負担させることが合理的であるとして、本条も526条1項とあわせて削除となった[242]。 ②経過措置：申込日で区分
（遅延した承諾の効力） 第523条　申込者は、遅延した承諾を新たな申込みとみなすことができる。	第524条　申込者は、遅延した承諾を新たな申込みとみなすことができる。	
（承諾の期間の定めのない申込み） 第524条　承諾の期間を定めないで隔地者に対して①した申込みは、申込者が承諾の通知を受けるのに相当な期間を経過するまでは、撤回することができない。	第525条　承諾の期間を定めないでした申込みは、申込者が承諾の通知を受けるのに相当な期間を経過するまでは、撤回することができない。ただし、申込者が撤回をする権利を留保したときは、この限りでない②。 **2　対話者に対してした前項の申込みは、同項の規定にかかわらず、その対話が継続している間は、いつでも撤回することができる③。** **3　対話者に対してした第1項の申込みに対して対話が継続している間に申込者が承諾の通知を受けなかったときは、その申込みは、その効力を失う。ただし、申込者が対話の終了後もその申込みが効力を失わない旨を表示したときは、この限りでない③。**	①旧法の「隔地者に対して」は削除された。これにより、承諾期間の定めのない申込みは相当期間撤回できないことが、隔地者間の契約にとどまらず、一般化された。 ②1項ただし書は、旧法下でも撤回の権利を留保できると解されていたことから、かかる点を明文化した。 ③2項及び3項は、対話者間の申込みの撤回や、対話継続中に承諾の通知を受けなかった場合の効力について、新設をした。なお、3項の新設に伴って、商法507条は、削除される。 ④契約申込みの効力に関する改正のまとめは(3)参照。 ⑤経過措置：申込日で区分

242　部会資料67A 参照。

第3編　逐条解説（債権各論　契約、不法行為　521条〜724条の2）

（申込者の死亡又は行為能力の喪失）	（申込者の死亡等）	①97条2項の改正に平仄をあわせて表現を改正した。
第525条　第97条第2項の規定は①、申込者が反対の意思を表示②した場合又はその相手方が申込者の死亡若しくは行為能力の喪失の事実を知っていた場合には③、適用しない。	第526条　申込者が申込みの通知を発した後に死亡し、意思能力を有しない常況にある者となり、又は行為能力の制限を受けた場合において①、申込者がその事実が生じたとすればその申込みは効力を有しない旨の意思を表示していたとき②、又はその相手方が承諾の通知を発するまでにその事実が生じたことを知ったときは③、その申込みは、その効力を有しない。	②「反対の意思」の内容を「申込者がその事実が生じたとすればその申込みは効力を有しない旨の意思」と具体的にした。 ③申込者死亡等の事実を知った時点を「相手方が承諾の通知を発するまで」と明記した。よって承諾の通知を発した時点で知らなければ契約は有効に成立する。この点、旧法525条の「知っていた」時点は不明確であった[243]。 ④経過措置：申込みの通知発送日で区分
（隔地者間の契約の成立時期）	（承諾の通知を必要としない場合における契約の成立時期）	
第526条　隔地者間の契約は、承諾の通知を発した時に成立する。 2　申込者の意思表示又は取引上の慣習により承諾の通知を必要としない場合には、契約は、承諾の意思表示と認めるべき事実があった時に成立する。	（1項を削除）① 第527条　申込者の意思表示又は取引上の慣習により承諾の通知を必要としない場合には、契約は、承諾の意思表示と認めるべき事実があった時に成立する。	①旧法526条1項（隔地者間の契約の発信主義）は削除され、隔地者間でも到達主義（97条1項）に統一された[244]。隔地者間の契約成立時期に関する改正のまとめは(4)参照。 ②経過措置：申込日で区分
（申込みの撤回の通知の延着）		①新法が到達主義に統一された（526条参照）のにあわせて削除された。新法では、申込みの撤回通知の到達と、承諾の到達の先後関係で契約の成立の有無が判断されることになる[245]。隔地者間の契約成立時期に関する改正のまとめは(4)参照。 ②経過措置：申込日で区分
第527条　申込みの撤回の通知が承諾の通知を発した後に到達した場合であっても、通常の場合にはその前に到達すべき時に発送したものであることを知ることができるときは、承諾者は、遅滞なく、申込者に対してその延着の通知を発しなければならない。 2　承諾者が前項の延着の通知を怠ったときは、契約は、成立しなかったものとみなす。	（削除）①	
（懸賞広告）		
第529条　ある行為をした者に一定の報酬を与える旨を広告した者（以下この款において「懸賞広告者」という。）は、その行為をした者に対してその報酬を与える義務を負う。	第529条　ある行為をした者に一定の報酬を与える旨を広告した者（以下「懸賞広告者」という。）は、その行為をした者がその広告を知っていたかどうかにかかわらず①、その者に対してその報酬を与える義務を負う。	①旧法において争いがあった点を、近時の通説の考え方をとって、広告の存在を知らなかった者にも報酬を支払う義務があることを明確にした。 ②経過措置：懸賞広告日で区分

243　申込みの到達時とする説と、承諾の通知時とする説があった。
244　この結果、承諾の意思表示が到達しない場合のリスクは承諾者が負担する。申込みの撤回の意思表示が、承諾の意思表示が到達する前に承諾者に到達すれば、撤回が優先となる（改正債権法351頁）。
245　部会資料67A

第1章　債権・契約・総則（521条〜548条の4）

（懸賞広告の撤回）	（指定した行為をする期間の定めのある懸賞広告）	①旧法530条は懸賞広告の撤回について、時期と方法をあわせて規定していたが、新法は時期と方法を分け、529条の2（指定した行為をする期間の定めのある懸賞広告）、529条の3（指定した行為をする期間の定めのない懸賞広告）で時期を、530条で方法を定めた。内容が大きくは改正されたわけではない。
第530条① 前条の場合において、懸賞広告者は、その指定した行為を完了する者がない間は、前の広告と同一の方法によってその広告を撤回することができる。ただし、その広告中に撤回をしない旨を表示したときは、この限りでない。	第529条の2①② 懸賞広告者は、その指定した行為をする期間を定めてした広告を撤回することができない。ただし、その広告において撤回をする権利を留保したときは、この限りでない。	
2　前項本文に規定する方法によって撤回をすることができない場合には、他の方法によって撤回をすることができる。この場合において、その撤回は、これを知った者に対してのみ、その効力を有する。	2　前項の広告は、その期間内に指定した行為を完了する者がないときは、その効力を失う。	②529条の2第1項は、旧法530条3項の内容を、表現を改正しつつ、ただし書の留保を追加したうえで、引き継いだ。同条2項は新設条文。
	（指定した行為をする期間の定めのない懸賞広告）	
3　懸賞広告者がその指定した行為をする期間を定めたときは、その撤回をする権利を放棄したものと推定する③。	第529条の3①③ 懸賞広告者は、その指定した行為を完了する者がない間は、その指定した行為をする期間を定めないでした広告を撤回することができる。ただし、その広告中に撤回をしない旨を表示したときは、この限りでない。	③529条の3は、指定した行為をする期間の定めのない懸賞広告の撤回の時期について、旧法530条1項の内容を若干修正したうえで引き継いだ。
	（懸賞広告の撤回の方法）	
	第530条①④ 前の広告と同一の方法による広告の撤回は、これを知らない者に対しても、その効力を有する。	④530条が定める懸賞広告の撤回方法については、表現は整理されているが、基本的に旧法530条1項、2項の内容を引き継いでいる[246]。
	2　広告の撤回は、前の広告と異なる方法によっても、することができる。ただし、その撤回は、これを知った者に対してのみ、その効力を有する。	⑤経過措置：懸賞広告日で区分

(ii)　関連改正（商法507条の削除）

削除される条文	削除理由
（対話者間における契約の申込み） 第507条　商人である対話者の間において契約の申込みを受けた者が直ちに承諾をしなかったときは、その申込みは、その効力を失う。	525条3項において、同様の内容が民事上の一般的ルールとして定められたことから、削除された。

(2)　経過措置（附則29条）

内容	区分		適用
契約の申込み及び承諾（523条〜527条）	申込日	施行日前	旧法
		施行日以降	新法
申込者の死亡等の場合の申込の効力（526条）	申込みの通知発送日	施行日前	旧法
		施行日以降	新法

246　旧法530条1項、2項は前の広告と同一の方法によって撤回できない場合に限り他の方法により撤回ができると定めていたが、新法はそのような制限なく、他の方法により撤回することができるとしている。

124

第3編　逐条解説（債権各論　契約、不法行為　521条〜724条の2）

| 懸賞広告全般（529条〜530条） | 懸賞広告日 | 施行日前 | 旧法 |
| | | 施行日以降 | 新法 |

(3)　契約申込みの効力に関する改正

場合分け		旧法	新法
承諾期間を定めた申込み（旧法521条、新法523条）	原則	撤回不可	
	例外	（規定なし）	申込者が撤回をする権利を留保したときは、撤回可能
	承諾期間経過の効果	申込者が前項の申込みに対して同項の期間内に承諾の通知を受けなかったときは、その申込みは、その効力を失う。	
	承諾通知が承諾期間経過後に到達した場合で、通常の場合にはその期間内に到達すべき時に発送したものであることを知ることができるとき	申込者は、到達前に遅延の通知を発したときを除き、遅滞なく、相手方に対して延着の通知を発しなければならない。申込者が延着通知を怠ったときは、承諾の通知は、期間内に到達したものとみなされる（旧法522条）。	旧法522条を削除。原則どおり、承諾期間内に通知が到達しない以上、通常の場合にはその期間内に到達すべき時に発送したものであるとしても、承諾は効力を有しない。
承諾期間を定めなかった申込み（旧法524条、新法525条）	相手が隔地者の場合^(注)	原則	相当な期間経過まで撤回不可（相当な期間経過後は撤回できる）
		例外	（規定なし）	申込者が撤回をする権利を留保したときは、撤回可能
	相手方が対話者の場合	（規定なし）	・対話が継続している間は、いつでも撤回可能 ・対話が継続している間に申込者が承諾の通知を受けなかったときは、申込みは、効力を失う。ただし、申込者が対話の終了後も申込みが効力を失わない旨を表示したときは消滅しない。

（注）正確には、新法では隔地者間に限定されていない。

(4)　隔地者間の契約成立時期に関する改正

場合分け	旧法	新法
原則	承諾通知の発送時（旧法526条1項）	承諾通知の到達時（97条1項）
申込者の意思表示又は取引上の慣習により承諾の通知を必要としない場合	承諾の意思表示と認めるべき事実があった時（旧法526条2項、新法527条）	
申込みの撤回の通知が承諾の通知を発した後に到達した場合	承諾通知の発送時（旧法526条1項）に契約は成立する。但し、申込みの撤回が通常の場合には承諾通知の前に到達すべき時に発送したものであることを知ることができるときは、承諾者は、遅滞なく、申込者に延着通知を発しなければならず、承諾者が延着の通知を怠ったときは、契約は、成立しなかったものとみなされる（旧法527条）。	申込みの撤回通知の到達と、承諾通知の到達の先後関係で判断される（97条1項／旧法526条1項、527条の削除）。

125

第1章 債権・契約・総則（521条〜548条の4）

2 契約の効力／同時履行の抗弁権（533条）

(1) 改正条文

旧法（現行法）	新法（改正法）	留意点／経過措置は(2)
（同時履行の抗弁） 第533条 双務契約の当事者の一方は、相手方がその債務の履行を提供するまでは、自己の債務の履行を拒むことができる。ただし、相手方の債務が弁済期にないときは、この限りでない。	第533条 双務契約の当事者の一方は、相手方がその債務の履行（**債務の履行に代わる損害賠償の債務の履行を含む。**）[1]を提供するまでは、自己の債務の履行を拒むことができる。ただし、相手方の債務が弁済期にないときは、この限りでない。	①新法は、売主の担保責任を契約責任として構成したため、売主の担保責任にかかる同時履行を533条とは別に規定する意味が無くなったため、売主の担保責任と同時履行を定めた旧法571条や、請負契約における損害賠償と請負報酬との同時履行を定めていた旧法634条2項は削除したうえで、本条に括弧書を追加した。買主の履行に代わる損害賠償請求権と売主の代金請求権との同時履行や、注文者の追完に代わる損害賠償請求権と請負人の報酬請求権との同時履行が、一般ルールとして本条に規定されたことになる[247]。

(2) 経過措置（附則30条1項）

内容	区分		適用
同時履行の抗弁権（533条）	契約締結日	施行日前	旧法
		施行日以降	新法

3 契約の効力／危険負担（536条）

危険負担につき、債権者主義の条文は削除され、債務者主義に統一された。

(1) 改正条文

旧法（現行法）	新法（改正法）	留意点／経過措置は(2)
（債権者の危険負担） 第534条 特定物に関する物権の設定又は移転を双務契約の目的とした場合において、その物が債務者の責めに帰することができない事由によって滅失し、又は損傷したときは、その滅失又は損傷は、債権者の負担に帰する。 2 不特定物に関する契約については、第401条第2項の規定によりその物が確定した時から、前項の規定を適用する。	**（削除）**[1]	①債権者主義に合理性がないことなどから、債権者主義の規定は削除され、債務者主義に統一された（536条）[248]。

---

247 改正法の概要236頁
248 債権者主義は公平の観点から問題があることや、契約で修正されるのが一般的であることを踏まえたものと説明されている（部会資料68A参照）。

第3編　逐条解説（債権各論　契約、不法行為　521条〜724条の2）

（停止条件付双務契約における危険負担） 第535条　前条の規定は、停止条件付双務契約の目的物が条件の成否が未定である間に滅失した場合には、適用しない。 2　停止条件付双務契約の目的物が債務者の責めに帰することができない事由によって損傷したときは、その損傷は、債権者の負担に帰する。 3　停止条件付双務契約の目的物が債務者の責めに帰すべき事由によって損傷した場合において、条件が成就したときは、債権者は、その選択に従い、契約の履行の請求又は解除権の行使をすることができる。この場合においては、損害賠償の請求を妨げない。	（削除）①	①旧法535条は、旧法534条の特則であることから、旧法534条の削除にあわせて削除された。
（債務者の危険負担等） 第536条　前2条に規定する場合を除き、当事者双方の責めに帰することができない事由によって債務を履行することができなくなったときは、債務者は、反対給付を受ける権利を有しない。 2　債権者の責めに帰すべき事由によって債務を履行することができなくなったときは、債務者は、反対給付を受ける権利を失わない。この場合において、自己の債務を免れたことによって利益を得たときは、これを債権者に償還しなければならない。	第536条①　当事者双方の責めに帰することができない事由によって債務を履行することができなくなったときは、債権者は、反対給付の履行を拒むことができる。 2　債権者の責めに帰すべき事由によって債務を履行することができなくなったときは、債権者は、反対給付の履行を拒むことができない。この場合において、債務者は、自己の債務を免れたことによって利益を得たときは、これを債権者に償還しなければならない。	①1項、2項とも、旧法は、危険負担を、当事者の責めによらない事由により一方債務が後発的不能となった場合の反対給付の存続の有無として規定していたが、新法は、反対給付の履行拒絶権の有無として整理した。 旧法と異なり、債権者が反対債務を消滅させるためには解除をする必要がある（なお、解除に債務者の帰責事由は不要となった）。

(2)　経過措置（附則30条1項）

内容	区分		適用
危険負担全般（536条）	契約締結日	施行日前	旧法
		施行日以降	新法

(3)　危険負担の新法と旧法の考え方の違い（旧法も536条を前提とする）

　危険負担について、以下のように整理できる。なお、旧法534条（債権者主義）については以下の表では勘案していない。

第1章 債権・契約・総則（521条～548条の4）

（i）旧法 履行不能の場合、債務者の履行義務は消滅することが前提

	債務者無責	債務者有責
債権者無責	危険負担の問題→反対給付（反対債権）は残らない。	債権者は契約解除可能→解除すれば反対給付（反対債権）は残らない（債権者が解除するまでは、定めがないため、反対給付（反対債権）は残る。）
債権者有責	危険負担の問題→債権者有責のため反対給付（反対債権）は残る。	

　債権者の反対給付の存否につき、旧法下では、履行不能につき債務者に帰責事由があれば解除、帰責事由がなければ危険負担の問題とされていたが、かかる枠組みは新法では崩されている。

（ii）新法 履行不能の場合でも債務者の履行義務は消滅しないことが前提

	債務者無責	債務者有責
債権者無責	債権者は契約解除可能（542条1項）→解除すれば反対給付（反対債権）は残らない。一方で、債権者は解除前であっても、反対給付（反対債権）を履行拒絶できる（536条1項）（解除権と履行拒絶権が併存する）。	
債権者有責	危険負担の問題→債権者有責であれば反対給付（反対債権）は残る。なお、債権者は解除不可（543条）。	

4　契約の効力／第三者のためにする契約（537条～539条）

（1）改正条文

旧法（現行法）	新法（改正法）	留意点／経過措置は(2)
（第三者のためにする契約） 第537条　契約により当事者の一方が第三者に対してある給付をすることを約したときは、その第三者は、債務者に対して直接にその給付を請求する権利を有する。		
	２　前項の契約は、その成立の時に第三者が現に存しない場合又は第三者が特定していない場合であっても、そのためにその効力を妨げられない[①]。	①２項は、第三者のためにする契約締結時に受益者が現存する必要がないとする判例（**最判 S37.6.26**）及び、特定している必要がないとする判例（**大判 T7.11.5**）を明文化した。
２　前項の場合において、第三者の権利は、その第三者が債務者に対して同項の契約の利益を享受する意思を表示した時に発生する。	３　第１項の場合において、第三者の権利は、その第三者が債務者に対して同項の契約の利益を享受する意思を表示した時に発生する。	
（第三者の権利の確定） 第538条　前条の規定により第三者の権利が発生した後は、当事者は、これを変更し、又は消滅させることができない。		

第3編　逐条解説（債権各論　契約、不法行為　521条〜724条の2）

2　前条の規定により第三者の権利が発生した後に、債務者がその第三者に対する債務を履行しない場合には、同条第1項の契約の相手方は、その第三者の承諾を得なければ、契約を解除することができない[①]。	①　2項は、受益者保護の観点から、通説を明文化した。なお、本項は任意規定と解され、第三者の権利が発生する前に、第三者の承諾なく解除できる旨を定めることは可能と解される[249]。

(2)　経過措置（附則30条2項）

内容	区分		適用
第三者のためにする契約全般（537条2項、538条2項）	契約締結日	施行日前	新法適用なし
		施行日以降	新法

5　契約上の地位の移転（539条の2）

(1)　改正条文（新設条文であるため新法のみ記載する）

新法（改正法）	留意点
第539条の2　契約の当事者の一方が第三者との間で契約上の地位を譲渡する旨の合意をした場合において、その契約の相手方がその譲渡を承諾したときは、契約上の地位は、その第三者に移転する[①②]。	①旧法下でも契約上の地位移転は認められていたが、規定がなかったため、新設をされた。なお、契約上の地位が二重に移転された場合の対抗問題や、契約上の地位を移転した場合、譲渡人が当然に債務を免れるか否かなどについては、解釈に委ねられている。 ②賃貸人の地位移転につき、605条の2の適用がある場合、本条は適用されない。

(2)　経過措置（附則31条）

内容	区分		適用
契約上の地位移転（539条の2）	契約上の地位譲渡の合意日	施行日前	新法適用なし
		施行日以降	新法

6　契約の解除（540条〜548条）

　旧法は契約の解除につき、解除理由に分けて規定していたが、新法は、催告が必要な解除（541条）と、不要な解除（無催告解除）（542条）に分けて、判例等を踏まえて整理を行った。また、旧法では、解除に債務者の帰責事由が必要と解されていたが、新法は帰責事由は不要との立場に立って立案されている（旧法543条参照）[250]。改正は実務に一定の影響があるものと考えられる。改正内容のまとめは(3)参照。

249　一問一答230頁
250　改正法の概要241頁。旧法下では、債務者が債務不履行についての故意・過失が存在しないことを主張、立証すれば、契約解除は認められないとする考え方が一般的であったが、新法下では、債務者の債務不履行についての故意・過失が存在しない旨の主張は、解除の可否との関係では主張自体失当となる。また、旧法下では、履行不能につき債務者に帰責事由があれば解除、帰責事由がなければ危険負担の問題とされていたが、かかる枠組みは崩されている。

129

第1章　債権・契約・総則（521条〜548条の4）

(1)　改正条文

旧法（現行法）	新法（改正法）	留意点／経過措置は(2)
（履行遅滞等による解除権） 第541条　当事者の一方がその債務を履行しない場合において、相手方が相当の期間を定めてその履行の催告をし、その期間内に履行がないときは、相手方は、契約の解除をすることができる。	（催告による解除） **第541条　当事者の一方がその債務を履行しない場合において、相手方が相当の期間を定めてその履行の催告をし、その期間内に履行がないときは、相手方は、契約の解除をすることができる。ただし、その期間を経過した時における債務の不履行がその契約及び取引上の社会通念に照らして軽微であるときは、この限りでない**①。	①ただし書の追加は、催告解除について、債務不履行が軽微である場合に解除は認められないとする判例（**最判 S36.11.21**、**大判 S14.12.13** など）を明文化したもの[251]。 ②新法でも、無催告解除特約は有効と解される。その場合、本条ただし書の適用はなく、特約における解除事由の有無が問題になる[252]。
（履行不能による解除権） 第543条　<u>履行の全部又は一部が不能</u>となったときは、債権者<u>は、契約の解除をすることができる。ただし、その債務の不履行が債務者の責めに帰することができない事由によるものであるときは、この限りでない</u>②。	（催告によらない解除） **第542条**①　**次に掲げる場合には、債権者は、前条の催告をすることなく、直ちに契約の解除をすることができる。** **一　債務の全部の履行が不能であるとき。** **二　債務者がその債務の全部の履行を拒絶する意思を明確に表示したとき**③。 **三　債務の一部の履行が不能である場合又は債務者がその債務の一部の履行を拒絶する意思を明確に表示した場合において、残存する部分のみでは契約をした目的を達することができないとき**③④。	①本条は、無催告解除が可能な場合を、旧法543条、542条をまとめる形で規定した。 ②旧法543条ただし書は削除された。新法では、債務者の帰責事由は解除の要件から削除された。 ③1項2号及び3号は、旧法下で議論のあった点を、明確にした[253]。 ④1項3号によれば、債務の一部の履行が不能である場合又は債務者がその債務の一部の履行を拒絶する意思を明確に表示した場合でも、残存する部分で契約をした目的を達することができるときは、無催告解除はできない。ただし、債務不履行が軽微でなければ、541条に基づく催告解除は可能となる。

251　「軽微」性は、不履行の態様の軽微性、違反された義務の軽微性などから判断されるとされている（部会資料 79-3）。この点、旧法下の判例は、契約の要素にあたらない付随的債務の不履行を理由とする解除は、特段の事情がない限り認められないとしつつ（**最判 S36.11.21**）、付随的債務の不履行であっても契約締結の目的の達成に重大な影響を与える場合には解除可能とする（**最判 S43.2.23**）。旧法下のこのような判例は、新法下における「軽微」性の判断の参考にはなるが、異なる基準で判断される可能性もあるので、注意が必要である。

252　改正のポイント 146頁

253　一部不履行の場合、履行される一部だけで契約した目的が達成できるか否かで全部解除が可能か、一部解除しか認められないかという規律は判例法理（**大判 T14.2.19**）を明文化したものであるが、債務者が履行拒絶の意思を明確にした場合に無催告解除を認めたのは判例法理（**大判 T11.11.25**）を変更したものであると指摘されている（講義 85頁）。

第3編　逐条解説（債権各論　契約、不法行為　521条〜724条の2）

（定期行為の履行遅滞による解除権） 第542条　契約の性質又は当事者の意思表示により、特定の日時又は一定の期間内に履行をしなければ契約をした目的を達することができない場合において、当事者の一方が履行をしないでその時期を経過したときは、相手方は、前条の催告をすることなく、直ちにその契約の解除をすることができる③。	四　契約の性質又は当事者の意思表示により、特定の日時又は一定の期間内に履行をしなければ契約をした目的を達することができない場合において、債務者が履行をしないでその時期を経過したとき⑤。 **五　前各号に掲げる場合のほか、債務者がその債務の履行をせず、債権者が前条の催告をしても契約をした目的を達するのに足りる履行がされる見込みがないことが明らかであるとき⑥。** 2　次に掲げる場合には、債権者は、前条の催告をすることなく、直ちに契約の一部の解除をすることができる⑦。 一　債務の一部の履行が不能であるとき。 **二　債務者がその債務の一部の履行を拒絶する意思を明確に表示したとき。**	⑤1項4号は、定期行為の履行遅滞については、旧法542条の規律をほぼ承継している。 ⑥1項5号は、催告によらない契約の全部解除につき、バスケット条項を設けた[254]。 ⑦2項は、一部履行不能又は一部履行拒絶の場合の、契約の一部の無催告解除の定めを置いた。 一部不履行の場合の催告による全部解除の可否や、複数契約の一部の契約の不履行を理由とした他の契約の解除の可否などについては、いずれも解釈に委ねられている[255]。
（新設）	（債権者の責めに帰すべき事由による場合） **第543条①　債務の不履行が債権者の責めに帰すべき事由によるものであるときは、債権者は、前2条の規定による契約の解除をすることができない。**	①本条は、解除全体として債務者の帰責事由を不要としたこととのバランスとして、債権者に帰責事由がある場合は、債権者の解除はできないものとした[256]。
（解除の効果） 第545条　当事者の一方がその解除権を行使したときは、各当事者は、その相手方を原状に復させる義務を負う。ただし、第三者の権利を害することはできない。 2　前項本文の場合において、金銭を返還するときは、その受領の時から利息を付さなければならない。 3　解除権の行使は、損害賠償の請求を妨げない。	**3　第1項本文の場合において、金銭以外の物を返還するときは、その受領の時以後に生じた果実をも返還しなければならない①。** 4　解除権の行使は、損害賠償の請求を妨げない。	①3項は、判例（**最判S34.9.22、最判S51.2.13**）も勘案し、金銭以外の返還につき2項と同様の定めを置いた。もっとも判例は使用利益の返還を認めたものであるが、その点は明文化されていない。

254　旧法下の判例は「契約の要素をなす債務の履行がないために、当該契約をなした目的を達することができない」という定式によって解除の可否を判断していたのに対し、新法は、契約目的の達成のみを要件としていると指摘されている（BA民法改正147頁）。

255　改正法の概要243頁

256　改正法の概要243頁は、「債権者の責めに帰すべき事由」への該当性は、当該契約のもとで債権者を契約に拘束し続けることが正当化されるか否かという観点から判断されるべきとする。

第1章　債権・契約・総則（521条〜548条の4）

| （解除権者の行為等による解除権の消滅）

第548条　解除権を有する者が<u>自己の行為若しくは過失によって</u>契約の目的物を著しく損傷し、若しくは返還することができなくなったとき、又は加工若しくは改造によってこれを他の種類の物に変えたときは、解除権は、消滅する。

2　契約の目的物が解除権を有する者の行為又は過失によらないで滅失し、又は損傷したときは、解除権は、消滅しない[2]。 | （解除権者の故意による目的物の損傷等による解除権の消滅）

第548条　解除権を有する者が故意若しくは過失によって契約の目的物を著しく損傷し、若しくは返還することができなくなったとき、又は加工若しくは改造によってこれを他の種類の物に変えたときは、解除権は、消滅する。ただし、解除権を有する者がその解除権を有することを知らなかったときは、この限りでない[1]。

（削除）[2] | ①1項は、旧法1項にただし書を追加した。旧法1項は、債権者が解除権を放棄したものと評価できる場合を定めたものと解されていたところ、解除権の存在を知らなければ放棄したと評価できないことから、ただし書が追加された[257]。

②旧法2項は、1項の繰り返しであり、意味のない規定であるとして、削除された[258]。 |

（2）　経過措置（附則32条）

内容	区分		適用
解除全般（540条〜548条） ※540条、544条は改正なし	契約締結日	施行日前	旧法
		施行日以降	新法

（3）　解除の要件にかかる改正の整理

（i）　解除事由ごとの整理

解除事由＼要件	債務者の帰責事由		催告		例外・補足	
	旧法	新法	旧法	新法	旧法	新法
履行遅滞	条文上は、必要とされていないが、必要説が有力であった。	不要（541条、542条）		必要（541条、旧法541条）	規定なし	債務不履行が契約及び取引上の社会通念に照らして軽微であるとき、解除できない（541条ただし書）。
定期行為[注1]				不要（543条1項4号、旧法542条）		
履行不能[注2]	必要（旧法543条）			不要（542条1項1号、3号、2項1号、旧法543条）		債権者に帰責事由がある場合、債権者は解除不可（543条）
債務者が履行拒絶の意思を明確に示した時[注3]	規定なし		規定なし	不要（542条1項2号、2項2号）		
債権者が催告をしても契約目的に足りる履行の見込みがないことが明らかであるとき	規定なし		規定なし	不要（542条1項5号）		

257　部会資料68A
258　部会資料83-2参照

第3編　逐条解説（債権各論　契約、不法行為　521条～724条の2）

（注1）定期行為の債務不履行とは「契約の性質又は当事者の意思表示により、特定の日時又は一定の期間内に履行をしなければ契約をした目的を達することができない場合において、履行をしないでその時期を経過したとき」を指す（542条1項4号、旧法542条）。

（注2）新法の履行不能の場合の解除の規定を正確に整理すると以下のとおり。

分類		効果
債務全部の履行不能		債権者は契約全部の無催告解除が可能（542条1項1号）
債務一部の履行不能	残存する部分のみでは契約をした目的を達することができないとき	債権者は契約全部の無催告解除が可能（542条1項3号）
	上記以外	債権者は契約の一部を無催告解除が可能（542条2項1号）

（注3）新法の債務者が履行拒絶の意思を明確に示した場合の解除の規定を正確に整理すると以下のとおり。

分類		効果
債務全部の履行を拒絶する意思を明確に表示		債権者は契約全部の無催告解除が可能（542条1項2号）
債務の一部の履行を拒絶する意思を明確に表示	残存する部分のみでは契約をした目的を達することができないとき	債権者は契約全部の無催告解除が可能（542条1項3号）
	上記以外	債権者は契約の一部を無催告解除が可能（542条2項2号）

(ii)　新法における債務不履行における解除の考え方（私見）

場合分け			結論	補足
全部不能			無催告解除可能（542条1項1号）	
一部不能	契約目的達成不可能		無催告解除可能（542条1項3号、5号）	債務の一部が履行不能である場合、債権者は、無催告で一部解除は可能（542条2項1号）
	契約目的達成可能	軽微性なし	催告解除可能（541条本文）	
		軽微性あり	解除不可（541条ただし書）	

7　定型約款（548条の2～548条の4）

　定型約款に関する条文を新設。必ずしも明確ではない規定もあり、今後の実務を注視する必要がある。なお、定型約款に対する実務的な対応は、第4編第2章1（199頁）参照。新法の規定のまとめは(3)参照。

(1)　改正条文

(i)　改正条文（すべて新設）

新法（改正法）	留意点／経過措置は(2)
（定型約款の合意） **第548条の2** ① **定型取引（ある特定の者が不特定多数の者を相手方として行う取引であって、その内容の全部又は一部が画一的であることがその双方にとって合理的なものをいう。以下同じ。）を行うことの合意（次条において「定型取引合意」という。）をした者は、次に掲げる場合には、定型約款（定型取引において、契約の内容とすることを目的としてその特定の者により準備された条項の総体をいう。以下同じ。）**②**の個別の条項についても合意をしたものとみなす。** **一　定型約款を契約の内容とする旨の合意をしたとき。**	①1項は、定型約款の定義や、定型約款が契約の内容となるための要件を定める。 ②1項括弧書の定義を満たす「定型約款」に該当する場合にのみ、548条の2以降の規律が妥当するのであり、「約款」一般に妥当する準則を扱うものではない[259]。 　結果として、一般的に約款と呼ばれているもののうち、定型約款には該当しないものもある。一方で「ひな形」契約と呼ばれる

259　改正法の概要225頁

133

第1章　債権・契約・総則（521条〜548条の4）

二　定型約款を準備した者（以下「定型約款準備者」という。）があらかじめその定型約款を契約の内容とする旨を相手方に表示していたとき。

2　前項の規定にかかわらず、同項の条項のうち、相手方の権利を制限し、又は相手方の義務を加重する条項であって、その定型取引の態様及びその実情並びに取引上の社会通念に照らして第1条第2項に規定する基本原則に反して相手方の利益を一方的に害すると認められるものについては、合意をしなかったものとみなす[③]。

（定型約款の内容の表示）

第548条の3[①]　定型取引を行い、又は行おうとする定型約款準備者は、定型取引合意の前又は定型取引合意の後相当の期間内に相手方から請求があった場合には、遅滞なく、相当な方法でその定型約款の内容を示さなければならない。ただし、定型約款準備者が既に相手方に対して定型約款を記載した書面を交付し、又はこれを記録した電磁的記録を提供していたときは、この限りでない。

2　定型約款準備者が定型取引合意の前において前項の請求を拒んだときは、前条の規定は、適用しない。ただし、一時的な通信障害が発生した場合その他正当な事由がある場合は、この限りでない。

（定型約款の変更）

第548条の4[①]　定型約款準備者は、次に掲げる場合には、定型約款の変更をすることにより、変更後の定型約款の条項について合意があったものとみなし、個別に相手方と合意をすることなく契約の内容を変更することができる。

一　定型約款の変更が、相手方の一般の利益に適合するとき。

二　定型約款の変更が、契約をした目的に反せず、かつ、変更の必要性、変更後の内容の相当性、この条の規定により定型約款の変更をすることがある旨の定めの有無及びその内容その他の変更に係る事情に照らして合理的なものであるとき。

2　定型約款準備者は、前項の規定による定型約款の変更をするときは、その効力発生時期を定め、かつ、定型約款を変更する旨及び変更後の定型約款の内容並びにその効力発生時期をインターネットの利用その他の適切な方法により周知しなければならない。

類のものでも、「定型約款」の定義に該当すれば、548条の2以降が適用されるので注意が必要[260]。

③2項は、定型約款のうち契約内容とならない場合を定める。なお、定款の対象が消費者契約の場合、消費者が定款の効力を争う方法としては、本条に基づく主張と、消費者契約法10条[261]に基づく不当条項の効力否定の主張を選択的に行使できる。

①本条は、定型約款の開示義務が発生する場合などを定める。開示義務違反は、定型約款準備者が定型取引合意の前に開示を拒んだ場合に原則として548条の2の規定が不適用になる（本条2項）以外は、特段の定めがないので、債務不履行に基づく損害賠償義務である。

①本条は、定型約款の変更が相手方の合意なく効力を有するための要件や、手続などについて定める。

②4項は、定款変更の合理性は、専ら本条1項により判断されるものであり、548条の2第2項は変更の場面では適用されないことを明らかにしたもの[262]。548条の2第2項は、信義則に「反して相手方の利益を一方的に害する」場合にのみ定型約款の拘束力を否定するのに対し、変更の効力が認められるのは、積極的に「合理的」（1項2号）であることが必要とされており、定型約款の変更における条項の相当性は、548条の2第2項より厳格な要件の下で判断されるものと言える[263]。

260　銀行取引約定書については、定型約款に該当するかどうか、説が分かれている（改正法の概要227頁）が、「その内容の全部又は一部が画一的であることがその双方にとって合理的なもの」とは言えず定型約款には当たらないという考え方が有力なようである（NBL1117号　31頁「鼎談　民法改正の実務的影響を探る」井上聡、松尾博憲、藤澤治奈）。

261　消費者契約法10条　消費者の不作為をもって当該消費者が新たな消費者契約の申込み又はその承諾の意思表示をしたものとみなす条項その他の法令中の公の秩序に関しない規定の適用による場合に比して消費者の権利を制限し又は消費者の義務を加重する消費者契約の条項であって、民法第1条第2項に規定する基本原則に反して消費者の利益を一方的に害するものは、無効とする。

262　部会資料88-2

263　一問一答262頁

第3編　逐条解説（債権各論　契約、不法行為　521条〜724条の2）

> **3**　第1項第2号の規定による定型約款の変更は、前項の効力
> 発生時期が到来するまでに同項の規定による周知をしなけれ
> ば、その効力を生じない。
> **4**　第548条の2第2項の規定は、第1項の規定による定型約
> 款の変更については、適用しない[②]。

(ii)　関連改正（いずれも新設条文）

　上記の定めを貫くと、公共交通機関を運営する会社などについて、不都合が生じる。そこ
で、民法の例外を定める趣旨で、個別の業法で定型約款が「公表」されていれば足りる旨の改
正が行われている（海上運送法32条の2、道路運送法87条など。）。例えば、海上運送法には以下の
条文が追加された。

新法
（民法の特例）
第32条の2　一般旅客定期航路事業、人の運送をする貨物定期航路事業又は人の運送をする不定期航路事業（特定の者の需要に応じ、特定の範囲の人の運送をする不定期航路事業を除く。）による旅客の運送に係る取引に関して民法（明治29年法律第89号）第548条の2第1項の規定を適用する場合においては、同項第2号中「表示していた」とあるのは、「表示し、又は公表していた」とする。

(2)　経過措置（附則33条）

区分	適用関係
原則	548条の2第1項に規定する定型取引に係る契約は、施行日前に締結されている場合も、改正法548条の2〜548条の4が適用される（旧法の規定によって生じた効力は妨げられない）。
例外	契約当事者の一方が平成30年4月1日から平成32年3月31日まで[264]に反対の意思表示を書面又は電磁的記録でした場合は、新法は適用されない。
例外の例外	契約又は法律の規定により解除権を現に行使することができる者は例外規定は適用されない[(注)]。

(注)　反対の意思表示をした当事者に対して、当該意思表示の時点で契約の解除権を付与すれば、「解除権を現に
　行使することができる者」であったと扱って差し支えないとされている[265]。

264　平成29年12月20日に公布された、「民法の一部を改正する法律の施行期日を定める政令」による。
265　一問一答392頁

第1章　債権・契約・総則（521条〜548条の4）

(3)　新法の概要

項　目	内　　容	留意点
定型約款の定義（548条の2第1項）	①②の両方の要件を満たす条項の総体を指す ①定型取引に用いられるものであること 　定型取引は以下の要件を満たすものをいう	「定型取引」に該当しない場合、本条の適用はなく、その場合、従前の扱いになると考えられる[266]。
	（A）ある特定の者が不特定多数の者を相手方として行う取引であること	（A）は、相手方の個性に着目せずに行う取引か否かに着目した要件とされる。鉄道やバスの運送約款や保険約款などは争いなく該当すると解され、一方労働契約のひな形などは該当しないと解されている[267]。
	（B）その内容の全部又は一部が画一的であることがその双方にとって合理的なものであること	（B）は、多数の相手方に対して同一の内容[268]で契約を締結することが通常であり、かつ、相手方が交渉を行わず、一方当事者が準備した契約条項の総体をそのまま受け入れて契約の締結に至ることが取引通念に照らして合理的である取引（交渉による修正や変更の余地がないもの）を意味するとされる[269]。 契約内容が画一的であることが、交渉力の差に起因する場合は、要件を満たさないとされている[270]。
	②契約の内容とすることを目的として、特定の者（当事者の一方）により準備されたものであること	
定型約款が契約の内容となるための要件（548条の2第1項、548条の3第2項）	①定型約款を契約の内容とする旨の合意をしたこと又は ②定型約款を準備した者（「定型約款準備者」）があらかじめその定型約款を契約の内容とする旨を相手方に表示していたこと	②の「表示」について、特段定めはないが、顧客である相手方に定型約款を契約の内容とする旨が個別に示されていることが必要であり、ホームページに記載されているだけでは「表示」とは言えないとされている[271]。
	かつ 定型約款準備者が、定型取引合意の前において相手方から請求があった場合に、一時的な通信障害が発生した場合その他正当な事由がある場合を除き、遅滞なく、相当な方法でその定型約款の内容を示していること（548条の3第2項）	定型約款の開示は、定型約款の拘束力を認める必須の条件とはされていない（約款の拘束力と開示の問題は切り離されている）。定型取引合意前に請求があったにもかかわらず、遅滞なく内容を示さなかった場合に、定型約款の拘束力が否定される。

266　従前、統一的な見解はなく、裁判になれば約款の効力が否定される可能性もある（講義50頁）ので、定型約款に該当したほうが、法的安定性は高まると思われる。また、相手方の承諾なく変更が可能となる（548条の4）点も定型約款として民法の規定が適用されるメリットと考えられる（NBL1117号28頁以下「鼎談　民法改正の実務的影響を探る」井上聡、松尾博憲、藤澤治奈　参照）。

267　部会資料86-2

268　同一の内容の範囲については議論がある。概要、契約の重要な部分について画一的であることが要件とされているようである（NBL1117号28頁以下「鼎談　民法改正の実務的影響を探る」井上聡、松尾博憲、藤澤治奈　参照）。

269　改正法の概要225頁。よって、事業者間取引の契約ひな形は、預金規定などを除き、原則として定型約款に該当しないとされる（一問一答247頁）。

270　例えば、製品原材料の供給契約の契約などは、要件を満たさないとされる。一方で銀行の預金規定や、市販のワープロ用ソフトウェアの利用規約などは、要件を満たすとされる（部会資料83-2）。

271　一問一答250頁。そこで、バスや鉄道などの相手方への表示が難しいと考えられる運送約款などは、個別の業法で「公表」していれば足りる旨の手当がされている（(1)(ii)参照）。

第3編　逐条解説（債権各論　契約、不法行為　521条〜724条の2）

契約内容とならない条項（548条の2第2項）	①相手方の権利を制限し、又は相手方の義務を加重する条項であるもの		例外的ではあるが、定型約款中の内容が、個別に合意されている場合は、契約内容となると解される[272]。
	かつ ②その定型取引の態様及びその実情並びに取引上の社会通念に照らして信義則（民法1条2項）に規定する基本原則に反して相手方の利益を一方的に害すると認められるもの		消費者契約法10条に似た規定であるが、情報格差・交渉力格差を基礎にした同法と異なり、合意内容の希薄性、契約締結の態様、健全な取引慣行その他取引全体に関わる事情を広く考慮に入れて不当性の有無が判断されると考えられている[273]。
定型取引合意後の定型約款内容の表示義務（548条の3第1項）	定型約款準備者は、定型取引合意の前又は定型取引合意の後相当の期間内に相手方から請求があった場合には、遅滞なく、相当な方法でその定型約款の内容を示さなければならない。ただし、定型約款準備者が既に相手方に対して定型約款を記載した書面を交付し、又はこれを記録した電磁的記録を提供していたときは、この限りでない（1項）。		開示が義務付けられるのは、相手方から請求があった場合に限られる[274]。 定款において「○○の詳細は社内規定による」と定めてある場合、社内規定についても開示義務があると解される。同様に、定款に定義がなく社内で定義を定めている場合、社内の定義規定も開示対象になると解される[275]。
定型約款の変更（548条の4）	定型約款準備者が相手方の了解なく定型約款を変更できる場合（1項）	①定型約款の変更が、相手方の一般の利益に適合するとき 又は ②定型約款の変更が、契約をした目的に反せず、かつ、変更の必要性、変更後の内容の相当性、定型約款の変更をすることがある旨の定めの有無及びその内容その他の変更に係る事情に照らして合理的なものであるとき（下記手続の留意点に注意）	定型約款中の変更条項（相手方の個別合意なく定型約款準備者が変更することができる旨の定め）の有無に関係なく、本条の要件を満たすかどうかで変更の可否は判断される[276]。 変更の対象や条件等を具体的に定めた変更条項が定型約款に置かれている場合には、その変更条項に従った変更をすることは、変更の合理性の判断にあたって有利な事情として考慮されると解される[277]。
	手続（2項）	定型約款準備者は、定型約款変更の効力発生時期を定め、かつ、定型約款を変更する旨及び変更後の定型約款の内容並びにその効力発生時期をインターネットの利用その他の適切な方法により周知しなければならない。	1項2号（上記の②）の変更については、効力発生時期が到来するまでに定型約款を変更する旨及び変更後の定型約款の内容並びにその効力発生時期をインターネットの利用その他の適切な方法により周知をしなければ、その効力を生じない（3項）。顧客の年齢層によっては、各顧客に書面で通知をする必要もあると解される[278]。

272　ジュリスト1151号50頁「債権改正法の概要　定型約款の新規定に関する若干の解釈問題」山本豊

273　改正法の概要229頁。具体的には、過大な違約罰を定める条項、定型約款準備者の故意又は重過失による損害賠償責任を免責する条項など内容自体に強い不当性が認められるものや、不当な抱合せ販売条項など不意打ち的要素があるものが想定されている（一問一答252頁）。

274　開示の「相当な方法」とは、一般的にはメールへの添付やホームページの約款掲載箇所の案内などが考えられるが、インターネットやメールへの対応が難しい高齢者などの場合、このような方法は「相当な方法」とは言えないと評価される可能性がある（一問一答256頁参照）ので注意が必要。

275　BA民法改正353頁参照

276　変更条項があっても、548条の4第1項の要件を満たさなければ変更は認められないし、逆に変更条項がなくても、548条の4第1項の要件を満たせば変更は認められる。なお、変更が認められる具体的な要件は必ずしも明確でなく、今後の実務を注視する必要がある。

277　部会資料88-2

278　参議院議員法務委員会議事録13号

第2章　贈与契約（549条〜554条）

第2章 贈与契約（549条〜554条）

1　改正条文

旧法（現行法）	新法（改正法）	留意点／経過措置は2
（贈与） 第549条　贈与は、当事者の一方が自己の財産①を無償で相手方に与える意思を表示し、相手方が受諾をすることによって、その効力を生ずる。	第549条　贈与は、当事者の一方がある財産①を無償で相手方に与える意思を表示し、相手方が受諾をすることによって、その効力を生ずる。	①旧法の「自己の」は削除された。判例（**最判S44.1.31**）を参考に、他人物贈与も有効であることを明文化した。
（書面によらない贈与の撤回） 第550条　書面によらない贈与は、各当事者が撤回①することができる。ただし、履行の終わった部分については、この限りでない。	（書面によらない贈与の解除） 第550条　書面によらない贈与は、各当事者が解除①をすることができる。ただし、履行の終わった部分については、この限りでない。	①旧法の「撤回」は、「解除」に改正された。用語を他の条文にあわせただけで、実質的に変更はないと解される。
（贈与者の担保責任） 第551条　贈与者は、贈与の目的である物又は権利の瑕疵又は不存在について、その責任を負わない。ただし、贈与者がその瑕疵又は不存在を知りながら受贈者に告げなかったときは、この限りでない。①	（贈与者の引渡義務等） **第551条　贈与者は、贈与の目的である物又は権利を、贈与の目的として特定した時の状態②で引き渡し、又は移転することを約したものと推定する。①**	①1項は、新法が、担保責任において契約責任説を採用したことに伴い、贈与者の責任規定を改めた[279]。 ②1項の「贈与の目的として特定した時の状態」とは、特定物贈与の場合は贈与契約時の状態[280]、種類物（不特定物）贈与の場合は目的物が贈与契約の内容に適合する物として特定した時の状態を指すと解される[281]。
2　負担付贈与については、贈与者は、その負担の限度において、売主と同じく担保の責任を負う。		

2　経過措置（附則34条1項）

内容	区分		適用
贈与契約全般（549条〜554条）	契約締結日	施行日前	旧法
		施行日以降	新法

---

[279] 部会資料81B。契約不適合の場合は、贈与者は債務不履行の一般原則に従って責任を負うことになる。

[280] 特定物贈与は贈与契約時の状態で引き渡せば足りることとして、贈与者の瑕疵担保責任を軽減しようという旧法の趣旨が維持された（一問一答266頁）。

[281] 部会資料81B、76B。なお、種類物については、契約不適合の状態では特定が生じないとする考え方を前提とするがこれは旧法下における一般的な理解と同様であり（一問一答266頁）、種類物についての贈与者の瑕疵担保責任は実質的には改正されていないと解される。

第3編　逐条解説（債権各論　契約、不法行為　521条〜724条の2）

第3章　売買契約（555条〜585条）

　売買契約は、瑕疵担保の部分が大きく改正されている。改正後の瑕疵担保の条項は、559条[282]を通じて、有償の消費貸借契約、有償の使用貸借契約、請負契約などに準用される。なお、売買契約について、改正を踏まえて検討すべき事項は、第4編第1章2（193頁）参照。

1　総則（555条〜559条）

(1)　改正条文

旧法（現行法）	新法（改正法）	留意点／経過措置は4
（手付） 第557条　買主が売主に手付を交付したときは、当事者の一方[②]が契約の履行に着手するまでは、買主はその手付を放棄し、売主はその倍額を償還[①]して、契約の解除をすることができる。	第557条　買主が売主に手付を交付したときは、買主はその手付を放棄し、売主はその倍額を現実に提供して、契約の解除をすることができる。ただし、その相手方[②]が契約の履行に着手した後は、この限りでない[③]。	①旧法1項の「償還」は、判例（**最判H6.3.22**）を踏まえて、「現実に提供」に改正された。 ②旧法1項は「当事者の一方」となっているが、判例（**最判S40.11.24**）は、自ら履行に着手しても相手方の履行の着手までは手付解除が可能としていることから、かかる判例法理を明文化した。 ③1項ただし書は、ただし書にすることで、履行の着手があったことが抗弁であることを明確にした。
2　第545条第3項[④]の規定は、前項の場合には、適用しない。	2　第545条第4項[④]の規定は、前項の場合には、適用しない。	④2項は、545条の改正に伴う形式的な改正。

(2)　関連改正（宅地建物取引業法）

　宅地建物取引業者の手付金に関して定める宅地建物取引業法39条が改正されている。改正内容は、民法557条とほぼ同様。

旧法	改正法
（手附の額の制限等） 第39条　宅地建物取引業者は、みずから売主となる宅地又は建物の売買契約の締結に際して、代金の額の10分の2をこえる額の手附を受領することができない。	第39条　宅地建物取引業者は、自ら売主となる宅地又は建物の売買契約の締結に際して、代金の額の10分の2を超える額の手付を受領することができない。
2　宅地建物取引業者が、みずから売主となる宅地又は建物の売買契約の締結に際して手附を受領したときは、その手附がいかなる性質のものであつても、当事者の一方が契約の履行に着手するまでは、買主はその手附を放棄して、当該宅地建物取引業者はその倍額を償還して、契約の解除をすることができる。	2　宅地建物取引業者が、自ら売主となる宅地又は建物の売買契約の締結に際して手付を受領したときは、その手付がいかなる性質のものであつても、買主はその手付を放棄して、当該宅地建物取引業者はその倍額を現実に提供して、契約の解除をすることができる。ただし、その相手方が契約の履行に着手した後は、この限りでない。
3　前項の規定に反する特約で、買主に不利なものは、無効とする。	

282　559条（改正なし）この節の規定は、売買以外の有償契約について準用する。ただし、その有償契約の性質がこれを許さないときは、この限りでない。

139

第3章　売買契約（555条〜585条）

2　売買の効力（560条〜578条）

　瑕疵担保につき、大きく改正された。個別の条文にあたりつつ、瑕疵担保全体についての改正内容をまとめた(2)を確認して頂くのが有益と思われる。

(1)　改正条文

（i）　民法

旧法（現行法）	新法（改正法）	留意点／経過措置は4
（新設）	（権利移転の対抗要件に係る売主の義務） 第560条　売主は、買主に対し、登記、登録その他の売買の目的である権利の移転についての対抗要件を備えさせる義務を負う①。	①異論のない売買契約における売主の義務を明文化した[283]。
（他人の権利の売買における売主の義務） 第560条　他人の権利を売買の目的としたときは、売主は、その権利を取得して買主に移転する義務を負う。	第561条　他人の権利（権利の一部が他人に属する場合におけるその権利の一部を含む。）①を売買の目的としたときは、売主は、その権利を取得して買主に移転する義務を負う。	①括弧書の追加は、権利の全部でなく一部が他人に属する場合も売主は権利を取得して買主に移転する義務があることを明記をしたもの。
（他人の権利の売買における売主の担保責任） 第561条　前条の場合において、売主がその売却した権利を取得して買主に移転することができないときは、買主は、契約の解除をすることができる。この場合において、契約の時においてその権利が売主に属しないことを知っていたときは、損害賠償の請求をすることができない。	（削除）①	①判例（**最判41.9.8**）は、履行不能につき売主に帰責事由があれば、買主は旧法561条にかかわらず、債務不履行の一般規定により、契約解除、損害賠償請求ができるとしていた。かかる判例に加え、新法が契約責任説を採用したことから、旧法561条は削除された。なお、旧法561条の内容（全部他人物売買の売主の責任）は、新法では債務不履行の一般規定によって処理される（(2)参照）。
（他人の権利の売買における善意の売主の解除権） 第562条　売主が契約の時においてその売却した権利が自己に属しないことを知らなかった場合において、その権利を取得して買主に移転することができないときは、売主は、損害を賠償して、契約の解除をすることができる。	（削除）①	①旧法561条の削除にあわせて、本条も削除された。

283　改正法の概要 256 頁

第3編　逐条解説（債権各論　契約、不法行為　521条〜724条の2）

２　前項の場合において、買主が契約の時においてその買い受けた権利が売主に属しないことを知っていたときは、売主は、買主に対し、単にその売却した権利を移転することができない旨を通知して、契約の解除をすることができる。		
（新設）	（買主の追完請求権） **第562条①　引き渡された目的物が種類、品質又は数量に関して契約の内容に適合しないものであるときは②③、買主は、売主に対し、目的物の修補、代替物の引渡し又は不足分の引渡しによる履行の追完を請求することができる。ただし、売主は、買主に不相当な負担を課するものでないときは、買主が請求した方法と異なる方法による履行の追完をすることができる。** **２　前項の不適合が買主の責めに帰すべき事由によるものであるときは、買主は、同項の規定による履行の追完の請求をすることができない④。**	①本条は、旧法で買主がとり得る手段は損害賠償請求と解除（旧法570条、566条等）のみであったところ、契約責任説の立場から、買主に追完請求権を認めた。なお、本条は任意規定であるため、契約書で買主のとり得る手段を明確にすることがより重要になる。 ②新法は契約責任説を採用したこともあり、判例（**最判H22.6.1**、**最判H25.3.22**）などを踏まえ、売主が責任を負う場合として「瑕疵」という用語に代えて、「引き渡された目的物が種類、品質又は数量に関して契約の内容に適合しない」場合であると明文化した[284]。 ③1項は、旧法570条の「隠れた」を要件としていないが、買主が瑕疵を認識していたかどうかについても契約の解釈に取り込まれるためとされている[285]。 ④2項は、代金減額請求権（563条3項）、解除権（564条の準用する541条、542条）と平仄をあわせ、買主に責めのある場合、追完請求ができないとした[286]。
（権利の一部が他人に属する場合における売主の担保責任） 第563条　売買の目的である権利の一部が他人に属することにより、売主がこれを買主に移転することができないときは、買主は、その<u>不足する部分の割合に応じて代金の減額</u>を請求することができる。	（買主の代金減額請求権） **第563条①②　前条第1項本文に規定する場合において、買主が相当の期間を定めて履行の追完の催告をし、その期間内に履行の追完がないときは、買主は、その不適合の程度に応じて③代金の減額を請求することができる。**	①本条は、旧法では、数量指示売買等のみについて認められていた（旧法563条、565条）買主の代金減額請求権を、追完の催告をすることを要件として、引き渡された目的物が種類、品質又は数量に関して契約の内容に適合しない場合一般について認めた。 なお、旧法563条の内容（権利の一部

284　なお、旧法565条は削除されるが、同条の数量指示売買の意味につき、「当事者において目的物の実際に有する数量を確保するため、その一定の面積、容積、重量、員数または尺度あることを売主が契約において表示し、かつ、この数量を基礎として代金額が定められた売買を指称するものである」とする判例（**最判S43.8.20**）は、数量に関する契約不適合を判断する際の基準として維持されると解されている（改正法の概要259頁）。

285　部会資料75A

286　部会資料81-3

第3章　売買契約（555条～585条）

２　前項の場合において、残存する部分のみであれば買主がこれを買い受けなかったときは、善意の買主は、契約の解除をすることができる。 ３　代金減額の請求又は契約の解除は、善意の買主が損害賠償の請求をすることを妨げない。	２　前項の規定にかかわらず、次に掲げる場合には、買主は、同項の催告をすることなく、直ちに代金の減額を請求することができる。 一　履行の追完が不能であるとき。 二　売主が履行の追完を拒絶する意思を明確に表示したとき。 三　契約の性質又は当事者の意思表示により、特定の日時又は一定の期間内に履行をしなければ契約をした目的を達することができない場合において、売主が履行の追完をしないでその時期を経過したとき。 四　前3号に掲げる場合のほか、買主が前項の催告をしても履行の追完を受ける見込みがないことが明らかであるとき。 ３　第1項の不適合が買主の責めに帰すべき事由によるものであるときは、買主は、前2項の規定による代金の減額の請求をすることができない。	が他人に属する場合における売主の責任）は、権利が契約の内容に適合されない場合として、565条（準用される562条～564条を含む）で規律されることになる。 ②代金減額請求権が認められる要件を、解除（541条～543条）とパラレルに、催告を要する場合（1項）、無催告で可能な場合（2項）、買主の責めに帰すべき事由である場合（3項）に分けて定めた[287]。なお、解除と同様に、売主の帰責事由は不要である[288]。 ③1項の「不適合の程度」の考え方や、その算定時点（契約時、履行時等のいずれか）については解釈に委ねられる。
第564条　前条の規定による権利は、買主が善意であったときは事実を知った時から、悪意であったときは契約の時から、それぞれ1年以内に行使しなければならない。	（削除）①	①数量や権利の不適合について、権利行使の期間制限の規定は削除された。債権の消滅時効に関する一般準則が適用される。
（数量の不足又は物の一部滅失の場合における売主の担保責任） 第565条　前2条の規定は、数量を指示して売買をした物に不足がある場合又は物の一部が契約の時に既に滅失していた場合において、買主がその不足又は滅失を知らなかったときについて準用する。	（削除）①	①新法は数量の不足等について、数量が契約に適合しない場合として整理されたため、旧法565条は削除された。数量の不足は、562条、563条、564条で処理されることになる。

287　部会資料75A。代金減額請求が、一部解除の性質を有することから平仄をあわせた。
288　よって、売主の、契約内容不適合が売主の責めに帰するものでないとの抗弁は、主張自体失当となる。

第3編　逐条解説（債権各論　契約、不法行為　521条〜724条の2）

	（買主の損害賠償請求及び解除権の行使）	①本条は、買主が追完請求（562条）、代金減額請求（563条）とあわせて、解除、損害賠償請求が可能であることを定める。
（新設）	**第564条①　前2条の規定は、第415条の規定による損害賠償の請求②並びに第541条及び第542条の規定による解除権の行使③を妨げない④。**	②旧法では、瑕疵担保責任に基づく損害賠償請求は信頼利益の範囲と解されていたが、新法では債務不履行責任と整理されたことから履行利益についても請求が可能となった。
		③旧法では、瑕疵担保責任における解除を買主が善意かつ契約の目的が達成できない場合等に限っていたが（旧法570条、566条1項等）、新法では解除一般の要件を満たせば解除は可能となる。
		④代金減額請求（563条）をしつつ損害賠償請求や解除をする場合の、請求や解除の範囲については議論がある[289]。
（地上権等がある場合等における売主の担保責任）	（移転した権利が契約の内容に適合しない場合における売主の担保責任）	
第566条　売買の目的物が地上権、永小作権、地役権、留置権又は質権の目的である場合において、買主がこれを知らず②、かつ、そのために契約をした目的を達することができないときは、買主は、契約の解除をすることができる。この場合において、契約の解除をすることができないときは、損害賠償の請求のみをすることができる。	**第565条①　前3条の規定は、売主が買主に移転した権利が契約の内容に適合しないものである場合（権利の一部が他人に属する場合においてその権利の一部を移転しないときを含む③。）について準用する。**	①旧法は権利の瑕疵について、他人物売買（旧法561条）、権利の一部が他人に属する場合（旧法563条）、地上権等がある場合（566条）、抵当権等がある場合（567条）に分けて規定していたが、新法は、権利の瑕疵も物の瑕疵と同様に契約不適合として整理し、物の瑕疵と同様の規律を適用した。結果、買主は追完請求、代金減額請求、損害賠償請求、解除が可能となる。
2　前項の規定は、売買の目的である不動産のために存すると称した地役権が存しなかった場合及びその不動産について登記をした賃貸借があった場合について準用する。		②旧法566条1項を始め、旧法は買主悪意の場合に売主の責任を否定している場面が多数あったが、新法は、本条も含め合理性が乏しいとの理由で、買主悪意の要件をなくしている[290]。
		③括弧書より、権利の全部が他人物であった場合の履行不能は本条でなく、債務不履行一般の法理によって処理されると解される[291]。

289　代金減額請求は一部解除の性質を有するため、代金減額請求を行いながら一部ないし全部の解除を主張することは許されないなどと指摘されている（改正債権法389頁）。
290　部会資料75A
291　部会資料84-3

143

第3章　売買契約（555条～585条）

3　前2項の場合において、契約の解除又は損害賠償の請求は、買主が事実を知った時から1年以内にしなければならない。	（目的物の種類又は品質に関する担保責任の期間の制限） **第566条①　売主が種類又は品質に関して②契約の内容に適合しない目的物を買主に引き渡した場合において、買主がその不適合を知った時から1年以内にその旨を売主に通知しないときは、買主は、その不適合を理由として、履行の追完の請求、代金の減額の請求、損害賠償の請求及び契約の解除をすることができない。ただし、売主が引渡しの時にその不適合を知り、又は重大な過失によって知らなかったときは、この限りでない③。**	①瑕疵担保の権利行使の期間制限につき、旧法では、事実を知った時から1年以内に（旧法566条3項）瑕疵の内容とそれに基づく損害賠償請求をする旨を明確に示す必要があるとされていた（**最判H4.10.20**）。 本条は、買主の負担を軽減するため、不適合を知って[292]1年以内に、契約不適合の通知[293]をすればよいとした[294]。 ②本条は冒頭で「種類又は品質に関して」としているので、数量や権利の契約不適合については適用されない[295]（旧法では、564条、565条、566条3項により1年の期間制限があったがいずれも削除された）。 ③ただし書は、売主が悪意又は重過失の場合、本文の規定は適用されないものとした。
（新設）	（目的物の滅失等についての危険の移転） **第567条①　売主が買主に目的物（売買の目的として特定したものに限る②。以下この条において同じ。）を引き渡した場合において、その引渡しがあった時以後にその目的物が当事者双方の責めに帰することができない事由によって③滅失し、又は損傷したときは、買主は、その滅失又は損傷を理由として、履行の追完の請求、代金の減額の請求、損害賠償の請求及び契約の解除をすることができない。この場合において、買主は、代金の支払を拒むことができない。**	①本条は、引渡し（2項で、引渡しの債務の履行を提供したにもかかわらず、買主がその履行を受けることを拒み、又は受けることができない場合は履行の提供）によって危険が移転すること、つまり引渡し後に当事者双方無責の事由によって目的物が滅失又は損傷した場合、買主はその滅失又は損傷を理由として、履行の追完の請求、代金の減額の請求、損害賠償の請求及び契約の解除をすることができない（代金支払義務が残る）ことを定めた[296]。本条は任意規定であり、当事者の合意で危険移転の時期を引渡し以外の時期にすることは可能と解される[297]。

292　「知った時」の判断は、旧法における「買主が売主に対し担保責任を追及し得る程度に確実な事実関係を認識したことを要すると解するのが相当である」とした判例（**最判H13.2.22**）が新法下でも生きるものと思われるが、反対の考え方もあり得るので注意が必要。

293　不適合の通知は、不適合であることを通知すれば足り、不適合責任を問う意思を明確に告げたり、請求する損害額の根拠を示す必要はないとされている（部会資料75A）。もっとも、不適合の内容を把握することが可能な程度に、不適合の種類・範囲を伝えることが想定されている（一問一答285頁）。

294　なお、種類・品質に関する契約不適合について、債権の消滅時効に関する一般準則も適用される（部会資料75A）。つまり引渡時（客観的起算点）から10年、あるいは買主が不適合を知った時（主観的起算点）から5年で消滅時効にかかる（改正法の概要268頁）。

295　これらについては、専ら、債権の消滅時効に関する一般準則（166条1項）によって処理される（改正法の概要268頁）。

296　なお、契約不適合がある場合、買主が売主に対して債務不履行に基づき責任を追及することは可能。

297　改正債権法407頁

第3編　逐条解説（債権各論　契約、不法行為　521条〜724条の2）

	2　売主が契約の内容に適合する目的物をもって、その引渡しの債務の履行を提供したにもかかわらず、買主がその履行を受けることを拒み、又は受けることができない場合において、その履行の提供があった時①以後に当事者双方の責めに帰することができない事由によって③その目的物が滅失し、又は損傷したときも、前項と同様とする。	②1項で、「売買の目的として特定したものに限る」とされているため、種類物の売買で、契約に適合していない目的物を選定しても401条2項の特定の効果が生じないため、本条の適用はないと解される[298]。 ③1項、2項とも売主有責の場合は本条は適用されない。売主有責の場合、買主は履行の追完の請求、代金の減額の請求、損害賠償の請求及び契約の解除をすることができる。 ④受領遅滞との関係などについては第2編第1章4(4)（43頁）参照。
（強制競売における担保責任） 第568条　強制競売における買受人は、第561条から前条までの規定①により、債務者に対し、契約の解除をし、又は代金の減額を請求することができる。	（競売における担保責任等） **第568条　民事執行法その他の法律の規定に基づく競売（以下この条において単に「競売」という。）における買受人は、第541条及び第542条の規定並びに第563条（第565条において準用する場合を含む。）の規定①により、債務者に対し、契約の解除をし、又は代金の減額を請求することができる。**	①旧法1項は、旧法566条3項（請求について買主が事実を知った時から1年の期間制限）を準用していたが、新法は行使の期間制限を定める566条を準用していない。したがって、新法1項は債権の消滅時効に関する一般準則のみが適用されることになる（166条1項）。なお、562条を準用していないため、追完請求はできない。また、準用条文が改正されたことにより、細かい部分が改正されている[299]。
2　前項の場合において、債務者が無資力であるときは、買受人は、代金の配当を受けた債権者に対し、その代金の全部又は一部の返還を請求することができる。		
3　前2項の場合において、債務者が物若しくは権利の不存在を知りながら申し出なかったとき、又は債権者がこれを知りながら競売を請求したときは、買受人は、これらの者に対し、損害賠償の請求をすることができる。	**4　前3項の規定は、競売の目的物の種類又は品質に関する不適合については、適用しない②。**	②4項は、旧法570条ただし書が強制競売の場合に担保責任から物の瑕疵を除外していたのを、表現を修正したうえで引き継いだもの。競売における担保責任は、数量不足と権利にかかる不適合のみが対象となる。
（抵当権等がある場合における売主の担保責任） 第567条　売買の目的である不動産について存した先取特権又は抵当権の行使により買主がその所有権を失ったときは、買主は、契約の解除をすることができる①。	（抵当権等がある場合の買主による費用の償還請求） **第570条②　買い受けた不動産について契約の内容に適合しない先取特権、質権又は抵当権が存していた場合において、買主が費用を支出してその不動産の所有権を保存した**	①旧法567条1項と3項の定めるケースは、全部不能が生じていることから、債務不履行の一般規定によって処理をされるため、特別な規定は不要であるとして、削除された[300]。

298　改正法の概要270頁。もっともかかる考え方には異論もあるとされている。なお、旧法では特定した後引渡しがなくても危険は移転したが（旧法534条）、新法は引渡しにより危険が移転することになる。

299　具体的には、権利の瑕疵について旧法は代金減額請求ができなかったが、新法は可能となった。また、数量に関する目的物の不適合と権利の契約不適合につき旧法では担保責任に期間制限があったが、新法では期間制限を設けていない（以上につき一問一答288頁）。

300　部会資料75A

第3章　売買契約（555条〜585条）

2　買主は、費用を支出してその所有権を保存したときは、売主に対し、その費用の償還を請求することができる②。 3　前2項の場合において、買主は、損害を受けたときは、その賠償を請求することができる①。	ときは、買主は、売主に対し、その費用の償還を請求することができる。	②本条は、質権を追加したうえで、旧法567条2項の内容を維持した。
（売主の瑕疵担保責任） 第570条　売買の目的物に隠れた瑕疵があったときは、第566条の規定を準用する。ただし、強制競売の場合は、この限りでない。	（削除）①	①新法は瑕疵担保責任を契約責任として構成し、旧法570条を削除した。旧法570条の内容は、種類・品質が契約に適合しない場合として562条、563条、564条で処理されることになる。
（売主の担保責任と同時履行） 第571条　第533条の規定は、第563条から第566条まで及び前条の場合について準用する。	（削除）①	①新法は、売主の担保責任を契約責任と整理し、同時履行の抗弁権も533条で規律されるため、旧法571条は削除された（削除に対応して、533条に若干の改正がされた）。
（担保責任を負わない旨の特約） 第572条　売主は、第560条から前条までの規定による担保の責任を負わない旨の特約をしたときであっても、知りながら告げなかった事実及び自ら第三者のために設定し又は第三者に譲り渡した権利については、その責任を免れることができない。	第572条　売主は、第562条第1項本文又は第565条に①規定する場合における担保の責任を負わない旨の特約をしたときであっても、知りながら告げなかった事実及び自ら第三者のために設定し又は第三者に譲り渡した権利については、その責任を免れることができない。	①瑕疵担保に関する条文全体の改正にあわせて引用条文を変更した。担保責任を負わない旨の特約は有効であることを維持し、実質的には改正されていない。なお、本条は599条を介して有償契約に準用されることから旧法640条は削除された。
（権利を失うおそれがある場合の買主による代金の支払の拒絶） 第576条　売買の目的について権利を主張する者があるために①買主がその買い受けた権利の全部又は一部を失うおそれがあるときは、買主は、その危険の限度に応じて、代金の全部又は一部の支払を拒むことができる。ただし、売主が相当の担保を供したときは、この限りでない。	（権利を取得することができない等のおそれがある場合の買主による代金の支払の拒絶） 第576条　売買の目的について権利を主張する者があることその他の事由により①、買主がその買い受けた権利の全部若しくは一部を取得することができず、又は失うおそれがあるときは、買主は、その危険の程度に応じて、代金の全部又は一部の支払を拒むことができる。ただし、売主が相当の担保を供したときは、この限りでない。	①旧法下の学説は「売買の目的について権利を主張する者」を柔軟に解釈して576条の適用範囲を広げていたことから、かかる解釈を明文化する趣旨で、「その他の事由」を追加した[301]。

301　改正法の概要 275 頁

第3編 逐条解説（債権各論 契約、不法行為 521条〜724条の2）

（抵当権等の登記がある場合の買主による代金の支払の拒絶）		①１項、２項とも、抵当権等を考慮して代金額を決めた売買契約を締結した場合、買主に代金支払拒絶権を与える必要がない旨を明確にするため、文言が追加された[302]。
第577条　買い受けた不動産について抵当権の登記があるときは、買主は、抵当権消滅請求の手続が終わるまで、その代金の支払を拒むことができる。この場合において、売主は、買主に対し、遅滞なく抵当権消滅請求をすべき旨を請求することができる。	第577条　買い受けた不動産について契約の内容に適合しない①抵当権の登記があるときは、買主は、抵当権消滅請求の手続が終わるまで、その代金の支払を拒むことができる。この場合において、売主は、買主に対し、遅滞なく抵当権消滅請求をすべき旨を請求することができる。	
２　前項の規定は、買い受けた不動産について先取特権又は質権の登記がある場合について準用する。	２　前項の規定は、買い受けた不動産について契約の内容に適合しない①先取特権又は質権の登記がある場合について準用する。	

(ii)　関連改正

　瑕疵担保について定めている法律において、民法の改正にあわせた改正が行われた。以下、代表的な法律の改正内容を掲載する。他に、住宅の品質確保の促進等に関する法律なども改正されている。

【宅地建物取引業法】

旧法	新法
（重要事項の説明等）	
第35条　宅地建物取引業者は、……次に掲げる事項について、これらの事項を記載した書面（第５号において図面を必要とするときは、図面）を交付して説明をさせなければならない。	
1〜12　省略（変更なし）	
13　当該宅地又は建物の瑕疵を担保すべき責任の履行に関し保証保険契約の締結その他の措置で国土交通省令・内閣府令で定めるものを講ずるかどうか、及びその措置を講ずる場合におけるその措置の概要	13　当該宅地又は建物が種類又は品質に関して契約の内容に適合しない場合におけるその不適合を担保すべき責任の履行に関し保証保険契約の締結その他の措置で国土交通省令・内閣府令で定めるものを講ずるかどうか、及びその措置を講ずる場合におけるその措置の概要
14以下　省略	
（書面の交付）	
第37条　宅地建物取引業者は、……次に掲げる事項を記載した書面を交付しなければならない。	
1〜10　省略	
11　当該宅地若しくは建物の瑕疵を担保すべき責任又は当該責任の履行に関して講ずべき保証保険契約の締結その他の措置についての定めがあるときは、その内容	11　当該宅地若しくは建物が種類若しくは品質に関して契約の内容に適合しない場合におけるその不適合を担保すべき責任又は当該責任の履行に関して講ずべき保証保険契約の締結その他の措置についての定めがあるときは、その内容
12以下　省略	

[302]　部会資料75A

第3章　売買契約（555条〜585条）

第40条　宅地建物取引業者は、自ら売主となる宅地又は建物の売買契約において、その目的物の瑕疵を担保すべき責任に関し、民法（明治29年法律第89号）第570条において準用する同法第566条第3項に規定する期間についてその目的物の引渡しの日から2年以上となる特約をする場合を除き、同条に規定するものより買主に不利となる特約をしてはならない。	第40条　宅地建物取引業者は、自ら売主となる宅地又は建物の売買契約において、その目的物が種類又は品質に関して契約の内容に適合しない場合におけるその不適合を担保すべき責任に関し、民法（明治29年法律第89号）第566条に規定する期間についてその目的物の引渡しの日から2年以上となる特約をする場合を除き、同条に規定するものより買主に不利となる特約をしてはならない。
2　前項の規定に反する特約は、無効とする。	

【商法】

旧法	新法
（買主による目的物の検査及び通知）	
第526条　商人間の売買において、買主は、その売買の目的物を受領したときは、遅滞なく、その物を検査しなければならない。	
2　前項に規定する場合において、買主は、同項の規定による検査により売買の目的物に瑕疵があること又はその数量に不足があることを発見したときは、直ちに売主に対してその旨の通知を発しなければ、その瑕疵又は数量の不足を理由として契約の解除又は代金減額若しくは損害賠償の請求をすることができない。売買の目的物に直ちに発見することのできない瑕疵がある場合において、買主が6箇月以内にその瑕疵を発見したときも、同様とする。	2　前項に規定する場合において、買主は、同項の規定による検査により売買の目的物が種類、品質又は数量に関して契約の内容に適合しないことを発見したときは、直ちに売主に対してその旨の通知を発しなければ、その不適合を理由とする履行の追完の請求、代金の減額の請求、損害賠償の請求及び契約の解除をすることができない。売買の目的物が種類又は品質に関して契約の内容に適合しないことを直ちに発見することができない場合において、買主が6箇月以内にその不適合を発見したときも、同様とする。
3　前項の規定は、売主がその瑕疵又は数量の不足につき悪意であった場合には、適用しない。	3　前項の規定は、売買の目的物が種類、品質又は数量に関して契約の内容に適合しないことにつき売主が悪意であった場合には、適用しない。

第3編　逐条解説（債権各論　契約、不法行為　521条〜724条の2）

（2）　瑕疵担保責任等に関する改正の概要

（i）　瑕疵、契約不適合の種類毎の改正の概要

	旧法の整理	新法の整理	
数量指示売買の数量不足／一部滅失（旧法565条）	善意の買主は、代金減額請求、損害賠償、残存する部分のみであれば買主が買い受けなかった時は解除が可能。	種類、品質又は数量に関しての契約不適合（562条、563条、564条）	・買主は、目的物の修補、不足分の引渡し等の履行の追完請求が可能（562条）。なお、売主には追完内容の変更権がある（562条1項ただし書）。
瑕疵担保責任（旧法570条）	買主が善意かつ契約の目的が達成できない場合は解除可能。解除不可能の場合は損害賠償請求のみ可能。	→すべてを通じて右記の内容で処理をされる（注1、注2）。	・履行の追完がない場合は代金減額が可能（563条）。
全部が他人の権利（旧法561条、562条）	買主に移転できない場合、買主は解除可能。善意の買主は損害賠償可能。	権利内容の契約不適合（一部が他人の権利で移転できないときを含む）（565条）→562条〜564条が準用されているため、すべてを通じて、右記で処理される。但し、全部他人の権利で履行不能の場合は、債務不履行の一般規定によって処理をされる（570条に特則がある）[303]。	・不適合につき、買主に帰責事由がある場合は、履行の追完や代金減額請求不可（562条2項、563条3項）。
一部が他人の権利（旧法563条）	買主は代金減額請求可能。善意の買主は、損害賠償、残存部分のみであれば買い受けなかった場合、解除可能。		・415条に基づく損害賠償請求が可能（564条）。売主が無責の場合は請求できない。買主の無責は必要ないが、有責の場合過失相殺が問題となる。
地上権等がある場合（旧法566条）	買主善意かつ契約の目的が達成できない場合は解除可能。解除不可能の場合は損害賠償請求のみ可能。		・541条、542条に基づく解除可能（564条）。売主が有責である必要はないが買主有責の場合は解除不可（543条）。
抵当権等がある場合（旧法567条）	買主が所有権を失った場合は解除かつ損害賠償が可能。買主が支出して所有権を維持した場合は費用の償還請求かつ損害賠償が可能。		
競売の場合（注3）	債務者は物の瑕疵についての担保責任は負わない（570条）。		種類又は品質に関する不適合について、責任を負わない（568条4項）。

（注1）旧法570条の「隠れた」は、新法では要件として出てこないが、買主が瑕疵を認識していたかどうかについても「契約の内容に適合」の解釈に取り込まれるためとされている[304]。新法では、買主の善意、悪意を要件とした規定はないが、これも、新法では、契約内容に適合した履行の範囲や、売主・買主の帰責事由が、主観的事情も織り込んで判断されるため、条文上の要件にはならなかったものと考えられる。例えば、他人物売買契約において、他人物であることを買主が明示していた場合とそうでない場合で、契約に適合した売主の義務の内容や帰責事由の判断基準は自ずと異なると解される。

（注2）新法の買主の権利行使につき、要件を整理すると概要以下のとおり。

	売主に帰責事由	双方に帰責事由なし	買主に帰責事由
損害賠償	可能（415条）	不可（415条1項）	売主に帰責事由があれば可能だが（415条）、過失相殺等が問題となる。
解除	可能（541条、542条）		不可（543条）
追完請求	可能（562条）		不可（562条2項）
代金減額	可能（563条）		不可（563条3項）

303　買い受けた不動産に抵当権等があり、買主が費用を拠出して不動産の所有権を保存した場合の特則

304　部会資料75A

第3章　売買契約（555条〜585条）

（注3）旧法、新法を通じて競売の場合、権利の瑕疵にあたるか、物の瑕疵にあたるかで、債務者が負うべき責任が異なってくる。この点、法律上の瑕疵（例えば、対象不動産に建築基準法上の制限がある場合など）について、物の瑕疵と考えるべきか、権利の瑕疵ととらえるべきかについては、法文上明らかでなく、新法でも旧法と同様に解釈に委ねられる[305]。

(ii)　権利保存の期間制限及び保存方法等

項目	旧法		新法	
	場合分け	期間制限	場合分け	期間制限
権利保存の期間制限	瑕疵担保責任	事実を知った時から1年以内（旧法570条、566条）	品質・種類の契約不適合	売主悪意、重過失の場合を除き、契約の内容に適合しないことを買主が知った時[306]から1年以内に売主に通知することが必要（566条）。
	地上権等の付着	事実を知った時から1年以内（566条3項）	数量／権利の契約不適合	短期の期間制限に関する特則はない。債権の消滅時効に関する一般準則のみが適用される（166条1項）。
	権利の一部が他人／数量不足	善意の買主は知った時から1年、悪意の買主は契約の時から1年（旧法564条、565条）		
短期の権利保存方法	「売主に対し、具体的に瑕疵の内容とそれに基づく損害賠償請求をする旨を表明し、請求する損害額の算定の根拠を示す」通知が必要（**最判 H4.10.20**）。		「売主が種類又は品質に関して契約の内容に適合しない目的物を買主に引き渡した」旨を通知すれば足りる（566条）[307]。	
権利保存期間と時効の関係	目的物の引渡しから10年の消滅時効に服する（**最判 H13.11.27**）。		期間内の通知によって保存された権利は、消滅時効一般原則が適用される（引渡しから10年、不適合を知ってから5年）と解される。	

3　買戻し（579条〜585条）

(1)　改正条文

305　土地の大部分が都市計画街路の境域内に存するために買主が住宅を建築することが困難なことが隠れた瑕疵にあたるとした判例（**最判 S41.4.14**）などが参考になる。もっとも、法律上の瑕疵を権利の瑕疵にあたるとした下級審裁判例もあり（**東京高判 H15.1.29、名古屋高判 H23.2.17**）注意が必要。

306　新法の「知った時」の判断は、旧法における「買主が売主に対し担保責任を追及し得る程度に確実な事実関係を認識したことを要すると解するのが相当である」とした売買の判例（**最判 H13.2.22**）が生きるものと解されるが、反対の考え方もあり得るので注意が必要。

307　不適合の内容を把握することが可能な程度に、不適合の種類・範囲を伝えることが想定されている（一問一答285頁）。

第3編　逐条解説（債権各論　契約、不法行為　521条〜724条の2）

(i)　民法

旧法（現行法）	新法（改正法）	留意点／経過措置は4
（買戻しの特約）		
第579条　不動産の売主は、売買契約と同時にした買戻しの特約により、買主が支払った代金及び契約の費用を返還して、売買の解除をすることができる。この場合において、当事者が別段の意思を表示しなかったときは、不動産の果実と代金の利息とは相殺したものとみなす。	第579条　不動産の売主は、売買契約と同時にした買戻しの特約により、買主が支払った代金（別段の合意をした場合にあっては、その合意により定めた金額。第583条第1項において同じ。）[①]及び契約の費用を返還して、売買の解除をすることができる。この場合において、当事者が別段の意思を表示しなかったときは、不動産の果実と代金の利息とは相殺したものとみなす。	①旧法は、買戻し代金を「当初の代金＋契約費用」と定めていたが、かかる規定は強行規定と解されていた。しかし、かかる定めは合理性に乏しく、柔軟性に欠けることから、新法は括弧書を追加して、買戻し代金を当初の代金とすることを任意規定とした[308]。
（買戻しの特約の対抗力）		
第581条　売買契約と同時に買戻しの特約を登記したときは、買戻しは、第三者に対しても、その効力を生ずる[①]。	第581条　売買契約と同時に買戻しの特約を登記したときは、買戻しは、第三者に対抗することができる[①]。	①1項は、文言の整理を行った。
2　登記をした賃借人の権利は、その残存期間中1年を超えない期間に限り、売主に対抗することができる。ただし、売主を害する目的で賃貸借をしたときは、この限りでない。	2　前項の登記がされた後に第605条の2第1項に規定する対抗要件を備えた[②]賃借人の権利は、その残存期間中1年を超えない期間に限り、売主に対抗することができる。ただし、売主を害する目的で賃貸借をしたときは、この限りでない。	②2項は、605条の2が新設されたことに対応したもの。

(ii)　関連改正

買戻し特約の登記について定める不動産登記法96条が、民法にあわせて改正された。

旧法	新法
（買戻しの特約の登記の登記事項）	
第96条　買戻しの特約の登記の登記事項は、第59条各号に掲げるもののほか、買主が支払った代金及び契約の費用並びに買戻しの期間の定めがあるときはその定めとする。	第96条　買戻しの特約の登記の登記事項は、第59条各号に掲げるもののほか、買主が支払った代金（民法第579条の別段の合意をした場合にあっては、その合意により定めた金額）及び契約の費用並びに買戻しの期間の定めがあるときはその定めとする。

4　経過措置（附則34条1項）

内容	区分		適用
売買契約全般（555条〜585条）	契約締結日	施行日前	旧法
		施行日以降	新法

308　なお、担保目的で買戻特約付き売買の形式の契約がされた場合、579条以下の適用がないとされる判例（**最判H18.2.7**）は、新法でも維持されると解される（部会資料75A）。

第4章　消費貸借契約／使用貸借契約（587条〜600条）

第4章 消費貸借契約／使用貸借契約（587条〜600条）

1　消費貸借（587条〜592条）

　要物契約とされていた消費貸借契約を、書面による場合に諾成契約化するなど、実務に一定の影響があると思われる改正が行われている。なお、金銭消費貸借契約について、改正を踏まえて検討すべき事項は、第4編第1章3（196頁）参照。

(1)　改正条文

旧法（現行法）	新法（改正法）	留意点／経過措置は(2)
（消費貸借の予約と破産手続の開始） （3項を除き新設）	（書面でする消費貸借等） **第587条の2　前条の規定にかかわらず、書面でする消費貸借は、当事者の一方が金銭その他の物を引き渡すことを約し、相手方がその受け取った物と種類、品質及び数量の同じ物をもって返還をすることを約することによって、その効力を生ずる①。** **2　書面でする消費貸借の借主は、貸主から金銭その他の物を受け取るまで、契約の解除をすることができる②。この場合において、貸主は、その契約の解除によって損害を受けたときは、借主に対し、その賠償を請求することができる③。**	①1項及び4項は、要物契約とされていた消費貸借契約を、書面又は電磁的記録（4項）によることを要件として諾成契約化した。なお、旧法下においても、無名契約としての諾成的消費貸借も認められており（**最判S48.3.16**）、実務に与える影響はそれほど大きくないと思われる。 ②2項1文は、諾成化に付随して、借主に借りる義務を負わせない趣旨の規定を置いた[309]。 ③2項2文は、貸主が契約履行前の解除に伴う「損害」を請求できるとするが、「損害」の範囲は、解釈上限定されると考えられている[310]。
第589条　消費貸借の予約は、その後に当事者の一方が破産手続開始の決定を受けたときは、その効力を失う。	**3　書面でする消費貸借は、借主が貸主から金銭その他の物を受け取る前に当事者の一方が破産手続開始の決定を受けたときは、その効力を失う④。** **4　消費貸借がその内容を記録した電磁的記録によってされたときは、その消費貸借は、書面によってされたものとみなして、前3項の規定を適用する①。**	④3項は、旧法589条で消費貸借の予約につき定められていた事項を、書面等による消費貸借契約の諾成化に伴い、契約履行前の事項として整理した[311]。なお、当事者の一方が再生手続開始決定や更生手続開始決定を受けた場合については解釈に委ねられる[312]。

309　部会資料70A
310　金融業者が貸主である場合、借主が受領を拒否した金銭は他の顧客に対する貸付に振り向けることにより特段の損害はないことが多いと考えられているようである（部会資料70A）。また、損害賠償額の予定額が過大である場合、新法が新設した定型約款の規律により契約内容から排除されたり、90条違反とされたり、消費者契約法により無効とされる場合があることが指摘されている（改正債権法416頁）。
311　もっとも、新法において、消費貸借の予約契約が否定されるわけではない。587条の2第3項が予約において類推適用されるとする指摘がある（改正債権法418頁）。
312　部会資料70A

152

第3編　逐条解説（債権各論　契約、不法行為　521条～724条の2）

（準消費貸借） 第588条　消費貸借によらない<u>で^①</u>金銭その他の物を給付する義務を負う者がある場合において、当事者がその物を消費貸借の目的とすることを約したときは、消費貸借は、これによって成立したものとみなす。	第588条　金銭その他の物を給付する義務を負う者がある場合において、当事者がその物を消費貸借の目的とすることを約したときは、消費貸借は、これによって成立したものとみなす。	①旧法の冒頭部分は、消費貸借を目的とする債務も準消費貸借の対象となるとする判例（**大判T2.1.24**）を踏まえて、削除された。
（新設）	（利息） 第589条　貸主は、特約がなければ、借主に対して利息を請求することが<u>できない^①</u>。 2　前項の特約があるときは、貸主は、借主が金銭その他の物を受け取った日以後の利息を請求することが<u>できる^②</u>。	①1項は、消費貸借は無利息が原則であることを定めた。 ②2項は、判例（**最判S33.6.6**）を踏まえて、利息の発生は金銭等の授受があった日以降であることを定めた[313]。強行規定であり、利息発生日を受領日より前にすることはできないと解されている[314]。
（貸主の<u>担保責任</u>） **第590条**　利息付きの消費貸借において、物に隠れた瑕疵があったときは、貸主は、瑕疵がない物をもってこれに代えなければならない。この場合においては、<u>損害賠償の請求を妨げない^①</u>。 2　無利息の消費貸借においては^③、借主は、<u>瑕疵^④</u>がある物の価額を返還することができる。この場合において、<u>貸主がその瑕疵を知りながら借主に告げなかったときは、前項の規定を準用する。</u>	（貸主の引渡義務等） **第590条　第551条の規定は、前条第1項の特約のない消費貸借について準用する^②。** 2　**前条第1項の特約の有無にかかわらず^③、貸主から引き渡された物が種類又は品質に関して契約の内容に適合しないものであるとき^④は、借主は、その物の価額を返還することができる。**	①旧法1項は、利息付消費貸借契約については559条を介して562条が準用されるため[315]、維持する意味がないことから削除された。 ②1項は、無利息消費貸借契約について、無償契約の共通性に着眼して贈与の規定である551条[316]を準用した[317]。 ③2項は、旧法2項の価格を返還することができる場合を無利息消費貸借から消費貸借一般に拡大した。 ④2項は、旧法2項の「瑕疵」を「種類又は品質に関して契約の内容に適合しないもの」という表現に改めた。
（返還の時期） 第591条　当事者が返還の時期を定めなかったときは、貸主は、相当の期間を定めて返還の催告をすることができる。 2　借主は、いつでも返還をす<u>ることができる^①</u>。	2　借主は、<u>返還の時期の定めの有無にかかわらず^①、</u>いつでも返還をすることができる。	①2項は、旧法2項が1項を受けて期間の定めのない場合のみに適用があると解されていたところ、期限の定めがある場合を含めて借主はいつでも返還可能と定めた[318]。

313　一問一答290頁
314　改正債権法419頁
315　消費貸借の対象物が契約の内容に適合しない場合、貸主は、借主に対し、代替物の引渡義務等のほか、損害賠償等の担保責任を負う（一問一答296頁）。
316　551条　贈与者は、贈与の目的である物又は権利を、贈与の目的として特定した時の状態で引き渡し、又は移転することを約したものと推定する。
317　改正法の概要284頁
318　BA民法改正390頁。もっとも、旧法においても136条2項（改正なし）が期限の利益を放棄できると定めていたことから、借主は期限の利益を放棄することにより期限前弁済が可能とされており、実質的に改正による影響はないものと考えられる。

153

第4章　消費貸借契約／使用貸借契約（587条〜600条）

	3　当事者が返還の時期を定めた場合において、貸主は、借主がその時期の前に返還をしたことによって損害を受けたときは、借主に対し、その賠償を請求することができる②。	②3項は、旧法下の一般的な理解を明文化した。なお、「損害」の内容については、解釈に委ねられる[319]。

(2)　経過措置（附則34条1項）

内容	区分		適用
消費貸借契約全般（587条〜592条）	契約締結日	施行日前	旧法
		施行日以降	新法

2　使用貸借（593条〜600条）

　要物契約とされていた使用貸借契約を諾成契約化したほか、条文の整理を行うなどの改正がされている。実務に大きな影響はないものと思料される。

(1)　改正条文

旧法（現行法）	新法（改正法）	留意点／経過措置は(2)
（使用貸借） 第593条　使用貸借は、当事者の一方が無償で使用及び収益をした後に返還をすることを約して相手方からある物を受け取ることによって①、その効力を生ずる。	第593条　使用貸借は、当事者の一方がある物を引き渡すことを約し、相手方がその受け取った物について無償で使用及び収益をして契約が終了したときに返還をすることを約することによって①、その効力を生ずる。	①要物契約とされていた使用貸借契約を諾成契約化した[320]。
（新設）	（借用物受取り前の貸主による使用貸借の解除） 第593条の2　貸主は、借主が借用物を受け取るまで、契約の解除をすることができる。ただし、書面による使用貸借については、この限りでない①。	①諾成化に伴い、書面によらない使用貸借について、物の受渡しがあるまでの間、貸主に解除権を認めた。なお、書面の有無にかかわらず、借主はいつでも契約解除が可能（598条3項）。
（貸主の担保責任）① 第596条　第551条の規定は、使用貸借について準用する。	（貸主の引渡義務等）①	①条文の表題が、551条の改正にあわせて、変更となった[321]。

319　BA民法改正391頁。弁済期までの利息相当額の賠償を請求できるか否かは、個々の事案による解釈によるが、原則として認められないと考えられる（一問一答299頁〜300頁）。

320　諾成契約化に伴い、引渡し前に一方に法的倒産手続が開始した場合の処理が問題となるが、特段の定めは置かれなかったため、双方未履行双務契約として各法（破産法53条、民事再生法49条、会社更生法61条）によって処理される（部会資料70A）。

321　551条の改正に伴い、本条は、貸主は使用貸借の目的として特定した時の状態で目的物を引き渡す合意があったものと推定されることを定めている。

第3編　逐条解説（債権各論　契約、不法行為　521条〜724条の2）

（借用物の返還の時期） 第597条① 借主は、契約に定めた時期に、借用物の返還をしなければならない。 2　当事者が返還の時期を定めなかったときは、借主は、契約に定めた目的に従い使用及び収益を終わった時に、返還をしなければならない。ただし、その使用及び収益を終わる前であっても、使用及び収益をするのに足りる期間を経過したときは、貸主は、直ちに返還を請求することができる。 3　当事者が返還の時期並びに使用及び収益の目的を定めなかったときは、貸主は、いつでも返還を請求することができる。 （借主の死亡による使用貸借の終了） 第599条① 使用貸借は、借主の死亡によって、その効力を失う。	（期間満了等による使用貸借の終了） 第597条① 当事者が使用貸借の期間を定めたときは、使用貸借は、その期間が満了することによって終了する。 2　当事者が使用貸借の期間を定めなかった場合において、使用及び収益の目的を定めたときは、使用貸借は、借主がその目的に従い使用及び収益を終えることによって終了する。 3　使用貸借は、借主の死亡によって終了する。 （使用貸借の解除） 第598条① 貸主は、前条第2項に規定する場合において、同項の目的に従い借主が使用及び収益をするのに足りる期間を経過したときは、契約の解除をすることができる。 2　当事者が使用貸借の期間並びに使用及び収益の目的を定めなかったときは、貸主は、いつでも契約の解除をすることができる。 **3　借主は、いつでも契約の解除をすることができる。**	①597条及び598条は、実質的には契約の終了の定めであった旧法597条と、借主の死亡による契約の終了を定めていた旧法599条の内容を整理し、597条で期間満了等による契約の終了、598条で解除による終了を定めた。 598条3項を除けば、実質的に改正はないと考えられる（597条1項は旧法597条1項に、同2項は旧法597条2項本文に、同3項は旧法599条に、598条1項は旧法597条2項ただし書に、同2項は旧法597条3項に、それぞれ対応している。）。 なお、597条1項は賃貸者に準用されている（622条）。 使用貸借契約の契約終了にかかる改正内容は(3)参照。
（借主による収去） 第598条　借主は、借用物を原状に復して、これに附属させた物を収去することができる。	（借主による収去等） **第599条　借主は、借用物を受け取った後にこれに附属させた物がある場合において、使用貸借が終了したときは、その附属させた物を収去する義務を負う。ただし、借用物から分離することができない物又は分離するのに過分の費用を要する物については、この限りでない①。** 2　借主は、借用物を受け取った後にこれに附属させた物を収去することができる②。 **3　借主は、借用物を受け取った後にこれに生じた損傷がある場合において、使用貸借が終了したときは、その損傷を原状に復する義務を負う。ただし、その損傷が借主の責めに帰することができない事由によるものであるときは、この限りでない③。**	①1項は、解釈により一般的に認められていた借主の収去義務を新設した。ただし書の場合、貸主は収去義務の履行は請求できないが、収去義務の履行不能につき借主に帰責事由があり、かつ、貸主に損害があれば、貸主は損害賠償請求が可能と解される[322]。なお、賃貸借に準用されている（622条）。 ②2項は、旧法598条の内容を承継したもの。賃貸借に準用されている（622条）。 ③3項は、借主の損傷の原状回復義務を定めた。なお、条文からは読み取りにくいが、旧法も、借主は原状回復義務を負うことを定めているものと理解されていた[323]。

322　一問一答308頁
323　一問一答307頁

第4章　消費貸借契約／使用貸借契約（587条～600条）

| （損害賠償及び費用の償還の請求権についての期間の制限）
第600条　契約の本旨に反する使用又は収益によって生じた損害の賠償及び借主が支出した費用の償還[2]は、貸主が返還を受けた時から1年以内に請求しなければならない。

2　前項の損害賠償の請求権[2]については、貸主が返還を受けた時から1年を経過するまでの間は、時効は、完成しない[1]。 | ①2項は、用法違反の損害賠償請求が10年ないし5年の消滅時効にかかるため（166条1項）、長期の使用貸借の場合、貸主が知らない間に時効が完成してしまう不都合を回避するため新設された[324]。
②2項の対象は損害賠償請求権のみであり、条文上は費用償還請求権には適用がない。
③本条は賃貸借に準用される（622条）。 |

(2)　経過措置（附則34条1項）

内容	区分		適用
使用貸借契約全般（593条～600条）	契約締結日	施行日前	旧法
		施行日以降	新法

(3)　使用貸借契約の契約終了にかかる改正内容の整理

場合分け			旧法	新法
契約履行前				書面によらない契約であれば、貸主は借主借受前に解除可能（593条の2）
契約履行後	使用期間を定めた場合		契約期間の満了（新旧法とも597条1項）	
	使用期間を定めない場合	使用及び収益の目的を定めたとき	目的に従い使用及び収益を終えたとき（新旧法とも597条2項）	
			目的に従い借主が使用及び収益をするのに足りる期間を経過したときは貸主は解除が可能（旧法597条2項、新法598条1項）	
		使用及び収益の目的を定めないとき	貸主はいつでも解除可能（旧法597条3項、新法598条2項）	
その他			借主の死亡（旧法599条、新法597条3項）	
			（規定なし）	借主はいつでも解除可能（598条3項）

（注）旧法は解除でなく「返還」という用語を使用しているが、上記表では「解除」で統一している。

324　部会資料70A

第3編　逐条解説（債権各論　契約、不法行為　521条〜724条の2）

第5章　賃貸借契約（601条〜622条の2）

　判例の明文化が主な改正であるが、それ以外の改正もあり注意が必要。なお、賃貸借契約について、改正を踏まえて検討すべき事項は、第4編第1章1（189頁）参照。また、改正の不動産賃貸の運営に与える影響は第4編第2章3（202頁）参照。

1　総則（601条〜604条）

　賃貸借期間の改正など、いくつか実務に一定の影響がある改正が行われている。

(1)　改正条文

(i)　民法

旧法（現行法）	新法（改正法）	留意点／経過措置
（賃貸借） 第601条　賃貸借は、当事者の一方がある物の使用及び収益を相手方にさせることを約し、相手方がこれに対してその賃料を支払うことを約することによって、その効力を生ずる。	第601条　賃貸借は、当事者の一方がある物の使用及び収益を相手方にさせることを約し、相手方がこれに対してその賃料を支払うこと及び引渡しを受けた物を契約が終了したときに返還すること[①]を約することによって、その効力を生ずる。	①借主に返還義務があることは、旧法616条が旧法597条1項を準用する方法で規定はされていたが、わかりにくいため、端的に601条に明記された。 ②経過措置：契約締結日で区分
（短期賃貸借） 第602条　処分につき行為能力の制限を受けた者[①]又は処分の権限を有しない者が賃貸借をする場合には、次の各号に掲げる賃貸借は、それぞれ当該各号に定める期間を超えることができない。 一　樹木の栽植又は伐採を目的とする山林の賃貸借　10年 二　前号に掲げる賃貸借以外の土地の賃貸借　5年 三　建物の賃貸借　3年 四　動産の賃貸借　6箇月	第602条　処分の権限を有しない者が賃貸借をする場合には、次の各号に掲げる賃貸借は、それぞれ当該各号に定める期間を超えることができない。契約でこれより長い期間を定めたときであっても、その期間は、当該各号に定める期間とする[②]。	①旧法の冒頭部分は削除された。保佐人、補助人が単独で締結することができない契約の範囲は、それぞれの条文（13条1項9号、17条1項。改正されない）に明記されており、一方未成年者、成年被後見人は、短期賃貸借であっても取り消せる（5条2項、9条。改正されない）ため不要な規定であり、逆に誤解を招く可能性があることから削除された[325]。 ②柱書2文は、本条の期間を超える契約をした場合の効果につき、一般的な理解を明文化した。 ③経過措置：契約締結日で区分
（賃貸借の存続期間） 第604条　賃貸借の存続期間は、20年[①]を超えることができない。契約でこれより長い期間を定めたときであっても、その期間は、20年とする。	**第604条　賃貸借の存続期間は、50年[①]を超えることができない。契約でこれより長い期間を定めたときであっても、その期間は、50年とする。**	①1項は、実務上の要請などを踏まえ、賃貸借の存続期間の上限を20年から50年に変更した。 ②1項の経過措置：契約締結日で区分

325　部会資料69-A

第5章　賃貸借契約（601条〜622条の2）

2　賃貸借の存続期間は、更新することができる。ただし、その期間は、更新の時から20年を超えることができない。	**2　賃貸借の存続期間は、更新することができる。ただし、その期間は、更新の時から50年を超えることができない③。**	③2項の経過措置：契約更新合意が施行日以降であれば、常に新法が適用される。

(ii)　関連改正　　農地法の以下の条文は削除された。

削除される条文	削除趣旨
（農地又は採草放牧地の賃貸借の存続期間） 第19条　農地又は採草放牧地の賃貸借についての民法第604条（賃貸借の存続期間）の規定の適用については、同条中「20年」とあるのは、「50年」とする。	604条の改正により、存在意義がなくなったため削除された。

(2)　経過措置（附則34条1項、2項）

内容	区分		適用
原則：賃貸借全般（601〜622条）	契約締結日	施行日前	旧法
		施行日以降	新法
例外：更新時の契約期間（604条2項）	契約締結日が施行日前であっても、更新合意が施行日以降にあった場合は新法が適用される		新法

2　賃貸借の効力・対抗力、賃貸人たる地位の移転（605条〜605条の3）

判例法理の明文化が主な改正。賃貸人の地位移転に関する新法の規律は(2)参照。

(1)　改正条文

旧法（現行法）	新法（改正法）	留意点／経過措置は7
（不動産賃貸借の対抗力） 第605条　不動産の賃貸借は、これを登記したときは、<u>その後①</u>その不動産について物権を取得した者に対しても、その効力を生ずる。	第605条　不動産の賃貸借は、これを登記したときは、その不動産について物権を取得した者<u>その他の第三者②</u>に対抗することができる。	①旧法の「その後」は、賃貸借の登記前の第三者との間の優劣も登記の先後によるというのが判例（**最判S42.5.2**）であることから、誤解を招くため削除された。 ②新法は、「その他の第三者」を追記した。判例は、登記をした賃借権は、物権取得者だけでなく、二重賃借の他方賃借人、不動産差押債権者などにも対抗できるとしており（**最判S28.12.18**など）、かかる解釈を前提に追記したもの。
（新設）	**（不動産の賃貸人たる地位の移転）** **第605条の2　前条、借地借家法（平成3年法律第90号）第10条又は第31条その他の法令の規定による賃貸借の対抗要件を備えた場合において、その不動産が譲渡されたときは、その不動産の賃貸人たる地位は、その譲受人に移転する①。**	①1項は、不動産が譲渡された場合の、賃貸人の地位の移転につき、判例法理（**大判T10.5.30、最判S39.8.28**）を明文化した。

158

第3編　逐条解説（債権各論　契約、不法行為　521条〜724条の2）

	2　前項の規定にかかわらず、不動産の譲渡人及び譲受人が、賃貸人たる地位を譲渡人に留保する旨及びその不動産を譲受人が譲渡人に賃貸する旨の合意をしたときは、賃貸人たる地位は、譲受人に移転しない②。この場合において、譲渡人と譲受人又はその承継人との間の賃貸借が終了したときは、譲渡人に留保されていた賃貸人たる地位は、譲受人又はその承継人に移転する③。 **3　第1項又は前項後段の規定による賃貸人たる地位の移転は、賃貸物である不動産について所有権の移転の登記をしなければ、賃借人に対抗することができない④。** **4　第1項又は第2項後段の規定により賃貸人たる地位が譲受人又はその承継人に移転したときは、第608条の規定による費用の償還に係る債務⑤及び第622条の2第1項の規定による同項に規定する敷金の返還に係る債務⑥は、譲受人又はその承継人が承継する。**	②2項1文は、1項の例外として、譲渡人と譲受人の合意により賃貸人たる地位を留保できること及び、その要件について判例（**最判H11.3.25**）を踏まえて明文化した[326]。 ③2項2文は、譲渡人と譲受人（又はその承継人）との間の賃貸借が終了したときは、譲渡人に留保されていた賃貸人たる地位は、譲受人（又はその承継人）に移転することを定め、対抗要件を具備していれば、賃借人としての地位に移動はなく、賃借人は明渡しを求められないことが明記された。 ④3項は、賃貸人の地位移転を賃借人に対抗するための要件として判例法理（**最判S49.3.19**）を明文化した。 ⑤4項前段は、608条[327]の費用償還債務の承継を定める。必要費、有益費にかかる償還債務は新所有者に当然に移転するという判例（**最判S46.2.19**）を明文化したもの。 ⑥4項後段は、敷金返還債務の承継を定める。判例は旧所有者のもとで生じた延滞賃料等の弁済に充当された残額について敷金返還債務が新所有者に移転するとしていた（**最判S44.7.17**）が、新法は敷金返還債務が承継される点のみを規定した。充当の有無は、解釈ないし個別の合意に委ねられたものと解される[328]。
（新設）	**（合意による不動産の賃貸人たる地位の移転）** **第605条の3①　不動産の譲渡人が賃貸人であるときは、その賃貸人たる地位は、賃借人の承諾を要しないで、譲渡人と譲受人との合意により、譲受人に移転させることができる。この場合においては、前条第3項及び第4項の規定を準用する②。**	①本条は、賃借人に対抗要件がない場合の賃貸人たる地位の移転について定めた。所有権の移転とともに譲渡人から譲受人に賃貸人たる地位が移転する場合、賃借人の承諾は不要とする判例法理（**最判S46.4.23**）を明文化した。 ②2文は、不動産の所有権移転登記が賃借人に対する対抗要件になること、費用償還債務や敷金返還債務が承継されることを明確にした。

326　転貸借が成立することになるが、かかる転貸借に613条（特に3項）が適用されるかについては解釈に委ねられている（改正債権法430頁）。605条の2第2項後段、3項により賃借人の地位は保護されていることを根拠に、613条3項の適用を否定するのが有力のようである（一問一答318頁）。

327　民法608条（改正なし）　賃借人は、賃借物について賃貸人の負担に属する必要費を支出したときは、賃貸人に対し、直ちにその償還を請求することができる。

　2　賃借人が賃借物について有益費を支出したときは、賃貸人は、賃貸借の終了の時に、第196条第2項の規定に従い、その償還をしなければならない。ただし、裁判所は、賃貸人の請求により、その償還について相当の期限を許与することができる。

328　部会資料69A参照。

第5章　賃貸借契約（601条～622条の2）

(2)　賃貸人の地位移転に関する新法の規律

　賃貸不動産の所有権移転に伴う賃貸人の地位移転に関する新法の規律は以下のとおり。基本的に判例法理を明文化したものであり、旧法においても同様の規律があてはまるものが多い。

場合分け		内容
賃借人に対抗要件 [注1] がある場合（605条の2）	原則	不動産の譲渡により、賃貸人たる地位も譲受人に移転する（1項）。
	例外	譲渡人及び譲受人が、①賃貸人たる地位を譲渡人に留保する旨及び②その不動産を譲受人が譲渡人に賃貸する旨の合意をしたときは、賃貸人たる地位は、譲渡人にとどまる。なお譲渡人と譲受人又はその承継人との間の賃貸借が終了したときは、譲渡人に留保されていた賃貸人たる地位は、譲受人又はその承継人に移転する（2項）。
	賃貸人の地位が移転した場合の賃貸人の対抗要件	賃貸物である不動産についての所有権移転登記（3項）
	賃貸人の債務	必要費、有益費にかかる償還債務及び敷金返還債務は、譲受人又はその承継人に移転する（4項）。[注2]
賃借人に対抗要件がない場合（605条の3）	原則	不動産の譲渡により、賃貸人たる地位は譲受人に移転しない。
	例外	譲渡人と譲受人との合意により、賃貸人たる地位を譲受人に移転させることができる（賃借人の承諾不要）。
	賃貸人の対抗要件	賃貸物である不動産についての所有権移転登記（605条の2第3項の準用）。
	賃貸人の債務	必要費、有益費にかかる償還債務及び敷金返還債務は、譲受人又はその承継人に移転する（605条の2第4項の準用）。

（注1）賃借人の主な対抗要件をまとめると次のとおり。

分類	対抗要件
建物の所有を目的とする土地の賃貸借	借地上の建物登記（借地借家法10条）／賃貸借の登記（民法605条）
建物の賃貸借	建物の引渡し（借地借家法31条）／賃貸借の登記（民法605条）
上記以外（建物所有を目的としない土地の賃貸借など）	賃貸借の登記（民法605条）

（注2）敷金については、判例は旧所有者のもとで生じた延滞賃料等の弁済に充当された残額について敷金返還債務が新所有者に移転するとしていた（**最判 S44.7.17**）が、新法は敷金返還債務が承継される点のみを規定した。充当については、解釈ないし個別の合意に委ねられたものと解される[329]。

3　賃貸借の効力・賃借人による妨害排除請求（605条の4）

　判例法理が明文化された。

(1)　改正条文（新設）

　以下の条文が新設された。新設条文のため新法のみを記載する。

329　部会資料69A参照。

160

第3編　逐条解説（債権各論　契約、不法行為　521条〜724条の2）

新法（改正法）	留意点
（不動産の賃借人による妨害の停止の請求等） **第605条の4**[①] **不動産の賃借人は、第605条の2第1項に規定する対抗要件を備えた場合において、次の各号に掲げるときは、それぞれ当該各号に定める請求をすることができる。** **一　その不動産の占有を第三者が妨害しているとき　その第三者に対する妨害の停止の請求** **二　その不動産を第三者が占有しているとき　その第三者に対する返還の請求**	①対抗要件[330]を備えた賃借人に、妨害停止（排除）請求権、返還請求権を認める判例（**最判 S28.12.18**、**最判 S30.4.5**）を明文化した。対抗要件を備えていない賃借人に同様の権利が認められるかは旧法と同様に解釈による[331]。なお、旧法下と同様に、賃借人は賃貸人の妨害排除請求権を代位行使することも可能と解される[332]。

(2)　経過措置（附則34条1項、3項）

内容	区分	適用
不動産の賃借人による妨害の停止の請求等（605条の4）	施行日以後に不動産の占有を第三者が妨害、又は第三者が占有しているときは、新法が適用される	新法

4　賃貸借の効力・賃貸人賃借人間の権利義務（606条〜616条）

　賃貸借の修繕義務の範囲などについて改正されている。賃貸人の修繕義務等に関する規定の整理は(2)参照。

(1)　改正条文

旧法（現行法）	新法（改正法）	留意点／経過措置は7
（賃貸物の修繕等） 第606条　賃貸人は、賃貸物の使用及び収益に必要な修繕をする義務を負う。 2　賃貸人が賃貸物の保存に必要な行為をしようとするときは、賃借人は、これを拒むことができない。	（賃貸人による修繕等） **第606条　賃貸人は、賃貸物の使用及び収益に必要な修繕をする義務を負う。ただし、賃借人の責めに帰すべき事由によってその修繕が必要となったときは、この限りでない**[①]**。**	①1項ただし書は、衡平の観点から、賃借人有責の場合、賃貸人が修繕義務を負わないことを定めた。なお、本条は任意規定であり（**最判 S29.6.25**など）、異なる定めをすることは可能と解される[333]。
（新設）	（賃借人による修繕） **第607条の2**[①②③]**　賃借物の修繕が必要である場合において、次に掲げるときは、賃借人は、その修繕をすることができる。**	①本条は、賃借物に修繕が必要である場合につき、一定の要件を満たすことを前提に、賃借人の修繕権限を新設した。

330　具体的な主な対抗要件は、上記2(2)の末尾（注1）参照。

331　改正法の概要298頁。なお、占有取得前の対抗力のない賃借権であっても、不法占拠者に対して妨害排除請求権を行使できるとする旧法下における有力説は、新法下においても排除されるものではないとされている（BA民法改正404頁）。

332　正確には、賃借物の使用収益させる請求権を被担保債権として、賃貸人の所有権に基づく妨害排除請求権を債権者代位（旧法423条、新法423条の7）により行使できると解される。

333　改正債権法436頁

第5章　賃貸借契約（601条～622条の2）

	一　賃借人が賃貸人に修繕が必要である旨を通知し、又は賃貸人がその旨を知ったにもかかわらず、賃貸人が相当の期間内に必要な修繕をしないとき。 二　急迫の事情があるとき。	②賃借人が実際に修繕した場合に、賃貸人に対する必要費償還請求が可能かどうかは、606条、608条[334]（改正されない）による。 ③本条は任意規定であり、異なる定めをすることは可能と解される[335]。
（減収による賃料の減額請求） 第609条　収益を目的とする土地[①]の賃借人は、不可抗力によって賃料より少ない収益を得たときは、その収益の額に至るまで、賃料の減額を請求することができる。ただし、宅地の賃貸借については、この限りでない。	（減収による賃料の減額請求） 第609条　耕作又は牧畜[①]を目的とする土地の賃借人は、不可抗力によって賃料より少ない収益を得たときは、その収益の額に至るまで、賃料の減額を請求することができる。	①適用される対象を農地、牧草地（条文上の表現は270条等にあわせて「耕作又は牧畜」とした）に限って賃借人保護を残す意義があるとして、改正された[336]。
（賃借物の一部滅失による賃料の減額請求等） 第611条　賃借物の一部が賃借人の過失によらないで[②]滅失[①]したときは、賃借人は、その滅失した部分の割合[③]に応じて、賃料の減額を請求することができる[④]。	（賃借物の一部滅失等による賃料の減額等） **第611条　賃借物の一部が滅失その他の事由により使用及び収益をすることができなくなった場合[①]において、それが賃借人の責めに帰することができない事由によるもの[②]であるときは、賃料は、その使用及び収益をすることができなくなった部分の割合[③]に応じて、減額される[④]。**	①旧法1項の「滅失」を「滅失その他の事由により使用及び収益をすることができなくなった場合」に広げた[337]。 ②旧法2項の「賃借人の過失」を「賃借人の責めに帰することができない事由」に改めた。 ③上記①の改正を受けて、減額の対象を旧法1項の「滅失した部分」から「その使用及び収益をすることができなくなった部分」に改めた。 ④旧法1項の「減額を請求することができる」を「減額される」に改正した。請求を待たずに当然に減額されることになる[338]。
2　前項の場合において[⑤]、残存する部分のみでは賃借人が賃借をした目的を達することができないときは、賃借人は、契約の解除をすることができる。	**2　賃借物の一部が滅失その他の事由により使用及び収益をすることができなくなった場合において[⑤]、残存する部分のみでは賃借人が賃借をした目的を達することができないときは、賃借人は、契約の解除をすることができる。**	⑤2項は、旧法が、賃借人の無過失を解除の要件としていたところ、当該要件をはずした。仮に賃借人に過失がある場合は、解除の効果とは別に、賃借人の賃貸人に対する損害賠償請求によって対処されることになる[339]。

334　民法608条1項　賃借人は、賃貸物について賃貸人の負担に属する必要費を支出したときは、賃貸人に対し、直ちにその償還を請求することができる。

335　改正債権法437頁。賃借人に修繕権を付与することや、賃貸人の個別の許諾を得て賃借人が修繕を行うことなども許容される（一問一答321頁）。なお、異なる定めをする場合は、消費者契約法に注意が必要。

336　部会資料84-3

337　旧法下において滅失以外の理由により使用及び収益ができなくなった場合は、旧法611条1項を類推適用して、賃借人は減額請求できるとする説と、旧法536条1項により当然に減額されるとする説があった（BA民法改正406頁）。新法は、後者の立場を明文化したものと言える。

338　条文上は改正がされているが、国土交通省のホームページに掲載されている「民間賃貸住宅に関する相談対応事例集」（賃貸借トラブルに係る相談対応研究会編）には、改正後も「円満な賃貸借関係を継続する観点からも、貸主と借主双方が誠意をもって協議し、解決することが、望ましい基本的な対応なるものと考えられる。」とされており、民間賃貸住宅における実務上の対応は基本的に旧法と変わらないと考えられる。

339　部会資料69A

第3編　逐条解説（債権各論　契約、不法行為　521条〜724条の2）

		⑥本条は任意規定であり、別段の合意をすることも可能と解される[340]。
（転貸の効果） 第613条　賃借人が適法に賃借物を転貸したときは、転借人は、賃貸人に対して<u>直接に義務を負う</u>①。この場合においては、賃料の前払をもって賃貸人に対抗することができない。	第613条　賃借人が適法に賃借物を転貸したときは、転借人は、<u>賃貸人と賃借人との間の賃貸借に基づく賃借人の債務の範囲を限度として、賃貸人に対して転貸借に基づく債務を直接履行する義務を負う</u>①。この場合においては、賃料の前払をもって賃貸人に対抗することができない。	①1項は、旧法1項の「直接に義務を負う」の内容を明確にする趣旨で、旧法下における一般的な理解をもとに、転借人の直接履行義務は、転貸借契約の債務の範囲内で、かつ、賃貸人と賃借人（転貸人）の賃貸借契約の範囲内であると定めた。
2　前項の規定は、賃貸人が賃借人に対してその権利を行使することを妨げない。	<u>3　賃借人が適法に賃借物を転貸した場合には、賃貸人は、賃借人との間の賃貸借を合意により解除したことをもって転借人に対抗することができない</u>②。<u>ただし、その解除の当時、賃貸人が賃借人の債務不履行による解除権を有していたときは、この限りでない</u>③。	②3項本文は、賃貸人と賃借人の合意解除による賃貸借契約の終了は原則として転借人に対抗できないとする判例（**大判 S9.3.7**、**最判 S37.2.1**、**最判 S38.2.21**）を明文化した。 ③3項ただし書は、合意解除の当時、債務不履行解除ができた場合は、原賃貸借契約の終了を転借人に対抗できるとした判例（**最判 S62.3.24**）を明文化した。
（使用貸借の規定の準用） 第616条　第594条第1項、<u>第597条第1項</u>①<u>及び第598条</u>②の規定は、賃貸借について準用する。	（賃借人による使用及び収益） 第616条　第594条第1項[343]の規定は、賃貸借について準用する。	①旧法597条1項[341]は601条で明文化されたため削除された。 ②旧法598条[342]の内容は、599条2項に移動したが、599条2項は622条で準用されるため削除された。

340　改正債権法441頁。なお、異なる定めをする場合は、消費者契約法に注意が必要。

341　旧法597条1項　借主は、契約に定めた時期に、借用物の返還をしなければならない。

342　旧法598条　借主は、借用物を原状に復して、これに附属させた物を収去することができる。

343　594条1項（改正なし）　借主は、契約又はその目的物の性質によって定まった用法に従い、その物の使用及び収益をしなければならない。

163

第5章　賃貸借契約（601条〜622条の2）

(2) 賃貸人の修繕義務等に関する規定の整理

損傷等の発生原因についての場合分け		旧法	新法
賃借人の責めに帰すべき事由によらない場合		賃貸人に修繕義務（新旧とも606条1項）	
		（規定なし）	賃借人に一定の場合修繕権限を認めた（607条の2）
	賃借人が修繕した場合	賃貸人に対する償還請求権が発生（新旧とも608条1項。改正なし）	
	賃借物の一部が滅失した場合	賃借人は賃料減額請求が可能（旧法611条1項）	当然に賃料減額（611条1項）
		残存する部分のみでは賃借する目的を達することができない場合、賃借人は解除が可能（新旧とも611条2項）	
	契約終了時の原状回復義務	（規定なし）	原状回復義務は発生しない（621条）
賃借人の責めに帰すべき事由による場合		（規定なし）賃貸人に修繕義務が発生するという裁判例もある。仮に賃貸人に修繕義務があれば、賃借人が修繕した場合、賃貸人に対する償還請求権が発生する（旧法608条1項）	賃貸人に修繕義務は発生しない（606条1項ただし書）
			賃借人に一定の場合修繕権限を認めた（607条の2）
	賃借人が修繕した場合		賃貸人に対する償還請求権は発生しない（608条1項）
	賃借物の一部が滅失した場合	賃借人の賃料減額請求は不可（新旧とも611条1項）。	
		（規定なし）	残存する部分のみで賃借をした目的を達することができない場合、解除可能（611条2項）
	契約終了時の原状回復義務	（規定なし）	原状回復義務が発生する（621条）

5　賃貸借の効力・賃貸借の終了（616条の2〜622条）

判例の明文化及び、条文の整理がされた。

(1) 改正条文

旧法（現行法）	新法（改正法）	留意点／経過措置は7
（新設）	（賃借物の全部滅失等による賃貸借の終了） 第616条の2① 賃借物の全部が滅失その他の事由により使用及び収益をすることができなくなった場合②には、賃貸借は、これによって終了する③。	①本条は、判例（**最判S42.6.22**、**最判S32.12.3**）を明文化したもの。 ②「使用及び収益をすることができなくなった場合」の範囲は解釈に委ねられる。なお、一部滅失の場合は611条2項で処理される。 ③本条は、当事者の帰責事由を要件にしていない。賃借物の全部が滅失その他の事由により使用及び収益をすることができなくなったことにつき、当事者の一方に帰責事由があった場合は、賃貸借は終了したうえで、損害賠償請求等で対処される。

第３編　逐条解説（債権各論　契約、不法行為　521条〜724条の２）

（賃貸借の更新の推定等） 第619条　賃貸借の期間が満了した後賃借人が賃借物の使用又は収益を継続する場合において、賃貸人がこれを知りながら異議を述べないときは、従前の賃貸借と同一の条件で更に賃貸借をしたものと推定する。この場合において、各当事者は、第617条の規定により解約の申入れをすることができる。		
２　従前の賃貸借について当事者が担保を供していたときは、その担保は、期間の満了によって消滅する。ただし、敷金については、この限りでない。	２　従前の賃貸借について当事者が担保を供していたときは、その担保は、期間の満了によって消滅する。ただし、第622条の２第１項に規定する敷金①については、この限りでない。	①２項は、敷金の条文が新設されたことを受けて、当該改正を反映した。
（賃貸借の解除の効力） 第620条　賃貸借の解除をした場合には、その解除は、将来に向かってのみその効力を生ずる。この場合において、当事者の一方に過失があったときは、その者に対する①損害賠償の請求を妨げない。	第620条　賃貸借の解除をした場合には、その解除は、将来に向かってのみその効力を生ずる。この場合においては、損害賠償の請求を妨げない。	①旧法の一部を削除することにより、損害賠償の成否は、債務不履行の一般規定である415条１項によって処理されることを明らかにした[344]。
（新設）	（賃借人の原状回復義務） **第621条①　賃借人は、賃借物を受け取った後にこれに生じた損傷（通常の使用及び収益によって生じた賃借物の損耗並びに賃借物の経年変化を除く。以下この条において同じ。）がある場合において、賃貸借が終了したときは、その損傷を原状に復する義務を負う。ただし、その損傷が賃借人の責めに帰することができない事由によるものであるときは、この限りでない。**	①本条は、賃借人の原状回復義務を明文化した。判例（**最判H17.12.16**）等を踏まえ、以下については、原状回復義務の例外とした。 ・通常の使用及び収益によって生じた賃借物の損耗 ・賃借物の経年変化 ・損傷が賃借人の責めに帰することができない事由によるもの ②本条は任意規定であり、別段の合意をすることも可能と解される[345]。
（損害賠償及び費用の償還の請求権についての期間の制限） 第621条　第600条の規定は、賃貸借について準用する。	（使用貸借の規定の準用） 第622条　第597条第１項①、第599条第１項及び第２項②並びに第600条の規定③は、賃貸借について準用する。 ⇒（読み替え条文） *597条１項　当事者が賃貸借の期間を定めたときは、賃貸借は、その期間が満了することによって終了する。* *599条１項　賃借人は、賃借物を受け取った後にこれに附属させ*	①597条を準用することで、契約期間の満了により契約が終了することを明確にした。 ②旧法では定められていなかった賃借人の収去義務（599条１項の準用）を明文化した。収去権（599条２項の準用）については、旧法616条、598条の内容を維持するもの。 なお、収去不能の場合、収去権は発生せず、費用償還請求権の問題となる[346]。

344　改正法の概要 304 頁
345　改正債権法 446 頁。なお、異なる定めをする場合は、消費者契約法に注意が必要。
346　改正の概要 306 頁

第5章　賃貸借契約（601条〜622条の2）

	た物がある場合において、賃貸借が終了したときは、その附属させた物を収去する義務を負う。ただし、賃借物から分離することができない物又は分離するのに過分の費用を要する物については、この限りでない。 *599条2項　賃借人は、賃借物を受け取った後にこれに附属させた物を収去することができる。* *600条　契約の本旨に反する使用又は収益によって生じた損害の賠償及び賃借人が支出した費用の償還は、賃貸人が返還を受けた時から1年以内に請求しなければならない（改正なし）。* *2　前項の損害賠償の請求権については、賃貸人が返還を受けた時から1年を経過するまでの間は、時効は、完成しない（新設）。*	③損害賠償の請求期間については、旧法を維持しつつ（600条1項の準用）、長期の賃貸借契約の場合賃貸借契約期間中に消滅時効にかかる可能性を配慮して、新設された600条2項を準用した。

6　賃貸借の効力・敷金（622条の2）

(1)　改正条文

（ｉ）　以下の条文が新設された。新設条文のため新法のみを記載する。

新法（改正法）	留意点／経過措置は7
第622条の2　賃貸人は、敷金（いかなる名目によるかを問わず、賃料債務その他の賃貸借に基づいて生ずる賃借人の賃貸人に対する金銭の給付を目的とする債務を担保する目的で、賃借人が賃貸人に交付する金銭をいう。以下この条において同じ。）①を受け取っている場合において、次に掲げるときは、賃借人に対し、その受け取った敷金の額から賃貸借に基づいて生じた賃借人の賃貸人に対する金銭の給付を目的とする債務の額を控除した残額②を返還しなければならない。 **一　賃貸借が終了し、かつ、賃貸物の返還を受けたとき③。** **二　賃借人が適法に賃借権を譲り渡したとき④。** **2　賃貸人は、賃借人が賃貸借に基づいて生じた金銭の給付を目的とする債務を履行しないときは、敷金をその債務の弁済に充てることができる。この場合において、賃借人は、賃貸人に対し、敷金をその債務の弁済に充てることを請求することができない⑤。**	①1項の括弧書は、判例（**大判T15.7.12**）などを参考に、敷金の定義を置いた。 ②1項柱書は、敷金から賃借人の債務を控除する点につき、特段の意思表示は不要であるとする判例（**大判S7.11.15**）を明文化した。 ③1項1号は、敷金返還請求権の発生時期につき、判例の明渡時説（**最判S48.2.2**）を明文化した。 ④1項2号は、賃借人が適法に譲渡した場合に敷金返還債務が発生するとする判例（**最判S53.12.22**）を明文化した。 ⑤2項は、判例法理（**大判S5.3.10**、**大判S10.5.15**、**大判S5.3.10**）を明文化した。

（ｉｉ）　関連改正　旧法316条の形式的な改正がされた。具体的な改正条文は、第1編第3章2（32頁）参照。

(2) 敷金に関する規定の整理

新法の敷金に関する規定を整理すると概要以下のとおり。いずれも判例を明文化したものであり、旧法下の扱いと基本的には変わらないものと解される。

項目	内容
敷金の定義	いかなる名目によるかを問わず、賃料債務その他の賃貸借に基づいて生ずる賃借人の賃貸人に対する金銭の給付を目的とする債務を担保する目的で、賃借人が賃貸人に交付する金銭[347]（なお、不動産賃貸借に限定していない。）
返還の範囲	敷金の額から賃貸借に基づいて生じた賃借人の賃貸人に対する金銭の給付を目的とする債務の額を控除した残額
返還の時期	・賃貸借が終了し、かつ、賃貸物の返還を受けたとき ・又は、賃借人が適法に賃借権を譲り渡したとき
債務への充当	賃貸人は、賃借人が賃貸借に基づいて生じた金銭の給付を目的とする債務を履行しないときは、敷金をその債務の弁済に充てることができる（賃借人は、賃貸人に対し、敷金をその債務の弁済に充てることを請求することはできない）[348]。

7　経過措置（附則 34 条）

内容		区分		適用
原則：賃貸借契約全般（601条〜622条）		契約締結日	施行日前	旧法
			施行日以降	新法
例外	更新時の契約期間（604条2項）	契約締結日が施行日前であっても、更新合意が施行日以降にあった場合は、新法が適用される		新法
	不動産の賃借人による妨害の停止の請求等（605条の4）	施行日以後に不動産の占有を第三者が妨害、又は第三者が占有しているときは、新法が適用される		新法

347　担保目的でない、礼金や建設協力金などは該当しない。
348　賃貸人が債務に充当した場合、減少額をさらに差し入れる義務があるかどうかについては、特約がない限り否定されるものと考えられる（改正債権法 449 頁）。

第6章　雇用契約（623条〜631条）

第6章　雇用契約（623条〜631条）

何点か改正がされているが、実務に与える影響は軽微であると思われる[349]。

1　改正条文

旧法（現行法）	新法（改正法）	留意点／経過措置は2
（新設）	（履行の割合に応じた報酬） 第624条の2[①]　労働者は、次に掲げる場合には、既にした履行の割合に応じて報酬を請求することができる。 一　使用者の責めに帰することができない事由によって労働に従事することができなくなったとき[②]。 二　雇用が履行の中途で終了したとき。	①本条は、旧法下の一般的な理解を明文化した。 ②1号の規定と反対に、使用者の責めによる事由によって労務の履行ができなくなった場合は、旧法同様に解釈に委ねられる。536条2項全体の法意に従い、原則として労働者は報酬全額を請求できるとする判例（**最判S37.7.20**）が維持されるものと解される。
（期間の定めのある雇用の解除） 第626条　雇用の期間が5年を超え、又は雇用が当事者の一方若しくは第三者の終身の間継続すべきときは、当事者の一方は、5年を経過した後、いつでも契約の解除をすることができる。ただし、この期間は、商工業の見習を目的とする雇用については、10年とする[①]。 2　前項の規定により契約の解除をしようとするときは、3箇月前にその予告をしなければならない。	第626条　雇用の期間が5年を超え、又はその終期が不確定であるときは、当事者の一方は、5年を経過した後、いつでも契約の解除をすることができる。 2　前項の規定により契約の解除をしようとする者は、それが使用者であるときは3箇月前、労働者であるときは2週間前に[②]、その予告をしなければならない。	①旧法1項ただし書は、適用場面を想定することが困難であり、内容の合理性にも疑いがあることから削除された[350]。 ②2項は労働者についてのみ予告期間を短縮したが、これは、労働者の辞職の自由を保護したもの[351]。
（期間の定めのない雇用の解約の申入れ） 第627条　当事者が雇用の期間を定めなかったときは、各当事者は、いつでも解約の申入れをすることができる。この場合において、雇用は、解約の申入れの日から2週間を経過することによって終了する。 2　期間によって報酬を定めた場合には、解約の申入れは、次期以後についてすることができる。ただし、その解約の申入れは、当期の前半にしなければならない。	2　期間によって報酬を定めた場合には、使用者からの解約の申入れは[①]、次期以後についてすることができる。ただし、その解約の申入れは、当期の前半にしなければならない。	①新法の2項、3項は、改正前と異なり、使用者からの解約申入れについての規定となり、労働者からの解約申入れは1項のみが適用される。

349　改正前と同様に、ほとんどの労働契約は労働基準法等により規律されるため。労働基準法上、民法のみが適用されるのは、事業に使用されない労働者、同居の親族のみを使用する事業及び家事使用人などに限られる。
350　改正法の概要310頁
351　改正法の概要310頁

第3編　逐条解説（債権各論　契約、不法行為　521条～724条の2）

3　6箇月以上の期間によって報酬を定めた場合には、前項の解約の申入れは①、3箇月前にしなければならない。	

2　経過措置（附則34条1項）

内容	区分		適用
雇用契約全般（623条～631条）	契約締結日	施行日前	旧法
		施行日以降	新法

第3編

第6章

第7章 請負契約（632条～642条）

請負契約について、改正を踏まえて検討すべき事項は、第4編第1章4（197頁）参照。

1 報酬（634条）

(1) 改正条文

以下の条文が新設された。新設条文のため新法のみを記載する。

新法（改正法）	留意点／経過措置は4
（注文者が受ける利益の割合に応じた報酬） **第634条**[1]　次に掲げる場合において、請負人が既にした仕事の結果のうち可分な部分の給付によって注文者が利益を受けるときは、その部分を仕事の完成とみなす。この場合において、請負人は、注文者が受ける利益の割合に応じて報酬を請求することができる。** 　**一　注文者の責めに帰することができない事由によって仕事を完成することができなくなったとき**[2][3]**。** 　**二　請負が仕事の完成前に解除されたとき**[4]**。**	①本条は、旧法には明文がなかった請負契約が中途で解除された場合の報酬請求権につき、判例法理（**最判S56.2.17**）を明文化したもの。 ②1号に該当する場合で、請負人の債務不履行等により仕事が完成できない場合は、別途損害賠償の問題が生じる。 ③1号の規定と反対に、注文者の責めに帰すべき事由により仕事完成が不能の場合は、旧法同様の解釈に委ねられるが、536条2項全体の法意に従い、原則として請負人は報酬全額を請求できるとする判例（**最判S52.2.22**）が維持されると解される[352]。 ④2号に該当する場合で、請負人又は注文者の債務不履行による解除の場合、別途損害賠償の問題が生じる。

(2) 請負契約が仕事が完成せずに終了した場合の請負人の報酬請求権にかかる新法での定め及び、旧法における取扱い

終了事由	新法で請求可能な報酬	旧法における取扱い
注文者の責めに帰することができない事由によって仕事を完成することができなくなったとき[注1]。	仕事の結果のうち可分な部分の給付によって注文者が受ける利益の割合（634条）	危険負担の問題として、引渡前に履行不能となった場合は、請負人が危険を負担し報酬を請求できないとする考え方が通説であった[353]。
請負が仕事の完成前に解除されたとき[注1]。		工事内容が可分の場合、割合的報酬請求ができるとされていた（**最判S56.2.17**）。
注文者の責めに帰する事由によって仕事を完成することができなくなったとき。	報酬全額の請求が可能と解される（新法、旧法とも536条2項を根拠とする）（**最判S52.2.22**）	

（注1）請負人の責めに帰する事由によって仕事が完成できない場合は別途損害賠償の問題が生じる。
（注2）上記は費用については適用されない。費用は641条や415条などが適用される。

2 瑕疵担保責任（636条～637条）

売買契約の瑕疵担保責任の規定が、559条を介して請負契約にも準用されるため、多くの規定が削除されている。売買契約の瑕疵担保の規定が大きく改正された影響で、請負契約における

352　部会資料72A
353　BA民法改正418頁

第3編　逐条解説（債権各論　契約、不法行為　521条〜724条の2）

瑕疵担保責任も大きく改正されている。改正の概要は(2)参照。

(1)　改正条文

旧法（現行法）	新法（改正法）	留意点／経過措置は4
（請負人の担保責任） 第634条　仕事の目的物に瑕疵があるときは、注文者は、請負人に対し、相当の期間を定めて、その瑕疵の修補を請求することができる①。ただし、瑕疵が重要でない場合において、その修補に過分の費用を要するときは、この限りでない②。 2　注文者は、瑕疵の修補に代えて、又はその修補とともに、損害賠償の請求をすることができる①。この場合においては、第533条の規定を準用する③。	（削除）①②③	①追完請求権は562条が、損害賠償請求権は564条が、それぞれ559条を介して請負契約にも準用されるため、残す意味がないとして旧法634条は削除された。なお、旧法2項は修補請求が可能な場合直ちに損害賠償が可能とも読めるが、新法では履行に代わる損害賠償を請求する場合は415条の要件を満たすことが必要となる。 ②旧法1項ただし書の修補請求権の限界は、新法では412条の2第1項[354]の（類推）適用により対応することとなる[355]。 ③旧法2項2文の削除は、533条の改正で対応している。
第635条　仕事の目的物に瑕疵があり、そのために契約をした目的を達することができないときは、注文者は、契約の解除をすることができる①。ただし、建物その他の土地の工作物については、この限りでない②。	（削除）①②	①旧法635条は、564条が、559条を介して請負契約にも準用されるため、残す意味がないとして削除された。 ②旧法ただし書の建物等に関する例外は、判例（**最判H14.9.24**）も参考に、内容が不合理であるとして削除された。
（請負人の担保責任に関する規定の不適用） 第636条　前2条の規定は、仕事の目的物の瑕疵②が注文者の供した材料の性質又は注文者の与えた指図によって生じたときは、適用しない。ただし、請負人がその材料又は指図が不適当であることを知りながら告げなかったときは、この限りでない。	（請負人の担保責任の制限） 第636条①　請負人が種類又は品質に関して契約の内容に適合しない仕事の目的物を注文者に引き渡したとき（その引渡しを要しない場合にあっては、仕事が終了した時に仕事の目的物が種類又は品質に関して契約の内容に適合しないとき）は②、注文者は、注文者の供した材料の性質又は注文者の与えた指図によって生じた不適合を理由として、履行の追完の請求、報酬の減額の請求、損害賠償の請求及び契約の解除をすることができない③。ただし、請負人がその材料又は指図が不適当であることを知りながら告げなかったときは、この限りでない。	①本条は請負に特有の規定であることから、下記の点について表現を修正のうえ残された（内容にほとんど変更はないものと解される）。 ②旧法冒頭部分の「瑕疵」を、契約不適合に改正をした。 ③売買において、契約不適合の場合の買主の取り得る手段が、履行の追完請求、報酬の減額請求、損害賠償請求及び契約の解除と整理されたのにあわせて、表現が修正された。

354　412条の2　第1項　債務の履行が契約その他の債務の発生原因及び取引上の社会通念に照らして不能であるときは、債権者は、その債務の履行を請求することができない。

355　部会資料81-3

第7章　請負契約（632条〜642条）

（請負人の担保責任の存続期間）	（目的物の種類又は品質に関する担保責任の期間の制限）	①1項は、注文者の権利保全につき、旧法1項及び2項が引渡時又は仕事終了時から1年以内に損害賠償請求等をしなければならないとしていたものを、注文者が不適合を知った時から1年以内に不適合を通知すれば足りるものと改正した[356]。なお、旧法においては、1年以内に瑕疵の内容とそれに基づく損害賠償請求をする旨を明確に示す必要があるとされていた（売買に関する**最判H4.10.20**）が、新法では、1年以内に契約不適合の通知[357]をすればよい[358]。 ②2項で、請負人が悪意又は重過失の場合、権利保全の期間制限を設けないものとした。
第637条　前3条の規定による瑕疵の修補又は損害賠償の請求及び契約の解除は、仕事の目的物を引き渡した時から1年以内にしなければならない[①]。 2　仕事の目的物の引渡しを要しない場合には、前項の期間は、仕事が終了した時から起算する[①]。	**第637条　前条本文に規定する場合において、注文者がその不適合を知った時から1年以内にその旨を請負人に通知しないときは[①]、注文者は、その不適合を理由として、履行の追完の請求、報酬の減額の請求、損害賠償の請求及び契約の解除をすることができない。** **2　前項の規定は、仕事の目的物を注文者に引き渡した時（その引渡しを要しない場合にあっては、仕事が終了した時）において、請負人が同項の不適合を知り、又は重大な過失によって知らなかったときは、適用しない[②]。**	
第638条　建物その他の土地の工作物の請負人は、その工作物又は地盤の瑕疵について、引渡しの後5年間その担保の責任を負う。ただし、この期間は、石造、土造、れんが造、コンクリート造、金属造その他これらに類する構造の工作物については、10年とする。 2　工作物が前項の瑕疵によって滅失し、又は損傷したときは、注文者は、その滅失又は損傷の時から1年以内に、第634条の規定による権利を行使しなければならない。	**(削除)[①]**	①旧法637条が改正されたことで、旧法638条を残置しておく意義に乏しいことから、削除された。 ②旧法637条、638条の期間は特約で変更できるものと考えられていたが、新法637条の期間を特約で変更できるかどうかについては、解釈に委ねられる[359]。
（担保責任の存続期間の伸長） 第639条　第637条及び前条第1項の期間は、第167条の規定による消滅時効の期間内に限り、契約で伸長することができる。	**(削除)[①]**	①旧法637条が改正され旧法638条が削除されたのにあわせて、旧法639条も削除された。

356　「知った時」の判断は、旧法における「買主が売主に対し担保責任を追及し得る程度に確実な事実関係を認識したことを要すると解するのが相当である」とした売買の判例（**最判H13.2.22**）が新法でも生きるものと解されるが、反対の考え方もあり得るので注意が必要。

357　不適合の通知は、不適合であることを通知すれば足り、不適合責任を問う意思を明確に告げて請求する損害額の根拠を示す必要はないとされている（部会資料75A）。もっとも、不適合の内容を把握することが可能な程度に、不適合の種類・範囲を伝えることが想定されている（一問一答285頁）。

358　なお、期間内に通知して権利保全した追完請求権、報酬減額請求権、損害賠償請求権、解除権は、別途、債権の消滅時効に関する一般則が適用される。つまり引渡時（客観的起算点）から10年、あるいは買主が不適合を知った時（主観的起算点）から5年で消滅時効にかかると解される（部会資料75A）。

359　改正債権法468頁

（担保責任を負わない旨の特約）		①572条が559条を介して請負契約にも適用されることで、対応可能であることから、削除された[360]。
第640条　請負人は、第634条又は第635条の規定による担保の責任を負わない旨の特約をしたときであっても、知りながら告げなかった事実については、その責任を免れることができない。	（削除）①	

(2) 瑕疵担保に関する改正の概要

請負人の瑕疵担保責任に関する定めは概要以下のとおり。

場合分け		旧法	新法
担保責任の考え方		瑕疵担保責任（旧法636条）	契約内容に対する不適合（636条）
責任の対応	修理・代替物等の請求	修補請求が可能。但し、瑕疵が重要でない場合において、その修補に過分の費用を要するときは不可（旧法634条1項）。	注文者は、目的物の修補等、履行の追完が可能。但し、注文者に不適合の帰責事由がある場合は、履行の追完や請求不可（559条、562条）。なお、旧法のただし書の制限はない[361]。
	代金減額	規定なし（不可）	履行の追完がない場合は代金減額が可能。注文者に不適合の帰責事由がある場合は、代金減額請求不可（559条、563条）。
	損害賠償	修補に代えて又は修補とともに損害賠償請求が可能（旧法634条2項）	請負人が有責の場合は、415条に基づく損害賠償請求が可能（559条、564条）。注文者の無責は必要ないが、有責の場合過失相殺が問題となる。
	契約解除	瑕疵により契約目的を達成することができない場合解除可能。建物その他土地の工作物は不可（旧法635条）。	541条、542条に基づく解除可能（559条、564条）。請負人が有責である必要はないが注文者有責の場合は解除不可（543条）。
	期間制限	目的の引渡し又は仕事終了時から1年（637条）。土地工作物は5年ないし10年（638条1項）。なお、瑕疵の内容とそれに基づく損害賠償請求をする旨を明確に示す必要があるとされていた（売買に関する**最判H4.10.20**）。	請負人が不適合につき悪意又は重過失により知らなかった場合を除き、契約の内容に適合しないことを注文者が知った時から1年以内にその旨を請負人に通知することが必要（637条）。
			目的の引渡し又は仕事終了時から5年又は10年で時効が完成すると解される（166条1項、参考判例：**最判H13.11.27**）
請負人の担保責任の不適用		注文者の供した材料の性質又は注文者の与えた指図によって瑕疵／不適合が生じたとき。ただし、請負人がその材料又は指図が不適当であることを知りながら告げなかったときを除く（旧法、新法とも636条）。	
免責特約の効力		免責特約は有効であるが、請負人が、知りながら告げなかった事実については、免責されない（640条）。	免責特約は有効であるが、請負人が知りながら告げなかった事実、自ら第三者のために設定又は譲渡した権利は免責されない（559条、572条）。

360　部会資料88-2

361　もっとも、履行不能の一般的な制限（412条の2第1項　債務の履行が契約その他の債務の発生原因及び取引上の社会通念に照らして不能であるときは、債権者は、その債務の履行を請求することができない）は受ける。また、請負人は、注文者に不相当な負担を課するものでないときは、注文者が請求した方法と異なる方法による履行の追完をすることができる（562条1項ただし書）。

第7章　請負契約（632条～642条）

3　解除（641条～642条）

(1)　改正条文

旧法（現行法）	新法（改正法）	留意点／経過措置は4
（注文者についての破産手続の開始による解除） 第642条　注文者が破産手続開始の決定を受けたときは、請負人又は破産管財人は、契約の解除をすることができる。この場合において、請負人は、既にした仕事の報酬及びその中に含まれていない費用について、破産財団の配当に加入することができる。 2　前項の場合には、契約の解除によって生じた損害の賠償は、破産管財人が契約の解除をした場合における請負人に限り、請求することができる。この場合において、請負人は、その損害賠償について、破産財団の配当に加入する。	第642条①　注文者が破産手続開始の決定を受けたときは、請負人又は破産管財人は、契約の解除をすることができる。ただし、請負人による契約の解除については、仕事を完成した後は、この限りでない②。 2　前項に規定する場合において、請負人は、既にした仕事の報酬及びその中に含まれていない費用について、破産財団の配当に加入することができる。 3　第1項の場合には、契約の解除によって生じた損害の賠償は、破産管財人が契約の解除をした場合における請負人に限り、請求することができる。この場合において、請負人は、その損害賠償について、破産財団の配当に加入する。	①1項、2項は、旧法642条1項の内容を維持しつつ、1項にただし書を追加した。 ②1項ただし書は、仕事が完成している場合、請負人を保護して解除権を与える必要がないことから追加された。 なお、解除された場合、完成した仕事の結果は破産財団に帰属し（**最判S53.6.23**）、請負人は報酬債権を破産債権として行使できると解される。

4　経過措置（附則34条1項）

内容	区分		適用
請負契約全般（632条～642条）	契約締結日	施行日前	旧法
		施行日以降	新法

第3編　逐条解説（債権各論　契約、不法行為　521条〜724条の2）

第8章　委任契約（643条〜656条）

細かい部分で、いくつか改正がされている。

1　改正条文

旧法（現行法）	新法（改正法）	留意点／経過措置は2
（新設）	（復受任者の選任等） **第644条の2　受任者は、委任者の許諾を得たとき、又はやむを得ない事由があるときでなければ、復受任者を選任することができない[1]。** **2　代理権を付与する委任において、受任者が代理権を有する復受任者を選任したときは、復受任者は、委任者に対して、その権限の範囲内において、受任者と同一の権利を有し、義務を負う[2]。**	①1項は、104条[362]（改正なし）と同趣旨の規律を新設した。旧法下における一般的な理解を明文化したものと解される。 ②2項は、106条2項[363]（旧法107条2項）と同趣旨の定めを新設した。旧法下における一般的な理解を明文化したものと解される。
（受任者の報酬） 第648条　受任者は、特約がなければ、委任者に対して報酬を請求することができない。 2　受任者は、報酬を受けるべき場合には、委任事務を履行した後でなければ、これを請求することができない。ただし、期間によって報酬を定めたときは、第624条第2項の規定を準用する。 3　委任が受任者の責めに帰することができない事由によって[1]履行の中途で終了したときは、受任者は、既にした履行の割合に応じて報酬を請求することができる。	3　受任者は、次に掲げる場合には、既にした履行の割合に応じて報酬を請求することができる[1]。 一　委任者の責めに帰することができない事由によって委任事務の履行をすることができなくなったとき[2]。 二　委任が履行の中途で終了したとき[3]。	①3項は旧法3項が受任者の責めに帰することができない事由により終了した場合に履行割合による報酬請求ができるとしていたところ、受任者の帰責事由は問わずに請求できるように改正した。なお、受任者に債務不履行がある場合、別途損害賠償の問題が生じ得る。 ②3項1号とは反対に委任者の責めに帰すべき事由によって履行できない場合は、536条2項全体の法意に従い、原則として受任者は報酬全額を請求できるものと解される（参考判例：**最判S52.2.22**)[364]。 ③3項2号の「中途で終了」は、解除や委任の終了事由による終了が考えられる[365]。
（新設）[1]	（成果等に対する報酬） **第648条の2[1]　委任事務の履行により得られる成果に対して報酬を支払うことを約した場合において、その成果が引渡しを要するときは、報酬は、その成果の引渡しと同時に、支払わなければならない。**	①本条は、委任の報酬について、事務処理の労務に対して支払われる場合（履行割合型）と、履行の成果に対して支払われる場合（成果完成型）があることを前提に[366]、後者の成果完成型についての報酬につき定めた。

362　104条　委任による代理人は、本人の許諾を得たとき、又はやむを得ない事由があるときでなければ、復代理人を選任することができない。
363　106条2項　復代理人は、本人及び第三者に対して、その権限の範囲内において、代理人と同一の権利を有し、義務を負う。
364　部会資料72A
365　部会資料81-3
366　部会資料72A

第8章　委任契約（643条～656条）

	2　第634条の規定[367]は、委任事務の履行により得られる成果に対して報酬を支払うことを約した場合について準用する②。	②2項は委任事務の結果が可分で、委任者が利益を受けている場合、受任者は利益の割合に応じて報酬を請求できることを定める（詳細は634条参照）。なお、本項は任意規定であり、異なる合意をすることも可能。
（委任の解除） 第651条　委任は、各当事者がいつでもその解除をすることができる。		
2　当事者の一方が相手方に不利な時期に委任の解除をしたときは、その当事者の一方は、相手方の損害を賠償しなければならない。ただし、やむを得ない事由があったときは、この限りでない。	**2　前項の規定により委任の解除をした者は、次に掲げる場合には、相手方の損害を賠償しなければならない。ただし、やむを得ない事由があったときは、この限りでない。** **一　相手方に不利な時期に委任を解除したとき。** **二　委任者が受任者の利益（専ら報酬を得ることによるものを除く。）をも目的とする委任を解除したとき①。**	①2項2号は、判例法理（**最判 S56.1.19、最判 S43.9.20**）を参考に、委任者が受任者の利益（専ら報酬を得ることによるものを除く。）をも目的とする委任[368]を解除したときは、受任者は損害賠償請求できることを定めた。

2　経過措置（附則34条1項）

内容	区分		適用
委任契約全般（643条～656条）	契約締結日	施行日前	旧法
		施行日以降	新法

367　634条　次に掲げる場合において、請負人が既にした仕事の結果のうち可分な部分の給付によって注文者が利益を受けるときは、その部分を仕事の完成とみなす。この場合において、請負人は、注文者が受ける利益の割合に応じて報酬を請求することができる。
　一　注文者の責めに帰することができない事由によって仕事を完成することができなくなったとき。
　二　請負が仕事の完成前に解除されたとき。
368　例えば、債務者会社がその経営を債権者会社の代表者に委任した事象において、その委任の目的として債務者会社の経営再建を図ることで債権者会社の債権の回収を図る目的があった場合など（一問一答354頁）。

第3編　逐条解説（債権各論　契約、不法行為　521条〜724条の2）

第9章　寄託契約（657条〜666条）

要物契約とされていた寄託契約を諾成化する改正などが行われている。

1　改正条文

旧法（現行法）	新法（改正法）	留意点／経過措置は2
（寄託）		
第657条　寄託は、当事者の一方が相手方のために保管をすることを約してある物を受け取ることによって[1]、その効力を生ずる。	第657条　寄託は、当事者の一方が<u>ある物を保管することを相手方に委託し、相手方がこれを承諾することによって</u>[1]、その効力を生ずる。	①本条は旧法が要物契約としていた寄託契約を諾成契約化した[369]。
（新設）	（寄託物受取り前の寄託者による寄託の解除等） 第657条の2[1]　寄託者は、受寄者が寄託物を受け取るまで、契約の解除をすることができる。この場合において、受寄者は、その契約の解除によって損害[2]を受けたときは、寄託者に対し、その賠償を請求することができる。 2　無報酬の受寄者は、寄託物を受け取るまで、契約の解除をすることができる。ただし、書面による寄託については、この限りでない[3]。 3　受寄者（無報酬で寄託を受けた場合にあっては、書面による寄託の受寄者に限る。）は、寄託物を受け取るべき時期を経過したにもかかわらず、寄託者が寄託物を引き渡さない場合において、相当の期間を定めてその引渡しの催告をし、その期間内に引渡しがないときは、契約の解除をすることができる[3]。	①本条は、寄託契約を諾成契約にしたことに伴い新設された条文。 ②1項の「損害」は、契約の解除がなければ受寄者が受けたであろう利益から、受寄者が債務を免れることによって得た利益を控除したものとされている[370]。なお、寄託者は自己の帰責性の有無を問わず、受寄者に損害賠償をしなければならないと解される[371]。 ③2項、3項により、書面による無償寄託及び有償寄託は、3項に定める場合を除き受寄者は解除できない。なお、書面によらない無償寄託については、寄託物を受け取るまでは契約の解除が可能（2項）。
（寄託物の使用及び第三者による保管）		
第658条　受寄者は、寄託者の承諾を得なければ、寄託物を使用し、又は第三者に<u>これを保管させる</u>ことができない。	第658条　受寄者は、寄託者の承諾を得なければ、寄託物を使用することができ<u>ない</u>。 2　受寄者は、寄託者の承諾を得たとき、又はやむを得ない事由があるときでなければ[1]、寄託物を第三者に保管させることができない。	①1項及び2項は、658条1項を基本的に維持しつつ、再寄託できる場合を、やむを得ない事由がある場合にも広げた（2項）[372]。委任における復委任に関する要件（644条の2）に平仄をあわせている。

369　諾成契約化に伴い、引渡し前に一方が破産手続、民事再生手続、会社更生手続が開始した場合の処理が問題となるが、特段の定めは置かれなかったため、双方未履行双務契約として破産法（53条）、民事再生法（49条）、会社更生法（61条）によって処理されるものと解される。

370　部会資料81-3

371　BA民法改正441頁

372　「やむを得ない事由」とは単に受寄者が自ら保管するのが困難な事由があるというだけでなく、寄託者が急病のため再寄託の許諾をとれないような事情があることを指すとされている（一問一答360頁）。

第9章　寄託契約（657条〜666条）

2　第105条②及び第107条第2項の規定は、受寄者が第三者に寄託物を保管させることができる場合について準用する。	3　再受寄者は、寄託者に対して、その権限の範囲内において、受寄者と同一の権利を有し、義務を負う②。	②3項は、旧法2項が旧法105条を準用して再受寄者の行為につき受寄者の責任を限定していた部分を削除した（107条2項[373]の準用は表現が改められたうえで維持されている）。再受寄者の行為についての受寄者の責任は債務不履行の一般規定により処理される[374]。
（無償受寄者の注意義務） 第659条　無報酬で寄託を受けた者は、自己の財産に対するのと同一の注意をもって、寄託物を保管する義務を負う。	（無報酬の受寄者の注意義務） 第659条　無報酬の受寄者は、自己の財産に対するのと同一の注意をもって、寄託物を保管する義務を負う。	
（受寄者の通知義務） 第660条　寄託物について権利を主張する第三者が受寄者に対して訴えを提起し、又は差押え、仮差押え若しくは仮処分をしたときは、受寄者は、遅滞なくその事実を寄託者に通知しなければならない。	（受寄者の通知義務等） 第660条　寄託物について権利を主張する第三者が受寄者に対して訴えを提起し、又は差押え、仮差押え若しくは仮処分をしたときは、受寄者は、遅滞なくその事実を寄託者に通知しなければならない。ただし、寄託者が既にこれを知っているときは、この限りでない①。 2　第三者が寄託物について権利を主張する場合であっても、受寄者は、寄託者の指図がない限り、寄託者に対しその寄託物を返還しなければならない。ただし、受寄者が前項の通知をした場合又は同項ただし書の規定によりその通知を要しない場合において、その寄託物をその第三者に引き渡すべき旨を命ずる確定判決（確定判決と同一の効力を有するものを含む。）があったときであって、その第三者にその寄託物を引き渡したときは、この限りでない②。 3　受寄者は、前項の規定により寄託者に対して寄託物を返還しなければならない場合には、寄託者にその寄託物を引き渡したことによって第三者に損害が生じたときであっても③、その賠償の責任を負わない。	①1項は、賃貸借に関する615条[375]と平仄をあわせて、ただし書を追加する改正がされた[376]。 ②2項は、受寄者が寄託者に対する返還義務を負わない場合（第三者に引き渡しても債務不履行責任を負わない場合）を新設した。 ③3項は、受寄者が寄託者と第三者の紛争に巻き込まれないようにする趣旨の定め。

373　旧法107条2項　復代理人は、本人及び第三者に対して、代理人と同一の権利を有し、義務を負う。
374　部会資料73A
375　615条（改正なし）　賃借物が修繕を要し、又は賃借物について権利を主張する者があるときは、賃借人は、遅滞なくその旨を賃貸人に通知しなければならない。ただし、賃貸人が既にこれを知っているときは、この限りでない。
376　改正法の概要329頁

第3編　逐条解説（債権各論　契約、不法行為　521条～724条の2）

（寄託者による返還請求） 第662条　当事者が寄託物の返還の時期を定めたときであっても、寄託者は、いつでもその返還を請求することができる。	（寄託者による返還請求等） 　2　前項に規定する場合において、受寄者は、寄託者がその時期の前に返還を請求したことによって損害[2]を受けたときは、寄託者に対し、その賠償を請求することができる[1]。	①2項は、異論のない解釈を明文化した[377]。 ②2項の「損害」は、約定期限に返還されれば受寄者が得たであろう利益から、期限前の返還によって受寄者が得た利益を控除したものとされている[378]。
（新設）	（損害賠償及び費用の償還の請求権についての期間の制限） **第664条の2[1]　寄託物の一部滅失[2]又は損傷によって生じた損害の賠償及び受寄者が支出した費用の償還は、寄託者が返還を受けた時から1年以内に請求しなければならない。** **　2　前項の損害賠償の請求権については、寄託者が返還を受けた時から1年を経過するまでの間は、時効は、完成しない。**	①本条は、賃貸借、使用貸借（600条、622条）と平仄をあわせた規律を新設したもの[379]。 ②1項は「一部滅失」としており、全部滅失については本条は適用されない。全部滅失の場合は早期解決の要請が高くないためである[380]。
（委任の規定の準用） 第665条　第646条から第650条まで（同条第3項を除く。）の規定は、寄託について準用する。	第665条　第646条から第648条まで、第649条並びに第650条第1項及び第2項[1]の規定は、寄託について準用する。	①寄託は成果に対して報酬を払うことは想定されないため、新設された648条の2（成果等に対する報酬）を準用対象としない[381]ための、形式的な改正。
（新設）	（混合寄託） **第665条の2[1]　複数の者が寄託した物の種類及び品質が同一である場合には、受寄者は、各寄託者の承諾を得たときに限り、これらを混合して保管することができる。** **　2　前項の規定に基づき受寄者が複数の寄託者からの寄託物を混合して保管したときは、寄託者は、その寄託した物と同じ数量の物の返還を請求することができる。** **　3　前項に規定する場合において、寄託物の一部が滅失したときは、寄託者は、混合して保管されている総寄託物に対するその寄託した物の割合に応じた数量の物の返還を請求することができる。この場合においては、損害賠償の請求を妨げない。**	①本条は、旧法では取扱いが必ずしも明確でなかった混合寄託につき、条文を新設し、取扱いを明確化した。 混合寄託は、寄託された物をそのまま返還する義務を負わない点で通常の寄託と異なる（なお、所有権を受寄者が取得しない点で、消費寄託と異なる）[382]。

377　改正債権法496頁
378　部会資料73A
379　部会資料81-3
380　改正債権法497頁
381　一問一答356頁
382　一問一答366頁

第9章　寄託契約（657条～666条）

| （消費寄託）
第666条　第5節（消費貸借）の規定は、受寄者が契約により寄託物を消費することができる場合について準用する[①]。
2　前項において準用する第591条第1項の規定にかかわらず、前項の契約に返還の時期を定めなかったときは、寄託者は、いつでも返還を請求することができる。 | 第666条[①]　受寄者が契約により寄託物を消費することができる場合には、受寄者は、寄託された物と種類、品質及び数量の同じ物をもって返還しなければならない。
2　第590条及び第592条の規定は、前項に規定する場合について準用する。
3　第591条第2項及び第3項の規定は、預金又は貯金に係る契約により金銭を寄託した場合について準用する。 | [①]本条は、消費寄託につき旧法が消費貸借の条文を準用していたところ、立場を改め、消費寄託は寄託に関する規律によるものとした。但し、消費貸借契約に関する590条[383]及び592条[384]は準用している（2項）。また、預金又は貯金については、591条第2項及び第3項の規定[385]を準用している（3項）。
消費寄託に関する返還時期に関する概要は3参照。 |

2　経過措置（附則34条1項）

内容	区分		適用
寄託契約全般（657条～666条）	契約締結日	施行日前	旧法
		施行日以降	新法

3　消費寄託の返還時期の概要

場合分け		旧法	新法
返還時期を定めなかった場合	寄託者（貸主）	いつでも返還請求可能（旧法666条2項、新法662条1項）	
	受寄者（借主）	相当な期間を定めて返還の催告が可能（旧法666条1項、旧法591条2項）	いつでも返還可能（663条1項[386]）
返還時期を定めた場合	寄託者（貸主）	明文なく、説が分かれていた。	いつでも返還請求可能（662条1項）。
			返還を請求したことによる受寄者の損害を賠償する責任を負う（662条2項）
	受寄者（借主）	なし	やむを得ない事由がなければ返還できない（663条2項[387]）
預金契約の特則[(注)]	寄託者（預金者）	なし	なし
	受寄者（銀行）	なし	返還時期の定めがある場合でも、返還可能。但し、寄託者に損害が発生した場合、受寄者（銀行）は賠償義務を負う（666条3項、591条2項及び3項）

（注）もっとも、任意規定であり、特約により異なる対応は可能と解される[388]。

383　590条1項　551条の規定は、前条第1項の特約のない消費貸借について準用する。

384　592条（改正なし）　借主が貸主から受け取った物と種類、品質及び数量の同じ物をもって返還をすることができなくなったときは、その時における物の価額を償還しなければならない。ただし、第402条第2項に規定する場合は、この限りでない。

385　591条2項　借主は、返還の時期の定めの有無にかかわらず、いつでも返還をすることができる。

　3項　当事者が返還の時期を定めた場合において、貸主は、借主がその時期の前に返還をしたことによって損害を受けたときは、借主に対し、その賠償を請求することができる。

386　663条1項（改正なし）当事者が寄託物の返還の時期を定めなかったときは、受寄者は、いつでもその返還をすることができる。

387　663条2項（改正なし）　返還の時期の定めがあるときは、受寄者は、やむを得ない事由がなければ、その期限前に返還をすることができない。

388　BA民法改正447頁。但し、消費者契約法10条は問題となり得る。

第3編　逐条解説（債権各論　契約、不法行為　521条〜724条の2）

第10章　組合契約（667条〜688条）

　判例の明文化に加えて、業務執行と意思決定を分けて規定するなど組合の運営を明確にする改正が行われている。

1　改正条文

(1)　民法

旧法（現行法）	新法（改正法）	留意点／経過措置は2
(新設)	(他の組合員の債務不履行) **第667条の2　第533条及び第536条の規定は、組合契約については、適用しない①。**	①1項は、組合の出資義務の履行請求に対して、他の組合員の出資との同時履行（533条）を主張したり、他の組合員の出資債務が履行不能になったことを理由に出資を拒絶（536条）できないことを定めた。旧法下における一般的な理解を明文化したもの[389]。
	2　組合員は、他の組合員が組合契約に基づく債務の履行をしないこと②を理由として、組合契約を解除することができない。	②2項の「債務の履行をしないこと」は、主に出資債務の不履行を念頭に置いているが、それに限らない[390]。
(新設)	(組合員の1人についての意思表示の無効等) **第667条の3①　組合員の1人について意思表示の無効又は取消しの原因があっても、他の組合員の間においては、組合契約は、その効力を妨げられない。**	①本条は、旧法下の一般的な理解を若干修正のうえ明文化した。本条は任意規定と解されている[391]。
(業務の執行の方法) 第670条　組合の業務の執行は、組合員の過半数で決する①。	(業務の決定及び執行の方法) **第670条　組合の業務は、組合員の過半数をもって決定し、各組合員がこれを執行する①。**	①1項は、旧法の業務執行の意思決定に関する定めに、執行に関する定めを追加した。
2　前項の業務の執行は、組合契約でこれを委任した者（次項において「業務執行者」という。）が数人あるときは、その過半数で決する②。	**2　組合の業務の決定及び執行は、組合契約の定めるところにより、1人又は数人の組合員又は第三者に委任することができる②。**	②2項〜4項は、旧法2項が業務執行者が数人ある場合、過半数で決するとのみ定めていたところ、通説に従って以下のとおり詳細に定めた。

389　BA民法改正449頁。なお、旧法下においては、同時履行の抗弁の排除につき、業務執行者の有無で分ける考え方もあったが、かかる考えは採用されなかった。

390　改正法の概要334頁

391　BA民法改正450頁

第10章　組合契約（667条〜688条）

	3　前項の委任を受けた者（以下「業務執行者」という。）は、組合の業務を決定し、これを執行する。この場合において、業務執行者が数人あるときは、組合の業務は、業務執行者の過半数をもって決定し、各業務執行者がこれを執行する[2]。 4　前項の規定にかかわらず、組合の業務については、総組合員の同意によって決定し、又は総組合員が執行することを妨げない[2]。	・業務の決定及び執行を組合員、第三者に委任できる（2項） ・数名の業務執行者の場合、過半数で決定し各業務執行者が執行する（3項） ・業務執行者がいる場合でも、総組合員が決定し、執行することも可能（4項）
3　組合の常務は、前2項の規定にかかわらず、各組合員又は各業務執行者が単独で行うことができる。ただし、その完了前に他の組合員又は業務執行者が異議を述べたときは、この限りでない。	5　組合の常務は、前各項の規定にかかわらず、各組合員又は各業務執行者が単独で行うことができる。ただし、その完了前に他の組合員又は業務執行者が異議を述べたときは、この限りでない。	
（新設）[1]	（組合の代理） 第670条の2[1]　各組合員は、組合の業務を執行する場合において、組合員の過半数の同意を得たときは、他の組合員を代理することができる。 2　前項の規定にかかわらず、業務執行者があるときは、業務執行者のみが組合員を代理することができる。この場合において、業務執行者が数人あるときは、各業務執行者は、業務執行者の過半数の同意を得たときに限り、組合員を代理することができる。 3　前2項の規定にかかわらず、各組合員又は各業務執行者は、組合の常務を行うときは、単独で組合員を代理することができる。	[1]本条は、組合代理に関する規定を新設したもの。内容的には通説を明文化したとされている[392]。
（委任の規定の準用） 第671条　第644条から第650条までの規定は、組合の業務を執行する組合員について準用する。	第671条　第644条から第650条までの規定は、組合の業務を決定し[1]、又は執行する組合員について準用する。	[1]旧法の業務執行に関する定めに、新法は意思決定に関する定めを追加した。
（業務執行組合員の辞任及び解任） 第672条　組合契約で1人又は数人の組合員に業務の執行を委任したときは、その組合員は、正当な事由がなければ、辞任することができない。	第672条　組合契約の定めるところにより1人又は数人の組合員に業務の決定[1]及び執行を委任したときは、その組合員は、正当な事由がなければ、辞任することができない。	[1]旧法の業務執行に関する定めに、新法は意思決定に関する定めを追加した。

392　改正法の概要337頁

第3編　逐条解説（債権各論　契約、不法行為　521条〜724条の2）

2　前項の組合員は、正当な事由がある場合に限り、他の組合員の一致によって解任することができる。		
（組合員の組合の業務及び財産状況に関する検査）		①旧法の業務執行に関する定めに、新法は意思決定に関する定めを追加した。
第673条　各組合員は、組合の業務を執行する権利を有しないときであっても、その業務及び組合財産の状況を検査することができる。	第673条　各組合員は、組合の業務の<u>決定①及び</u>執行をする権利を有しないときであっても、その業務及び組合財産の状況を検査することができる。	
（<u>組合員に対する組合の債権者の</u>権利の行使）	（組合の債権者の権利の行使）	①1項は、現在の支配的な考え方を明文化したもの。組合の債権者が組合財産に対して権利行使をする際には、当該対象財産が組合財産に帰属することの証明が必要とされている[393]。
第675条　組合の債権者は、<u>その債権の発生の時に組合員の損失分担の割合を知らなかったときは、各組合員に対して</u>等しい割合でその権利を行使することができる。	第675条　<u>組合の債権者は、組合財産についてその権利を行使することができる①</u>。 　2　組合の債権者は、<u>その選択に従い、各組合員に対して損失分担の割合又は等しい割合でその権利を行使することができる。ただし、組合の債権者がその債権の発生の時に各組合員の損失分担の割合を知っていたときは、その割合による②</u>。	②2項は、旧法675条の内容を維持しつつ、旧法下における一般的な理解を前提に、主張・立証責任の所在を明確にした[394]。
（組合員の持分の処分及び組合財産の分割）		
第676条　組合員は、組合財産についてその持分を処分したときは、その処分をもって組合及び組合と取引をした第三者に対抗することができない。		
	<u>　2　組合員は、組合財産である債権について、その持分についての権利を単独で行使することができない①</u>。	①2項は、判例法理（**大判 S13.2.12**）を洗練させて明文化した[395]。組合財産である債権は、総組合員が共同してのみ行使できる。
<u>　2　組合員は、清算前に組合財産の分割を求めることができない。</u>	<u>　3　組合員は、清算前に組合財産の分割を求めることができない。</u>	
（<u>組合の債務者による相殺の禁止</u>）	（<u>組合財産に対する組合員の債権者の権利の行使の禁止</u>）	①本条は、旧法の内容を維持しつつ、組合員の債権者が権利行使できない範囲を拡大した。旧法における一般的な理解を明文化したもの。
第677条　<u>組合の債務者は、その債務と組合員に対する債権とを相殺することができない。</u>	第677条①　<u>組合員の債権者は、組合財産についてその権利を行使することができない。</u>	
	（組合員の加入）	①1項は通説を明文化したもの[396]。
	第677条の2　組合員は、その全員の同意によって、又は組合契約の定めるところにより、新たに組合員を加入させることができる①。	
（新設）	**　2　前項の規定により組合の成立後に加入した組合員は、その加入前に生じた組合の債務については、これを弁済する責任を負わない②**。	②2項は任意規定であり、組合契約で別段の定めをすることは可能とされている[397]。

393　部会資料75A
394　改正法の概要338頁
395　改正法の概要339頁
396　改正法の概要340頁
397　改正法の概要340頁

第10章　組合契約（667条〜688条）

(新設)	(脱退した組合員の責任等) **第680条の2　脱退した組合員は、その脱退前に生じた組合の債務について、従前の責任の範囲内でこれを弁済する責任を負う。この場合において、債権者が全部の弁済を受けない間は、脱退した組合員は、組合に担保を供させ、又は組合に対して自己に免責を得させることを請求することができる。** **2　脱退した組合員は、前項に規定する組合の債務を弁済したときは、組合に対して求償権を有する①。**	①2項は組合債務を控除して持分の払戻しが計算されることが前提となる。持分払戻の計算において、組合債務を脱退組合員が支払うことを前提に持分払戻額が計算されていれば、本項は特約により適用されない[398]。
(組合の解散事由) 第682条　組合は、<u>その目的である事業の成功又はその成功</u>の不能によって解散する。	第682条①　組合は、次に掲げる事由によって解散する。 　一　組合の目的である事業の成功又はその成功の不能 　二　組合契約で定めた存続期間の満了 　三　組合契約で定めた解散の事由の発生 　四　総組合員の同意	①本条は、組合の解散事由につき、旧法の「目的である事業の成功又はその成功の不能」（1号）に加え、解釈上異論のない2号ないし4号を追加した。
(組合の清算及び清算人の選任) 第685条　組合が解散したときは、清算は、総組合員が共同して、又はその選任した清算人がこれをする。 2　清算人の選任は、<u>総組合員の</u>過半数で決する。	2　清算人の選任は、組合員の過半数で決する。	
(清算人の業務の執行の方法) 第686条　第670条の規定は、清算人<u>が数人ある場合</u>について準用する。	(清算人の業務の<u>決定及び</u>執行の方法) 第686条①　第670条<u>第3項から第5項まで並びに第670条の2第2項及び第3項</u>の規定は、清算人について準用する。	①旧法の業務執行の執行に関する定めに、新法は意思決定に関する定めを追加した。
(組合員である清算人の辞任及び解任) 第687条　第672条の規定は、組合契約<u>で</u>組合員の中から清算人を選任した場合について準用する。	第687条　第672条の規定は、組合契約<u>の定めるところにより</u>組合員の中から清算人を選任した場合について準用する。	

(2)　関連改正

　特別な組合に関する法律において、民法の改正にあわせた改正が行われている。組合の種類によって改正箇所は異なる。下記の有限責任事業組合契約に関する法律のほか、投資事業有限責任組合契約に関する法律7条の2、16条なども類似の改正がなされている。

398　部会資料75A

第3編　逐条解説（債権各論　契約、不法行為　521条～724条の2）

・有限責任事業組合契約に関する法律　以下の条文（項）が新設された。

新法	新設趣旨等
(組合の代理) 第14条の2^①　各組合員及び第13条第2項の規定による委任を受けた第三者は、第12条第1項の規定による決定に基づき組合の業務を執行する場合において、他の組合員を代理することができる。 2　前項の規定にかかわらず、各組合員は、組合の常務を行うときは、単独で組合員を代理することができる。	①民法670条の2にあわせて、組合の代理について、条文が新設された。
(組合員の加入) 第24条　1項、2項は改正なし。 3　第1項の規定により組合の成立後に加入した組合員は、その加入前に生じた組合の債務については、これを弁済する責任を負わない^①。	①民法677条の2第2項にあわせて、新設された。

2　経過措置（附則34条1項）

内容	区分		適用
組合契約全般（667条～688条）	契約締結日	施行日前	旧法
		施行日以降	新法

第11章　不法行為（709条～724条の2）

第11章　不法行為（709条～724条の2）

他の部分の改正と平仄をとるための改正がされている。

1　改正条文

旧法（現行法）	新法（改正法）	留意点／経過措置は2
（損害賠償の方法及び過失相殺） 第722条　第417条の規定は、不法行為による損害賠償について準用する。 2　被害者に過失があったときは、裁判所は、これを考慮して、損害賠償の額を定めることができる。	（損害賠償の方法、中間利息の控除及び過失相殺） 第722条　第417条及び第417条の2①の規定は、不法行為による損害賠償について準用する。	①1項は、417条[399]に中間利息控除の417条の2[400]の規定を準用対象に追加した。なお、不法行為の417条の2第1項に定める「損害賠償の請求権が生じた時点」は不法行為時なので、不法行為時の法定利率が適用される。
（不法行為による損害賠償請求権の期間の制限） 第724条　不法行為による損害賠償の請求権は、被害者又はその法定代理人が損害及び加害者を知った時から3年間行使しないときは、時効によって消滅する。不法行為の時から20年を経過したときも、同様とする。	（不法行為による損害賠償請求権の消滅時効） 第724条　不法行為による損害賠償の請求権は、次に掲げる場合には、時効によって消滅する①。 一　被害者又はその法定代理人が損害及び加害者を知った時から3年間行使しないとき。 二　不法行為の時から20年間行使しないとき①。	①2号は、旧法の「20年を経過したとき」の意味につき、判例（**最判H元.12.21**）は除斥期間としていたのに対し、明確に時効期間と定めた。
（新設）	（人の生命又は身体を害する不法行為による損害賠償請求権の消滅時効） **第724条の2①　人の生命又は身体を害する不法行為による損害賠償請求権の消滅時効についての前条第1号の規定の適用については、同号中「3年間」とあるのは、「5年間」とする。** ⇒（読み替え条文）被害者又はその法定代理人が損害及び加害者を知った時から5年間行使しないとき	①人の生命又は身体を害する不法行為にかかる損害賠償請求権の消滅時効につき、特例を新設した[401]。本条が新設されたことで、1つの不法行為で生命身体の損害と物的損害が発生した場合、時効完成時期が生命身体の損害と物的損害で分かれると解されるので注意が必要。

399　417条（改正なし）　損害賠償は、別段の意思表示がないときは、金銭をもってその額を定める。
400　417条の2（新設）　将来において取得すべき利益についての損害賠償の額を定める場合において、その利益を取得すべき時までの利息相当額を控除するときは、その損害賠償の請求権が生じた時点における法定利率により、これをする。
　2　将来において負担すべき費用についての損害賠償の額を定める場合において、その費用を負担すべき時までの利息相当額を控除するときも、前項と同様とする。
401　もっとも、「生命身体の侵害による損害賠償の債務」の範囲は必ずしも明確ではない。例えば、交通事故で死亡した者の遺族固有の慰謝料請求権が含まれるかどうか（遺族そのものは生命身体の侵害を受けていない）といった問題が指摘されている（BA民法改正323頁参照）。

2 経過措置（附則17条2項、35条）

内容	区分		適用
722条1項、417条の2の適用	将来において取得すべき利益又は負担すべき費用の損害賠償請求権発生日	施行日前	旧法
		施行日以降	新法
除斥期間→時効期間の変更（724条2号）	旧法における除斥期間の経過日[402]	施行日前	旧法
		施行日以降	新法
生命身体を害する不法行為の消滅時効の期間（724条の2）	旧法における時効期間の完成日[403]	施行日前	新法適用なし
		施行日以降	新法

402　新法の施行日において旧法上の除斥期間が経過していなければ新法が適用されることになる（一問一答381頁）。

403　新法の施行日において旧法上の時効期間（3年）が経過していなければ新法が適用されることになる（一問一答381頁）。

第12章　その他（親族・相続）

第12章　その他（親族・相続）

他の部分の改正と平仄をとるための改正のみがされている。

1　改正条文

旧法（現行法）	新法（改正法）	留意点
（遺言執行者の権利義務） 第1012条　遺言執行者は、相続財産の管理その他遺言の執行に必要な一切の行為をする権利義務を有する。		
2　第644条から第647条まで及び第650条の規定は、遺言執行者について準用する。	2　第644条、第645条から①第647条まで及び第650条の規定は、遺言執行者について準用する。	①644条の2の新設に伴う形式的な改正
（遺言執行者の復任権） 第1016条　遺言執行者は、やむを得ない事由がなければ、第三者にその任務を行わせることができない。ただし、遺言者がその遺言に反対の意思を表示したときは、この限りでない。		
2　遺言執行者が前項ただし書の規定により第三者にその任務を行わせる場合には、相続人に対して、第105条に規定する責任を負う①。	（削除）①	①旧法105条が削除されたのにあわせて、本項も削除された。
（遺言執行者の報酬） 第1018条　家庭裁判所は、相続財産の状況その他の事情によって遺言執行者の報酬を定めることができる。ただし、遺言者がその遺言に報酬を定めたときは、この限りでない。		
2　第648条第2項及び第3項の規定は、遺言執行者が報酬を受けるべき場合について準用する。	2　第648条第2項及び第3項並びに第648条の2の規定は、遺言執行者が報酬を受けるべき場合について準用する。	

2　経過措置（附則8条、35条1項、36条）

内容	区分		適用
872条2項が準用する121条の2	無効な行為に基づく債務の履行として給付がなされた日	施行日前	旧法
		施行日以降	新法
872条2項が準用する122条、124条、125条	取り消すことができる行為がされた日	施行日前	旧法
		施行日以降	新法
934条3項、936条3項、947条3項、950条2項、957条2項が準用する724条後段	旧法における除斥期間の経過日	施行日前	旧法
		施行日以降	新法
遺言執行者の復任権（1016条2項において準用する105条）	遺言執行者になった日	施行日前	旧法
		施行日以降	新法
遺言執行者の報酬（1018条2項、648条3項、648条の2）	遺言執行者になった日	施行日前	旧法
		施行日以降	新法

第4編　契約類型別／場面別の実務に与える影響

第4編　契約類型別／場面別の実務に与える影響

第1章　契約類型別の実務対応

　民法改正の、各種契約に対する影響をまとめる。なお、各項目の詳細は、第1編から第3編の該当条文の部分をご確認頂きたい。

1　賃貸借契約 [404]

(1)　保証人に関する改正

(i)　まとめ

　賃貸借契約において、個人を保証人（賃貸借契約が法人との契約であれば代表者を保証人に、個人との契約であれば親族を保証人にすることが多い）に取ることが多い。保証の範囲は、賃貸借契約から生じる賃借人の債務の一切とする、いわゆる根保証が一般的である。旧法では、このような根保証につき、保証契約を書面ないし電磁的記録で行うこと（446条　基本的に改正なし）以外、特段の制約はなかった。

　しかし、新法では個人根保証契約は、一定の要件を満たさないと無効とされることから、対応が必要となる。賃貸借契約に関する保証についての新旧比較は以下のとおり。なお、法人が保証人になる場合、下記の適用はない。

　個人根保証契約の詳細は、第2編第2章の4〜6（70〜84頁）参照のこと

	旧法（貸金等以外の根保証契約）	新法（個人根保証契約）
条文	なし	465条の2〜465条の5
極度額	極度額の定め不要	極度額の定め必要（465条の2第2項） →(ii)参照
極度額の定めが無効の場合		保証契約自体が無効となる（465条の2第2項）
元本確定期日（保証期間）	定めなし	定めなし
元本確定事由 [注1]	定めなし	主債務者（賃借人）の死亡 保証人の死亡 保証人の破産 [注2] 保証人の財産に強制執行等がされた場合 →(iii)参照
情報提供義務	定めなし	保証人に対する情報提供義務が定められた。 →(iv)参照（458条の2ほか）

（注1）元本は確定しても、遅延損害金（利息）は極度額の範囲で責任を負う。
（注2）主債務者（賃借人）の破産は含まれない（465条の4第1項）

404　改正を踏まえた「賃貸住宅標準契約書」が国土交通省のホームページ（http://www.mlit.go.jp/jutakukentiku/house/jutakukentiku_house_tk3_000023.html）に掲載されているので、そちらも併せてご参照下さい。

第1章　契約類型別の実務対応

(ii)　極度額の定め方（私見）

　極度額は、一定の金額で定めることが原則である。もっとも、例えば、家賃15か月分等と定めることも可能と解されるが、家賃が上がることにより極度額も上がってしまうのであれば無効と解される。そこで、「当初家賃の10か月」等と定める必要があると解される。また、極端に高い極度額も無効とされる可能性がある。

　今後の実務の推移を注視する必要がある。なお、国土交通省から、「極度額に関する参考資料」として、過去に保証人が実際に負担した金額の調査結果をまとめた資料を公表されている。具体的な極度額は、このような資料を参考に、定められることになるものと思われる。

(iii)　根保証債務の元本確定（465条の4第1項）

　旧法では、元本確定事由は定められていなかった。しかし新法では、以下の場合に元本が確定する旨を定めた。

元本確定事由	留意点
主債務者（賃借人）の死亡	賃借人が死亡した場合、賃借人たる地位は相続人に相続される。一方で、保証債務の元本は確定し、相続発生後の債務について保証人は責任を負わない[405]。
保証人の死亡	保証人の相続人は、保証人死亡時の保証債務については相続するが、保証人死亡後の保証債務については相続しない。そこで、保証人死亡の場合、賃借人は他の保証人に保証を委託しなければならないという条項を賃貸借契約に定めることが考えられる。
保証人の破産	保証人が破産した場合、旧法では当然には破産手続開始後の債務につき免責されるとはされていなかったと解される。 新法では、保証人の破産により元本は確定し、破産手続開始後の債務について責任を負わない。そこで、保証人が破産した場合、賃借人は他の保証人に保証を委託しなければならないという条項を賃貸借契約に定めることが考えられる。 なお、賃借人が破産しても、元本は確定しないため、賃借人破産後の債務についても保証人は責任を負わなければならないので注意が必要。
保証人の財産に強制執行等がされた場合	

(iv)　保証人に対する情報提供義務

　新法では保証人保護の観点から、保証人に対する情報提供義務を定めた。実務上賃貸人が対応すべき事項は表の一番下に記載している。

	主債務の履行状況に関する情報提供義務（458条の2）	主債務者が期限の利益を喪失した時の情報提供義務（458条の3）	事業債務にかかる保証契約締結時の情報提供義務（465条の10）
対象となる保証契約	主債務者の委託を受けた保証契約	保証人が個人である保証契約	事業のために負担する債務を主債務とする委託を受けた個人保証人の保証契約等
保証人	個人、法人	個人のみ	個人のみ
保証委託	必要	不要	必要
対象主債務	限定なし	限定なし	事業のために負担する債務[406]
情報提供者	債権者	債権者	主債務者

405　旧法下においては、賃借人（主債務者）が死亡して相続人が賃借人の地位を承継した場合、根保証人は承継後の相続人の債務についても保証責任を負うとされていた（**大判S12.6.15**）。

406　正確には、事業のために負担する債務を主たる債務とする保証契約又は、主たる債務の範囲に事業のために負担する債務が含まれる根保証契約

第4編　契約類型別／場面別の実務に与える影響

開示時期	保証人請求時（契約成立後）	主債務者が期限の利益を喪失した時で、債権者がその利益喪失を知った時から2箇月以内(注)	保証契約締結前（保証の委託時）
開示対象	主たる債務の元本及び主たる債務に関する利息、違約金、損害賠償その他その債務に従たる全てのものについての不履行の有無並びにこれらの残額及びそのうち弁済期が到来しているものの額	主債務者が期限の利益を喪失した旨	・主債務者の財産及び収支の状況 ・主債務以外に負担している債務の有無並びにその額及び履行状況 ・主債務の担保として他に提供し、又は提供しようとするものがあるときは、その旨及びその内容
義務違反の効果	特別の定めなし（通常の債務不履行責任。損害賠償請求や、保証契約の解除[407]）	債権者は、保証人に対し、主債務者が期限の利益を喪失した時から通知を現にするまでに生じた遅延損害金（期限の利益を喪失しなかったとしても生ずべきものを除く。）に係る保証債務の履行を請求することができない	情報提供がないため又は、事実と異なる情報を提供したために保証人が誤認をし、かつ、主債務者が情報を提供せず又は事実と異なる情報を提供したことを債権者が知り又は知ることができたときは、保証人は、保証契約を取り消すことができる。
賃貸人が実務上対応すべき事項	保証人から請求を受けた際には、情報提供する必要があるため、かかる体制を構築しておくことが必要。	期限の利益喪失時にすみやかに通知をするように体制を構築しておくことが必要。	保証人が賃借人から適法な説明を受けたことを確認するとともに、そのことを証拠化しておくことが必要[408]。

（注）期限の利益を喪失することが要件になっているため、単に家賃を滞納しただけでは該当しない。契約書の内容を確認する必要がある。

(v)　保証会社を利用している場合

　　保証会社が保証をしている場合、当該保証会社について上記の個人根保証契約の各条項は関係ない。しかしながら、保証会社の求償権に係る債務を主たる債務として、個人が保証する場合は、規制がかかる。

　　具体的には465条の5（78頁）参照。

(vi)　主債務（賃借人）との間の合意の検討

　　新法は旧法と比較して、相対効の範囲を拡大した（458条（71頁）参照）。特に、連帯保証人に対する履行の請求が相対効になっているため連帯保証人に対する履行の請求の効果は主債務者に及ばない。主債務者と合意をして絶対効に変更（相対効の放棄）をすることが考えられる（438条～441条）。

407　541条は、不履行が軽微である場合解除できないとされており、解除が認められない可能性もある。

408　債権者（賃貸人）としては、保証人から適切な情報開示を受けたこと（提供を受けたと考えられる情報の内容を含めて）の確認書を取る、主債務者（賃借人）から適切な情報開示をした旨の表明保証を取るなどの対応が必要になる。今後の実務の推移を注視する必要がある。さらに、債権者（賃貸人）は主債務者（賃借人）が開示した情報が正確なものであるか確認する義務まであるかについては、否定的な意見（そこまでする必要がないとする意見）が大勢のようである（ジュリスト1511号36頁「改正債権法の要点　保証」白石大）。

191

第1章　契約類型別の実務対応

(2)　契約期間

契約期間の上限は以下のとおり。

旧法	20年（旧604条）
新法	50年（604条）
借地借家法が適用される賃貸借契約	上限なし（借地借家法3条、29条2項）

(3)　遅延損害金の法定利率

遅延損害金について契約書に定めがない場合、法定利率が適用される。法定利率は変動制が採用され、かつ、当面の間、従来より下がることも想定されるため、今後は、契約書で遅延損害金の利率を定めておくことがより重要になると考えられる。法定利率についての改正の詳細は404条（37頁）参照。

(4)　賃貸人の修繕義務／賃借人の修繕権について

法令上の定めの概要及び検討すべき事項は以下のとおり（606条～611条、621条。新旧比較は第3編第5章4(2)、164頁参照）。任意規定であり、特約を設けることが可能と解されるが、消費者契約法に留意が必要。実務上、特に賃貸人が賃貸借契約の内容として検討すべき事項は、表の一番右側に記載している。

損傷等の発生原因についての場合分け		新法	検討すべき事項
賃借人の責めに帰すべき事由によらない場合		賃貸人に修繕義務（606条1項）。	修繕権限の行使条件やその範囲を明確にしておくことが考えられる。
		賃借人に一定の場合修繕権限を認めた（607条の2）。	
	賃借人が修繕した場合	賃貸人に対する償還請求権が発生（新旧とも608条1項。改正なし）。	
	賃借物の一部が滅失した場合	当然に賃料減額（611条1項）。	
		残存する部分のみでは賃借する目的を達することができない場合、賃借人は解除が可能（611条2項）。	
	契約終了時の原状回復義務	原状回復義務は発生しない（621条）。	特約を定めておくことが考えられる。
賃借人の責めに帰すべき事由による場合		賃貸人に修繕義務は発生しない（606条1項ただし書）。賃借人に一定の場合修繕権限を認めた（607条の2）。	
	賃借人が修繕した場合	賃貸人に対する償還請求権は発生しない（608条1項）。	
	賃借物の一部が滅失した場合	賃借人の賃料減額請求は不可（新旧とも611条1項）。	賃借人の損害賠償義務の範囲を定めておくことが考えられる。
		残存する部分のみでは賃借をした目的を達することができない場合、解除可能（611条2項）。	
	契約終了時の原状回復義務	原状回復義務が発生する（621条）。	原状回復の範囲を定めておくことが考えられる。

第4編　契約類型別／場面別の実務に与える影響

2　売買契約

(1)　契約締結目的（契約書前文）や、売買対象物について

　必ずしも売買契約に限られるわけではないが、以下の各条文（主なもののみ。他に消費貸借に関する590条2項、請負契約に関する636条などにも同様の定めがある）において、権利・義務の存否や範囲の判断にあたって契約の内容や契約締結に至る経緯などが大きな要素になるとされていることから、契約締結の目的や対象物（品質、性能など）を明確にしておくことが重要になる。

項　　目	条文	具体的な条文記載内容
特定物の売主の保管義務	400条	特定物の売主は「契約その他の債権の発生原因及び取引上の社会通念に照らして定まる善良な管理者の注意をもって、その物を保存しなければならない」。
履行不能の判断基準	412条の2	履行不能かどうかは「契約その他の債務の発生原因及び取引上の社会通念に照らして不能である」か否かで判断される。
損害賠償の債務者の帰責事由	415条	債務者の帰責事由にあたるか否かは、「その債務の不履行が契約その他の債務の発生原因及び取引上の社会通念に照らして」判断される。
損害賠償義務の範囲	416条2項	特別の事情によって生じた損害は、「当事者がその事情を予見すべきであったとき」に賠償義務を負う。例えば、転売が予定されていることが当事者間で合意されている場合は転売利益も賠償範囲に含まれる。予見すべき範囲を画する意味で、契約書に売買目的などを定めておくことは重要。
債権の目的物の特定	483条	債権の目的が特定物の引渡しである場合、「契約その他の債権の発生原因及び取引上の社会通念に照らしてその引渡しをすべき時の品質を定めることが」できないときは、現状でその物を引き渡さなければならないとされている。
催告解除の制限	541条	催告解除は、「債務の不履行がその契約及び取引上の社会通念に照らして軽微であるとき」は認められない。
催告解除の要件	542条1項3号	「債務の一部の履行が不能である場合又は債務者がその債務の一部の履行を拒絶する意思を明確に表示した場合に、残存する部分のみでは契約をした目的を達することができないとき」は、無催告で解除が可能とされている。
種類、品質又は数量に関する瑕疵にかかる担保責任	562条ほか	買主が追完請求等をできるか否かの判断は、「引き渡された目的物が種類、品質又は数量に関して契約の内容に適合しないものである」か否かで判断される。
権利の瑕疵にかかる担保責任	565条ほか	買主が売主に対して権利の瑕疵にかかる責任追及をできるか否かは、「売主が買主に移転した権利が契約の内容に適合しないものであるか否か」で判断される。

　上記の各項目は、何らかの特約があれば契約に明記すべき対象ともなる。

(2)　売買代金の支払

　銀行振込の特則が規定された（477条、98頁参照）。実務的に大きな影響はないと思料されるが、一応留意が必要。

第1章　契約類型別の実務対応

(3)　危険負担

　債権者主義をデフォルトルールとしていた旧法から、債務者主義に統一された。ニーズは低いと思われるが、仮に債権者主義を採用するのであれば、契約書に明記することが必要。

　改正の詳細は第3編第1章3（126～128頁）を参照。

(4)　契約不適合責任（瑕疵担保責任）

（i）　契約不適合の整理

　従来の法定責任説に親和的な条文から、契約責任説を前提とした条文に変更された。よって(1)でも述べたとおり、契約で取引の内容（取引の対象物)を明確にしておくことがより重要となる。

　契約不適合責任（瑕疵担保責任）の詳細は、第3編第3章2(2)（149頁）参照。

（ii）　特約を定めることを検討すべき主な事項

項目	検討すべきポイント	特約の考え方
買主の追完請求（562条)	売主は、一定の場合、買主が請求した方法と異なる方法で履行の追完ができる。	売主の選択権を排除しておくのであれば、そのことを定めておくべき。 また、追完請求の内容についても、あらかじめ定めておくことで、実際に発生した場合迅速な対応が可能となる。逆に追完請求権を排除するのであれば、その旨明記すべき。
代金減額請求	原則として、代金減額の前に、買主は履行請求の催告をすることが必要とされている（563条1項)。	代金減額請求について、催告を不要とするのであれば、その旨を定める。また、代金減額の具体的な算出方法を合意しておくことも考えられる。 逆に、代金減額請求を排除するのであれば、その旨明記する。また、代金減額請求をするにあたり売主の帰責事由は不要であるが、売主に帰責事由がある場合に限定することも考えられる。
権利行使期間（566条)	買主が不適合を知った時から1年以内にその旨を売主に通知することが必要。	権利行使期間について特約を設けるのであれば、その内容を定める。
	数量や権利の不適合にかかる権利行使については566条は適用されない。	数量や権利の不適合の場合にも、権利行使期間につき特約を設定するのであれば、定める。
瑕疵担保免責	条文上、瑕疵担保や、隠れた瑕疵という用語はなくなった。	瑕疵担保免責の定め方について、実務を見極める必要がある。
商法526条2項[409]（表現に若干の改正がある)	買主に検査通知義務を課している。	商法が適用される場合、これまでと同様に特約で適用を排除すべきか否かを検討する必要がある。

409　商法526条　商人間の売買において、買主は、その売買の目的物を受領したときは、遅滞なく、その物を検査しなければならない。

　2　前項に規定する場合において、買主は、同項の規定による検査により売買の目的物が<u>種類、品質又は数量に関して契約の内容に適合しない</u>ことを発見したときは、直ちに売主に対してその旨の通知を発しなければ、その<u>不適合を理由とする行行の追完の請求、代金の減額の請求</u>、損害賠償の請求及び契約の解除をすることができない。売買の目的物が<u>種類又は品質に関して契約の内容に適合しないことを</u>直ちに発見することが<u>できない</u>場合において、買主が6箇月以内にその<u>不適合</u>を発見したときも、同様とする。

　3　前項の規定は、<u>売買の目的物が種類、品質又は数量に関して契約の内容に適合しないこと</u>につき売主が悪意であった場合には、適用しない。

(5) 債務不履行による損害賠償請求の記載（415条、416条）

債務不履行による損害賠償請求に関して、契約への明記を検討すべき事項としては以下が考えられる。

項目	検討すべき事項	留意点
発生要件	帰責事由の立証責任の程度や内容等の定め	従前どおり
	損害賠償義務の発生する場合を故意に限定、故意重過失に限定するなど	従前どおり
	不可抗力（＝帰責事由がないこと）による免責条項について、不可抗力と認められる場合を具体的に定めておく	従前どおり
損害額	特別損害の「予見すべきであった」点に関して、債務者の義務の範囲や、債権者が被る影響を記載する	新法により改正された部分
	賠償の範囲や額を限定する	従前どおり

(6) 遅延損害金

遅延損害金について契約書に定めがない場合、法定利率が適用される。法定利率は変動制が採用され、かつ、当面の間、従来より下がることも想定されるため、今後は、契約書で遅延損害金の利率を定めておくことがより重要になると考えられる。法定利率についての改正の詳細は404条（37頁）参照。

(7) 解除（541条、542条）

解除のデフォルトルールについては、第3編第1章6（129頁）参照。以下の事項を検討すべきと考える。

解除の要件	検討すべき事項
債務者の帰責事由	デフォルトルールとしては不要とされている。債務者に帰責事由がある場合に限って解除を認めることを定めておくべきかを検討する必要がある。
債務不履行が債権者の帰責事由による場合	デフォルトルールとしては債権者は解除できないとされているが（543条）、解除可能とする規定を設けることが考えられる。
催告要件の排除	催告せずに解除できる場合を定めておくことが考えられる。
催告解除の軽微な場合の例外を排除	軽微かどうかにかかわらず解除できる場合を定めておくことが考えられる。また、軽微性の判断基準を決めておくことも考えられる。

(8) （連帯）保証人をたてる場合

売買契約において、同時履行でなく、物の引渡しが先履行の場合、代金債務について個人保証を取ることがある。保証の範囲が売買契約から生じる買主の債務の一切とする、いわゆる根保証の場合、旧法では、保証契約を書面ないし電磁的記録で行うという（446条　基本的に改正なし）以外、特段の制約はなかったが、新法では、一定の要件を満たさないと保証契約は無効とされることから、対応が必要となる。

特に、売買契約が事業にかかる取引である場合、事業債務にかかる保証契約締結時の情報提供義務（465条の10）が新たに設けられており、かかる義務に反すると保証契約は取り消すことができるとされたため、注意が必要。

詳細は、本章1賃貸借契約の(1)及び、第2編第2章の4～6（70～84頁）参照のこと。

第1章　契約類型別の実務対応

(9)　相殺に関する定め

　売買契約は、売主の買主に対する売買代金債権を生じせしめるものであるが、一方で、買主の売主に対する何らかの債権があり、かかる債権で相殺をすることが予定されている場合もある。旧法下では、買主の売主に対する債権が差し押さえられた場合、差押え後に売主の買主に対する債権が発生しても、相殺はできなかった。しかし新法では、差押え後に取得した買主に対する債権でも「差押え前の原因に基づいて生じた」債権であれば、相殺が可能となった（511条2項）。「前の原因」の範囲は明確でないため、契約において、相殺の範囲（発生事由、発生時点など）を明記しておくことが重要になるものと推察される。511条の改正の詳細は111頁参照のこと。

3　金銭消費貸借契約締結時の留意点

(1)　諾成的消費契約への対応（587条の2　新設条文）

　書面による消費貸借契約を諾成化する条文が（587条の2）が新設されたことに対し、以下の検討が必要となると考えられる（4項は省略）。

新法587条の2条文	検討すべき事項
1　前条の規定にかかわらず、書面でする消費貸借は、当事者の一方が金銭その他の物を引き渡すことを約し、相手方がその受け取った物と種類、品質及び数量の同じ物をもって返還をすることを約することによって、その効力を生ずる。	書面によることを要件として、要物契約とされていた消費貸借契約が諾成契約化された。諾成契約をした場合、貸主には貸す義務が発生することになるので、貸す義務が発生する前提（条件）を明確に定めておくことが重要となる。また、融資実行により契約の効力が発生する（要物契約の維持）ことを定めておくことも考えられる。
2　書面でする消費貸借の借主は、貸主から金銭その他の物を受け取るまで、契約の解除をすることができる。この場合において、貸主は、その契約の解除によって損害を受けたときは、借主に対し、その賠償を請求することができる。	諾成化に付随して、借主に借りる義務を負わせない趣旨の規定が置かれた。貸主は契約履行前の解除に伴う「損害」を請求できるとするが、「損害」の範囲は解釈に委ねられている[410]。そこで、仮に借主が金銭の授受がある前に解除した場合の損害額を予定しておくことが考えられる。
3　書面でする消費貸借は、借主が貸主から金銭その他の物を受け取る前に当事者の一方が破産手続開始の決定を受けたときは、その効力を失う。	当事者の一方（特に借主）に破産手続が開始された場合、諾成的消費契約は効力を失うことが明記されているが、当事者の一方が再生手続開始決定や更生手続開始決定を受けた場合については解釈に委ねられる[411]。そこで、破産以外の場合について明記しておくことが考えられる。

(2)　繰り上げ返済における賠償額

　繰り上げ返済について新設条文（591条3項）が設けられたことから、かかる条文に対する対応を検討することが考えられる。

410　金融業者が貸主である場合、借主が受領を拒否した金銭は他の顧客に対する貸付に振り向けることにより特段の損害はないことが多いと考えられているようである（部会資料70A）。また、損害賠償額の予定額が過大である場合、定型約款の規律による契約内容から排除されたり、90条違反とされたり、消費者契約法により無効とされる場合があることが指摘されている（改正債権法416頁）。

411　部会資料70A

第4編　契約類型別／場面別の実務に与える影響

新法591条3項条文	検討すべき事項
3　当事者が返還の時期を定めた場合において、貸主は、借主がその時期の前に返還をしたことによって損害を受けたときは、借主に対し、その賠償を請求することができる。	「損害」については、解釈に委ねられている。そこで、繰上げ返済が発生した場合の損害の算定方法を契約書に入れておくことが考えられる。

(3)　遅延損害金

遅延損害金について契約書に定めがない場合、法定利率が適用される。法定利率は変動制が採用され、かつ、当面の間、従来より下がることも想定されるため、今後は、契約書で遅延損害金の利率を定めておくことがより重要になると考えられる。法定利率についての改正の詳細は404条（37頁）参照。

(4)　保証を取る際の注意点

保証を取る際は、保証制度が大きく変更になっているので注意が必要。それぞれ以下の箇所を参照頂きたい。

内容	参照箇所
保証人に対する情報提供義務	第2編第2章4（70頁）　その中の特に(3)
個人が保証人の根保証契約に関する個人保証人の改正（465条の2〜465条の10）全体	第2編第2章5（76頁）　その中の特に(3)(4)
事業にかかる債務の保証にかかる特則	第2編第2章6（80頁）

(5)　相殺に関する定め

債務者が債権者に対して何らかの債権を有する可能性があり、かかる債権での相殺を予定している場合、相殺の範囲を明記しておくことが旧法下に比べて重要になることが予想される。詳細は511条（111頁）及び本章2売買契約の(9)（前頁）参照のこと。

4　請負契約の留意点

(1)　契約締結目的（契約書前文）について

新法は、契約の内容や契約締結に至る経緯などが、権利の存否等に影響を与えるものとされていることから、契約締結の目的（又は契約書前文）や対象物（品質、性能など）を明確にしておくことが重要になるものと考えられる。詳細は本章2売買契約(1)（193頁）参照。

(2)　契約不適合責任（瑕疵担保責任）

従来の法定責任説に親和的な条文から、契約責任説を前提とした条文に変更がされた。よって契約で取引の内容（取引の対象物）を明確にしておくことがより重要となる。

請負契約の契約不適合責任（瑕疵担保責任）の詳細は、第3編第7章2（170頁）参照。

特約による排除の要否を検討すべき事項として以下の点が考えられる。

第1章 契約類型別の実務対応

項目	内容	特約
注文者の追完請求（562条）	請負人は、一定の場合、注文者が請求した方法と異なる方法で履行の追完ができる。	当該、請負人の選択権を排除しておくのであれば、そのことを定めておくべき。 逆に、追完請求の内容について、あらかじめ定めておくことで、実際に発生した場合迅速な対応が可能となる。
代金減額請求	原則として、代金減額の前に、注文者は履行請求の催告をすることが必要とされている（563条1項）。	代金減額請求について、催告を不要とするのであれば、その旨を定める。 また、代金減額についての紛争を避けるため、具体的な算出方法を合意しておくことも考えられる。 逆に、代金減額請求を排除するのであれば、その旨明記しておく。
権利行使期間（566条）	注文者が不適合を知った時から1年以内にその旨を請負人に通知することが必要。	権利行使期間について特約を設けるのであれば、その内容を定める。

(3) 債務不履行による損害賠償請求の記載（415条、416条）

本章2売買契約(5)（195頁）参照。

(4) 遅延損害金

遅延損害金について契約書に定めがない場合、法定利率が適用される。法定利率は変動制が採用され、かつ、当面の間、従来より下がることも想定されるため、今後は、契約書で遅延損害金の利率を定めておくことがより重要になると考えられる。法定利率についての改正の詳細は404条（37頁）参照。

(5) 解除（541条、542条）

本章2売買契約(7)（195頁）参照。

(6) （連帯）保証人をたてる場合

本章2売買契約(8)（195頁）参照。

(7) 報酬請求権

請負契約が中途で解除された場合の新法634条における定めは第3編第7章1(2)（170頁）参照。

請負契約で定めておくことが有益であると考えられる事項は以下のものが考えられる。

出来高部分の計算方法の定め
中途終了時の報酬請求権につき、条文と異なる内容
費用についての定め（報酬に準じた方法を定めておくなど）

(8) 相殺に関する定め

債務者が債権者に対して何らかの債権を有する可能性があり、かかる債権での相殺を予定している場合、相殺の範囲を明記しておくことが旧法下に比べて重要になることが予想される。詳細は本章2売買契約の(9)（196頁）参照。

第4編　契約類型別／場面別の実務に与える影響

第2章　場面別の実務的対応

改正条文について、契約締結時以外の場面における、実務対応の概要を検討する。

1　定型約款対応

定型約款の規定が導入されたことに対して検討すべき主な事項としては、概要以下の表の右側に記載したとおりと考えられる。

なお、改正内容の詳細は、第3編第1章7（133頁）参照のこと。

項　目	内　容	検討すべき主な事項
定型約款の定義（548条の2第1項）[412]	以下の要件を満たす条項の総体を指す ①定型取引に用いられるものであること 　定型取引は以下の要件を満たすものをいう （A）ある特定の者が不特定多数の者を相手方として行う取引であること （B）その内容の全部又は一部が画一的であることがその双方にとって合理的なものであること ②契約の内容とすることを目的として準備されたものであること ③特定の者（当事者の一方）により準備されたものであること	・社内の取引規定や契約書（ひな形）につき、法文上の「定型約款」に該当するか否かを検討する。もっとも、条文が抽象的であり、判断に迷う場面も想定されることから、業界団体の動向なども踏まえて判断が必要になるケースがあると思われる。 ・定型約款に該当する場合、経過措置への対応も必要となる。 ・定型約款に該当する場合は、その旨を明示しておくことの要否の検討。 ・定型約款に該当しない場合、その旨を明示しておくことの要否の検討。
定型約款が契約の内容となるための要件（548条の2第1項）	①定型約款を契約の内容とする旨の合意をしたこと 又は ②定型約款を準備した者（「定型約款準備者」）があらかじめその定型約款を契約の内容とする旨を相手方に表示していたこと	・定型約款に該当するものについては、約款を契約の内容とすることへの合意を明確にする方法を定める。 又は ・約款を契約の内容とする旨を相手方に表示する手順や、表示していたことを事後に証明する方法を定める。
	かつ 定型約款準備者が、定型取引合意の前において、相手方から請求があった場合に、一時的な通信障害が発生した場合その他正当な事由がある場合を除き、遅滞なく、相当な方法でその定型約款の内容を示していること（548条の3第2項）	・定型約款について、合意前に開示請求があった場合の開示方法などを定める。 ・一時的な通信障害が発生した場合その他正当な事由により開示できない場合の記録の保管方法等を定める。
契約内容とならない条項、（548条の2第2項）	①相手方の権利を制限し、又は相手方の義務を加重する条項であるもの かつ ②その定型取引の態様及びその実情並びに取引上の社会通念に照らして信義則（民法1条2項）に規定する基本原則に反して相手方の利益を一方的に害すると認められるもの	・定型約款に不当条項が含まれていないかを確認するとともに、仮に該当する場合は、削除等の検討を行う。もっとも②の要件は必ずしも明確でないため、今後の実務、判例などを注視する必要がある。

412　消費者ローンや住宅ローンについては、定型約款に該当するという考え方がある。銀行取引約定書については、該当するか否かについては説が分かれる。いずれにしても、今後の議論に注意する必要がある。

199

第2章　場面別の実務的対応

定型約款内容の表示義務（548条の3）	定型約款準備者は、定型取引合意の前又は定型取引合意の後相当の期間内に相手方から請求があった場合には、遅滞なく、相当な方法でその定型約款の内容を示さなければならない。 ただし、定型約款準備者が既に相手方に対して定型約款を記載した書面を交付し、又はこれを記録した電磁的記録を提供していたときは、この限りでない。		・定型約款の開示請求の方法、請求があった場合の開示方法を定める。予め、相手方に対して定型約款を記載した書面を交付し、又はこれを記録した電磁的記録を提供する場合は、かかる事実を行ったことを事後に証明する方法を定める。
定型約款の変更（548条の4）	定型約款準備者が相手方の了解なく定型約款を変更できる場合(1項)	①定型約款の変更が、相手方の一般の利益に適合するとき。 ②定型約款の変更が、契約をした目的に反せず、かつ、変更の必要性、変更後の内容の相当性、この条の規定により定型約款の変更をすることがある旨の定めの有無及びその内容その他の変更に係る事情に照らして合理的なものであるとき（下記手続の備考欄に注意）。	・「この条の規定により定型約款の変更をすることがある旨の定めの有無」の確認及び、仮に無い場合は新設をすることの検討。また、定款変更の基準、例示、手続などを定めることも検討しておくことが有益と考えられる。
	手続（2項）	定型約款準備者は、定型約款変更の効力発生時期を定め、かつ、定型約款を変更する旨及び変更後の定型約款の内容並びにその効力発生時期をインターネットの利用その他の適切な方法により周知しなければならない。	定款変更の場合の周知の方法の検討。

（注）経過措置への対応

　　定型約款は、改正附則33条1項により、施行日前の締結された契約についても、適用があるが、改正附則33条2項、3項により、施行日前に、顧客（契約又は法律の規定により解除権を現に行使することができる者を除く。）により反対の意思の表示が書面でされた場合（その内容を記録した電磁的記録によってされた場合を含む。）は、施行日後は新法は適用されない。

　　以下の対応が考えられる。

場合分け	考えられる主な対応
施行日後の約款管理が二重になることを容認する場合	通知等を受領した場合の対応を整える
施行日後の約款管理を統一する場合	解除権を行使できるように変更等の対応を取る[注]

　（注）なお、反対の意思表示をした当事者に対して、意思表示をした時点で契約の解除権を付与すれば、「解除権を現に行使することができる者」であったと扱って差し支えないとされている[413]ので、反対の意思表示があった場合に、解約権を付与する対応も考えられる。

2　倒産処理に与える影響

(1)　破産法の改正について

　民法改正に伴い、破産法も一部改正がされている。また、民事再生法、会社更生法も破産法とほぼ同様の改正が行われている。

　民法改正にあわせた主な破産法等の改正は概要以下のとおり。

413　一問一答 392 頁

第4編　契約類型別／場面別の実務に与える影響

対象条文	内容	参照箇所（条文掲載箇所）
破産法 99 条、民事再生法 87 条 1 項、更生法 36 条 1 項	法定利率が変動制になったことを受けて（404 条）、劣後的破産債権等の範囲が改正された。	第 2 編第 1 章 5(1)（47 頁）
破産法 170 条、民事再生法 134 条、会社更生法 93 条	転得者に対する否認につき、民法改正の内容にあわせて改正、新設された。	第 2 編第 1 章 7(1)（54 頁） 第 2 編第 1 章 7(3)（59 頁）
破産法 176 条、民事再生法 139 条、会社更生法 98 条	否認権行使期間につき、民法の改正にあわせた改正が行われた。	第 2 編第 1 章 7(4)（61 頁）

(2)　民法改正部分の倒産法への影響

(i)　保証契約の改正にかかる影響

新法は、個人根保証契約を導入した。個人根保証契約は、主債務者が破産手続開始決定を受けた場合、保証債務の元本が確定しないので注意が必要（465 条の 4）。

(ii)　債権譲渡に関する新設条文（466 条の 3）

債権譲渡法制が大幅に変更されており、破産手続にも影響がある。代表的な影響は以下のとおり。

新設条文	影響
第 466 条の 3　前条第 1 項に規定する場合において、譲渡人について破産手続開始の決定があったときは、譲受人（同項の債権の全額を譲り受けた者であって、その債権の譲渡を債務者その他の第三者に対抗することができるものに限る。）は、譲渡制限の意思表示がされたことを知り、又は重大な過失によって知らなかったときであっても、債務者にその債権の全額に相当する金銭を債務の履行地の供託所に供託させることができる。この場合においては、同条第 2 項及び第 3 項の規定を準用する。	①譲渡人が破産手続開始決定を受けた場合の、譲受人の債務者に対する供託請求権を定める。債務者が供託に応じない場合、民事執行法 157 条 4 項と同様の方法により、訴訟提起が可能とされている[414]。 ②旧法下においては、債務者は譲渡人の破産手続開始後に譲渡人破産管財人に財団債権を取得した場合、悪意重過失の譲受人がいたとしても、債権譲渡は無効であるから譲渡債権と相殺ができたが、新法では、供託請求後に譲渡人破産管財人に対して財団債権を取得しても、譲渡が有効である以上相殺はできないものと解される[415]。 ③対象は破産手続開始決定に限定されており、民事再生手続開始決定や会社更生手続開始決定の場合は適用がない。この場合は、譲受人の共益債権として保護されるものと解される[416]。

(iii)　諾成契約化した契約についての影響

内容	考え方
書面でする諾成契約としての消費貸借契約	借主が貸主から金銭その他の物を受け取る前に当事者の一方が破産手続開始の決定を受けたときは、その効力を失う旨が定められた（587 条の 2）。 当事者の一方が再生手続開始決定や更生手続開始決定を受けた場合については解釈に委ねられる[417]。
使用貸借、寄託契約を諾成契約として契約した場合	引渡前に（双方未履行の状態で）、一方当事者に破産手続、民事再生手続、会社更生手続が開始された場合の処理が問題となる。 特段の定めは置かれなかったため、各法の双方未履行総務契約の処理を定めた条文[418]によって処理される。

414　部会資料 81-3
415　改正債権法 260 頁〜 261 頁
416　改正法の概要 153 頁。なお、譲受人が破産管財人に弁済したときも同様に財団債権として保護されると解される。
417　部会資料 70A
418　破産法 53 条、民事再生法 49 条、会社更生法 61 条

201

第2章　場面別の実務的対応

3　不動産賃貸の運営等に与える影響

(1)　賃貸借契約締結（賃貸開始）時の留意点

　賃貸借契約締結にあたっての留意点は、本編第1章1「賃貸借契約」(189頁) 参照。

　なお、賃貸借契約は、相手方の個性に注目した契約であり、また、一般的には契約内容も契約者毎に変更されるものであり、原則として定型取引には該当せず、新法の定型約款の条項（548条の2〜548条の4）は適用されないと解される。もっとも、大規模な賃貸業務を行う場合は、定型取引の要件を満たすことは否定できないので、注意が必要。定型約款については本章1、第3編第1章7（133頁）参照。

(2)　賃貸借契約期間中の留意点

(i)　敷金の取扱い

　新法の敷金に関する規定（622条の2）の概要は、第3編第5章6(2)（166頁）参照。判例を明文化したものであり、基本的には旧法下における扱いと変わらないと解される。

(ii)　賃貸人の修繕義務

　賃貸借契約に特約がない場合、賃貸人の修繕義務は法令に定めるところによる。賃貸人の修繕義務については、第3編第5章4（161頁）参照。

(iii)　賃料の消滅時効

　賃料の消滅時効は以下のとおり改正された。消滅時効全般については、第1編第2章8「時効」(19頁) 参照。

旧法	家賃を請求できる時から5年（旧法169条）
新法	下記のいずれか早い時期。通常は遅滞すれば直ちにわかるため、遅滞時から5年 権利を行使することができることを知った時から5年間 権利を行使することができる時から10年間

(3)　賃貸借契約終了時、終了後の留意点

(i)　解除事由（616条の2が追加。旧法下の取扱いと変更はないと解される）

　616条の2が追加されているが、解除事由や終了事由については、基本的には旧法下と大きな変更はないと考えられる。なお、解除の要件が改正されているが（541条〜543条）、賃貸借契約における解除に与える影響はあまり無いと考えられる。

(ii)　解除通知の到達について

　97条2項（相手方が正当な理由なく意思表示の通知が到達することを妨げたときは、その通知は、通常到達すべきであった時に到達したものとみなす。）が新設された。判例を明文化したものではあるが、条文化されたことで、運用が安定化するものと推察される。

第4編　契約類型別／場面別の実務に与える影響

(iii)　原状回復の範囲（621条。基本的に旧法下の取扱いと変更はない）

原則（別段の定めがない場合）	以下については、原状回復義務は負わない。 ・通常の使用及び収益によって生じた賃借物の損耗 ・賃借物の経年変化 ・損傷が賃借人の責めに帰することができない事由によるもの
例外（別段の定めがある場合）	別段の定めによる。 但し、別段の定めをする場合は、消費者契約法に注意が必要

(iv)　賃借人が建物に取り付けた物の収去

賃借人の収去義務	賃借人は、附属させた物がある場合、賃貸借契約が終了したときは、その附属させた物を収去する義務を負う。ただし、建物や土地から分離することができない物又は分離するのに過分の費用を要する物については、この限りでない。（622条、599条1項）
賃借人の収去権	賃借人は、建物や土地の引渡しを受けた後にこれに附属させた物を収去することができる（622条、599条2項）

(v)　賃借人の用法違反等にかかる損害賠償義務の時効

　賃借人に用法違反等があった場合、賃借人は債務不履行に基づく損害賠償義務を負う（415条）。かかる損害賠償義務について、新法は以下のように定めている。

【時効完成の原則（166条）】

旧法	権利を行使することができる時から10年
新法	下記のいずれか早い時期 権利を行使することができることを知った時から5年間 権利を行使することができる時から10年間

【上記の例外（600条）】

旧法	契約の本旨に反する使用又は収益によって生じた損害賠償は、貸主が返還を受けた時から1年以内に請求しなければならない（621条、600条）。
新法	・契約の本旨に反する使用又は収益によって生じた損害賠償は、貸主が返還を受けた時から1年以内に請求しなければならない（622条、600条1項）。 ・貸主が返還を受けた時から1年を経過するまでの間は、時効は、完成しない（622条、600条2項）

(4)　賃貸不動産売却時の賃貸借契約の扱いについて

　賃貸不動産の所有権移転に伴う賃貸人の地位移転に関して、新法は規律（605条の2、605条の3）を新設した。詳細は、第3編第5章2(2)（160頁）参照。いずれも判例法理を明文化したものであり、基本的には旧法における取扱いから変わるものではないと解される。なお、敷金については、判例は旧所有者のもとで生じた延滞賃料等の弁済に充当された残額について敷金返還債務が新所有者に移転するとされていた（**最判 S44.7.17**）が、新法は敷金返還債務が承継される点のみを規定した。充当については、解釈ないし個別の合意に委ねられたものと解される[419]。

419　部会資料69A参照。

事項別索引

〈あ行〉

異議をとどめない承諾 ················· 90
意思能力 ············· 5、9、10、17、123
請負人の担保責任 ··············· 171、173
請負人の報酬請求権 ··················· 170

〈か行〉

解除 ·············· 42、43、103、129、195
買戻しの特約 ··························· 151
隔地者間の契約成立時期 ········· 123、125
瑕疵担保 ········· 138、140、149、170、194、197
過失相殺 ············· 46、149、173、186
危険負担 ············· 42、126、170、194
協議の合意による完成猶予の内容 ····· 25
協議を行う旨の合意による
　　時効の完成猶予 ···················· 22
供託 ·············· 86、88、104、201
金銭消費貸借契約 ····················· 196
競売における担保責任 ················· 145
契約上の地位の移転 ··················· 129
契約申込みの効力 ············· 121、122、125
懸賞広告 ······················· 123、124
更改 ·············· 35、63、64、65、69、113
公序良俗違反 ·························· 7、46
更生手続 ··················· 20、35、86
個人貸金等根保証契約 ·············· 77、79
個人根保証契約 ··················· 76、189

〈さ行〉

債権者代位権 ·························· 48
債権譲渡 ·············· 33、85、113、201
債権の準占有者に対する弁済 ··········· 99
債権の譲渡における相殺権 ············· 92
再生手続 ··················· 20、35、86
債務不履行 ········· 12、30、41、43、44、111、
　　　　　　130、133、163、170、195
詐害行為取消権 ····················· 34、51
錯誤 ················· 8、10、11、16
敷金 ········· 32、159、160、165、166、202、203
時効 ·············· 19、32、60、66、69、70、150、
　　　　　　156、166、179、186、202
受領遅滞 ··························· 41、43
使用貸借 ···························· 154

〈消費寄託〉

消費寄託 ···························· 180
消費貸借 ······················· 152、180
心裡留保 ··························· 8、10
制限行為能力者 ····· 5、6、12、16、17、18、97
相殺 ············· 63、64、65、67、69、70、92、
　　　　　　110、196、197、198、201
双方代理 ···························· 13
訴訟告知 ··························· 49、56

〈た行〉

代金減額請求権 ······················ 141
第三者のためにする契約 ········· 94、128
第三者弁済 ··························· 97
代償請求権 ························ 40、47
代物弁済 ·························· 53、99
代理権の濫用 ························· 13
短期賃貸借 ·························· 157
中間利息 ························· 45、186
賃借人による妨害排除請求 ············· 160
賃借人の原状回復義務 ················· 165
賃貸借契約 ·············· 77、157、189、202
賃貸人の修繕義務 ············· 161、164、192
賃貸人の地位の移転 ··················· 158
追完請求権 ······················· 141、171
定型取引 ·············· 133、136、199
定型約款 ······················· 133、199
手付 ······························· 139
動機の錯誤 ···················· 8、10、11
同時履行の抗弁権 ············· 126、146
到達主義 ··························· 9、122

〈な行〉

根抵当権 ··························· 34、96

〈は行〉

賠償額の予定 ············· 46、152、196
破産手続 ········· 20、35、47、61、66、73、76、78、
　　　　　　79、86、88、152、174、190、201
人の生命又は身体の侵害に
　　よる損害賠償 ············· 27、31、111
表見代理 ···························· 14
不可分債権 ··························· 62
不可分債務 ··························· 62

205

事項別索引

復代理人 ··· 13
不真正連帯債務 ····························· 67、69
不法行為 ············· 30、45、110、113、186
併存的債務引受 ································· 94
弁済による代位 ······························· 105
弁済の充当 ······································· 101
弁済の提供 ······································· 103
法定代理人 ········· 5、10、12、13、16、18、186
法定追認 ··· 18
法定利率 ················· 37、45、46、47、186、
　　　　　　　　　　　　192、195、197、198
保証人に対する情報提供義務 ······· 71、75、84、189、190
保証人の主債務者に対する求償 ··········· 72、76、79

〈ま行〉
無権代理 ·· 15
免責的債務引受 ·································· 95

〈や行〉
有価証券 ························· 7、33、89、91、116
預金債権又は貯金債権に係る
　　譲渡制限の意思表示の効力 ··············· 87

〈ら行〉
履行の請求 ··················· 18、40、46、63、64、
　　　　　　　　　　　　65、69、70、89、191
履行不能 ············ 40、42、44、128、130、133、140、155
連帯債権 ·· 64
連帯債務 ······································· 65、94

【著　者】

古川　和典（ふるかわ・かずのり）
弁護士（東京弁護士会）・公認会計士

【略　歴】

慶應義塾大学経済学部卒業

平成 元 年
　～15年　　大手信託銀行勤務

平成16年　　公認会計士登録
　　　　　　弁護士登録（第57期）
　　　　　　シティユーワ法律事務所入所

【主な取扱分野】

・倒産関連処理　　　　・相続及び事業承継
・会社法関連　　　　　・その他一般企業法務
・信託及び不動産関連法

動画配信サービスのご案内

　改正のポイントや本書に記載している表の見方などについて、著者がご説明する動画を視聴できます。

①ご使用のPC等から、下記のURL（又はQRコード）へアクセスします。
②「購読者専用Webサイト」の案内に従って会員登録をしてください。
③会員登録したアドレスにお送りしたパスワードで、購読者専用ログインページから動画が視聴できます。

https://shop.gyosei.jp/contents/LGP/data.php?c=kaimin_login

※動画配信については、一定期間経過後サービスを終了することがございます。

新旧比較と留意点でわかる

表解　改正民法（債権関係）実務ハンドブック

平成30年6月20日　第1刷発行
令和2年4月10日　第4刷発行

　　著　者　古川　和典
　　発　行　株式会社ぎょうせい

　　　　　〒136-8575　東京都江東区新木場1-18-11
　　　　　電話　編集　03-6892-6508
　　　　　　　　営業　03-6892-6666
　　　　　フリーコール　0120-953-431

〈検印省略〉　URL：https://gyosei.jp

印刷　ぎょうせいデジタル㈱　Ⓒ2018　Printed in Japan.　禁無断転載・複製

※乱丁・落丁本はお取り替えいたします。

ISBN978-4-324-10489-7
(5108423-00-000)
[略号：改正民法ブック]

詳解 著作権法
（第5版）

作花文雄／著
A5判　定価（本体6,300円+税）　送料460円

- ●「著作権法」解説書の定本。ゆるぎない信頼性を誇る充実の改訂版！平成28年の著作権法最新改正に完全対応！裁判例は平成29年のものまで豊富に収録。
- ●著作権法の立法政策や立法審査を行った実績のある著者が執筆。
- ●我が国の著作権制度及び発展の軌跡のほか、諸外国の裁判例や現代的課題を網羅。著作権制度を体系的に理解することが可能！

 株式会社 ぎょうせい
フリーコール　TEL：0120-953-431［平日9〜17時］　FAX：0120-953-495
https://shop.gyosei.jp　ぎょうせいオンライン　検索
〒136-8575　東京都江東区新木場1-18-11

公共用地取得・補償の実務
基本から実践まで

藤川眞行／著
A5判　定価（本体3,700円+税）　送料350円

- 公共用地取得と補償を業務に沿ってわかりやすく解説しました。
- 複雑多岐にわたる用地補償・補償の全体像を短期間で理解することができます。
- 初学者が最初に読む本としておすすめです。

マンション管理のトラブル解決 Q&A
改正マンション標準管理規約・民泊新法対応

犬塚浩・永盛雅子・和久田玲子・吉田可保里・久保依子／共著
A5判　定価（本体2,800円+税）　送料300円

- 弁護士と現役管理会社社員が125問の「こんな時どうする？」にお答えします。
- 法律面と運用面それぞれのエキスパートが実際の事例をもとに解決策を提案します。法律に沿った解釈だけではなく、多種多様な現場のトラブルに的確に対応できます。
- Web付録として"民泊"を行う場合の管理規約例などもダウンロードできます！

新版 実務住民訴訟

伴義聖・山口雅樹／共著
A5判　定価（本体4,200円+税）　送料350円

- 多くの住民訴訟に関与した自治体の顧問弁護士と県職員の共著による、住民訴訟の解説書です。
- 実務上の注意点から、先行判例の解釈までを丁寧に解説し、700件超の裁判例を体系的に整理。住民訴訟の最新の捉え方をわかりやすく解説します。
- 平成29年の自治法改正もフォローし、2年後にスタートする新たな住民訴訟制度に対応しています。

フリーコール TEL：0120-953-431 [平日9〜17時] FAX：0120-953-495
https://shop.gyosei.jp　ぎょうせいオンライン [検索]
〒136-8575 東京都江東区新木場1-18-11

本書の著者による姉妹本のご紹介　「表解」のコンセプトは同様です！

破産手続実務ハンドブック

松田耕治・澤野正明・佐々木伸悟／監修　古川和典／著

電子版 本体 4,400 円＋税

https://shop.gyosei.jp/（ぎょうせいオンライン）トップ画面の「図書検索」において、破産手続とご入力ください。

■目次（抄）
第1編　法人自己破産申立て
第2編　法人破産管財
第3編　特別清算手続
第4編　裁判例紹介（破産、特別清算）
付属編1　担　保
付属編2　事業譲渡
付属編3　役員の責任
付属編4　裁判例紹介（担保、事業譲渡、役員の責任）

※紙の書籍は品切絶版です。

再建型倒産手続実務ハンドブック

―民事再生・会社更生・私的整理―

松田耕治・澤野正明・佐々木伸悟／監修　古川和典／著
Ｂ５判・定価（本体 4,500 円＋税）
電子版 本体 4,500 円＋税

■目次（抄）
第1編　民事再生手続
第2編　会社更生手続
第3編　再建型私的整理手続
付属編　雇用調整